普通话与幼儿口语表达

陈昌来　　李文浩　　主编

学林出版社

前　言

我国有 56 个民族,是一个多民族、多语言、多方言、多文字的国家。汉语是我国使用人数最多的语言,也是世界上作为第一语言使用人数最多的语言。

现代汉语有标准语和方言之分。普通话是现代汉语的标准语,以北京语音为标准音、以北方话为基础方言、以典范的现代白话文著作为语法规范。《中华人民共和国宪法》规定:"国家推广全国通用的普通话。"《中华人民共和国国家通用语言文字法》确定普通话为国家通用语言。

习近平总书记高度重视国家通用语言文字推广普及工作,先后做出一系列重要指示批示,"加大国家通用语言文字推广力度"是党的二十大报告的明确要求。

经国务院批准,自 1998 年起,每年 9 月第三周为全国推广普通话(以下简称"推普")宣传周。2023 年 9 月 13 日,教育部部长怀进鹏在第 26 届全国推广普通话宣传周开幕式上强调,要"抓好学校推普这个主阵地,持续实施学前儿童普通话教育专项计划",还要"抓好社会推普这个基础阵地,结合人民生产生活实际需求开展'职业技能＋普通话'培训"。本书恰好可以同时为上述两方面的需要服务。

对于学前儿童的普通话教育来说,作为主阵地的各级各类托幼机构越来越重视推普工作,再加上正规幼师出身的教师接受过较为系统的普通话训练,全国大多数地区的幼儿,白天在学校的确能沉浸在普通话的教育环境里,真正薄弱的是家庭教育。

以城市家庭为例,幼儿的养育者,包括父母、祖父母、家政保姆等,尤其是后两者,普遍未接受过专门的普通话培训,他们中的大多数在和幼儿交流时说的是方言,或者是很不标准的普通话。在语言教育尤其是口语教育非常关键的幼儿阶段,可以说大多数家庭是拖了学校的后腿的。同样的意思,学校那样说,家庭又这样说,这给孩子们语言和思维的发展带来不必要的负担。方言和普通话,或者说地方普通话和标准普通话的关系有别于汉语和外语,后者在语音、词汇和语法上迥然不同,孩子们完全是在接受两种语言的教育;前者语音近似、词汇和语法有同有异,反而让孩子们产生困惑——这个字一会儿念翘舌音一会儿念平舌音,究竟是翘舌还是平舌? 这种动物一会儿叫"公鸡",一会儿叫"鸡公",究竟叫什么? 可不可以说"笔笔直"? 是"一只伞"还是"一把伞"? 诸如此类,举不胜举。为此,孩子们需要额外花费大量时间精力来甄别甚至纠错。上小学以后,这种费时又费力的过程也会拖累孩子们朗读水平乃至语文成绩的提高。不标准的普通话还会打击孩子的自信心。笔者上学时在全班同学面前朗读课文,读到"窟窿"一词时,不知道普通话怎么发音,只好用方言读成类似 kuotong 的发音,全场哄堂大笑,当时别提有多尴尬了,以至于笔者很长一段时间里再读课文时都惴惴不安。

我们认为，今后"持续实施学前儿童普通话教育专项计划"的工作重点应该逐步转移到各类托幼机构的保育人员（非幼儿教师）和家庭育儿者的培训上。政府有关部门应协同联动，在托幼机构保育人员和家庭保姆的"职业技能＋普通话"培训活动中，对普通话提出明确的分级要求，并组织好相关培训与考核；同时，还要积极鼓励幼儿的父母，尤其是陪伴孩子的祖父母参加老年大学、开放大学的普通话培训，或是社区小型推普讲座。

本书主要读者对象正是上述人群。考虑到读者对象的非专业性，书中尽量避免系统生涩的专业术语，实在避免不了的基础术语，必要时也会给予尽量通俗易懂的解释。考虑到使用这本书是为了和孩子们沟通，书中例词一般为日常生活词汇，朗读材料则大量使用儿童题材，还专门增设"幼儿语言教育"一章。此外，除语音外，本书也重视普通话词汇、语法和方言的对比区别。以上三点是本书和现有各类普通话用书的最大区别。

国家语言文字推广基地（上海师范大学）成立以来，一直致力于国家通用语言文字的高质量推广普及工作，尤其重视国家通用语言从"娃娃"抓起的理念。本书为上海市教委本级财政 2022 年度预算项目"家政、保育等人员普通话培训及普沪英对照教材与数字化资源开发"和教育部语言文字应用管理司（国家语言文字工作委员会办公室）2023 年国家语言文字推广基地特色工作项目"基于学习平台的托幼保育及家政人员国家通用语言文字培训方法及实践探索"的成果之一。编写者均为上海师范大学专业教师和相关专业研究生。由陈昌来、李文浩担任统筹与主编，张欣、刘一蓓担任副主编，张欣撰写第一章第一至六节、第二章第二、三节的"一"至"四"，刘一蓓撰写第五章，其余章节由李文浩负责编写，以下研究生承担材料搜集和初稿撰写工作：刘宇宏（第二章第一、四节）、张婷（第二章第二、三节的"五"）、胡爱华（第三章第一、二节）、丁思彦和胡爱华（第三章第三节）、崔涵（第四章第一、二节）、林静柔（第四章第三、四节）。

本书部分材料配套朗诵录音，扫描书中所在页二维码即可收听。朗诵者为专业播音主持人赵翼先生和上海师范大学播音与主持专业副教授邱乙哲女士。

作为普及型读本，本书引用相关文献时大多没有随文标注，而是统一在文末列为参考文献。编写过程中若有遗漏参考文献的，向有关作者提前致歉，请拨冗通知，我们再版时及时补上。

将专业知识通俗化，这项工作并非易事。一方面，书中有些知识的通俗化表述可能言不达意，或者不像专业文献那么严谨。另一方面，尽管几易其稿，部分内容及其表述的专业色彩仍然难以消除，希望读者朋友根据自己的基础和需要，在使用本书时有所取舍。

编　者
2024 年 7 月

目　　录

第一章　普通话语音

第一章 普通话语音
（Dì yī zhāng　pǔ tōng huà yǔ yīn）

第一节　普通话语音概述

一 普通话是不是北京话

很多人以为普通话就是北京话，其实并不是。从词汇角度说，北京话中有很多词语、俗语仅在北京地区通行，并不是普通话词语。从语音角度说，北京话也不等同于普通话。

这要从明朝的历史讲起。明朝早期官方语言是"南京官话"。明成祖朱棣迁都北京，大量南方人口迁入北方。南京官话受到当时北方语音影响，到清代又受到满语等语言的影响，逐渐形成"北京官话"。北京是全国政治和文化的中心，北京官话作为官方通用语言传播到全国各地，影响广泛。因此1953年制定普通话语音标准的时候，专家们提出以北京官话的语音为主。

但是北京话中有一部分发音含糊、语速过快、话语中常有把半个字"吃掉"的现象，听起来不清楚。在有电子报站之前，外地人听北京公共汽车售票员报站，多半是听不太懂的。北京话还有卷舌过度的现象，这也是北京话被认为发音含糊的原因之一。另外，北京女青年发"机、青、先"等音（声母是 j、q、x）时舌尖前顶，声音尖利，男性却没有这么说的。这样的北京话被称为"北京胡同音"，不适合作为标准音推广。

专家们在考察各地之后，采用了河北滦平话对北京官话的语音进行修正。滦平话发音饱满，声调简明，字节清晰，适合作为共同语推广，因此成为普通话标准音的主要采音来源。也就是说，普通话语音是经滦平话修正后的北京官话语音。

二 普通话语音有什么特点

1.普通话一个字一个音节。一个音节由声母、韵母、声调组成。比如：zǔ（祖）、guó（国），"祖国"是两个音节。普通话声母韵母间隔有规律，音节界限分明。因为这个特点，在需要进行声控识别时，普通话要比联诵较多的西方语言优越。

有一个例外是普通话中的"儿化音"，比如"花儿"，汉字是两个，发音是一个音节。这一点在后文会专门介绍。

2.普通话音节结构简单，声音响亮。普通话中，没有像英语 strict 这样的连续辅音①连读。辅音发音不响亮，连续发音比较困难，所以初学英语的人很容易在辅音中间加上元音（如 a 或 e），把 strict 读得像"司特瑞柯特"。汉语普通话没有这样的辅音连读，声母都是一

---

① 英语字母中，a、e、i、o、u 是元音字母，发音响亮，发音时肺部呼出的气流在口腔中不受阻碍。除此之外，其他字母都是辅音字母。发辅音时，口腔的某个部位（比如舌尖）先切断气流，然后放开，气流冲破阻碍，发出声音。

1

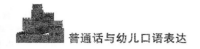

个辅音,与元音相拼,非常简单。

普通话拼音字母中的 zh("中"的声母)虽然书写时是两个字母,但是发音是一个。后鼻音 ng("中"的末尾)也是一样,字母是两个,音是一个。普通话每个音节都有元音(即 a、o、i、u 等),因此整个字的发音响亮、容易发音。

3. 普通话声调抑扬顿挫,高低分明。汉语是有声调的语言,外国人说汉语"洋腔洋调"大部分是由于声调掌握不好。而汉语方言中声调也各不相同,最多的有 13 个调(广西博白、江西进贤)[①]。普通话四个声调,分别是高、升、低、降,相对比较简单、清晰。

三 普通话和方言有什么不同

总的来说,普通话的语音受到北方方言(包括少数民族语言)的影响较多,南方方言中保留古代汉语语音较多。因此,用普通话读古诗有很多不押韵的,但用南方方言来读就正好。方言中也保留了不少古代词语及其用法。因此方言是中华文化的传承之一,从方言中可以了解古代各地区人民的生活和他们对世界的认知。

入声是南方方言中保留而大部分北方方言和普通话中并无保留的音。入声是韵母的一类,结尾短促,不能拖长。比如数字"一、六、七、八、十"在江浙沪、两广、闽台的地方话中是入声,徽、赣、湘、滇和晋北、陕北的部分地区也保留了部分入声。下面这首诗就是押的入声韵:

江 雪(柳宗元)
千山鸟飞绝,万径人踪灭。

孤舟蓑笠翁,独钓寒江雪。

再如《木兰辞》的第一段"唧、织、息、忆"也是押入声韵。

说到押韵,有不少人读古诗时为了押韵,会修改个别字的读音,比如把"远上寒山石径斜"中的"斜"字改读为 xiá,理由是 xiá 是古音。这种做法不妥。因为该诗全诗 28 字,有 27 字用现代汉语普通话念,仅有一字用"古音",标准不一,非常突兀。

再如,《敕勒川》全诗两次出现"野"字,若一个读 yě,一个为押韵改读为 yǎ,更显得儿戏了。

敕勒川(北朝民歌)
敕勒川,阴山下。

天似穹庐,笼盖四<u>野</u>。

天苍苍,<u>野</u>茫茫。

风吹草低见牛羊。

唐宋诗词多如繁星,如果都用这种方法来强造押韵,那需要改读的字就成千上万了,会凭空多出来多少"临时多音字"?普通话又会被改成什么样子?读古诗词,要么全用普通话念,要么全用"古音"念,这才符合逻辑。建议南方人用本地方言念全诗而非句末一个字,这样才能从中体会古音韵律之一二。

与普通话相比,南方方言大都没有翘舌音 zh、ch、sh、r,粤语连舌尖前音 z、c、s 也没有。不过有些方言浊音比较多。浊音是发音时声带振动较强的音,如吴方言"皮、淡、拳"、老湘语中"洞、坐、晴"、英语 bullet、zoo 的起始音。普通话只有 n、l、m、r 这 4 个,而且声带振动比较

---

① 曹志耘,《汉语方言地图集》,北京:商务印书馆,2008 年。

轻。大家可以把手放在颈部(男子喉结部位),感受声带振动的强弱。

另外有一个鼻音 ng,在普通话中只做韵母的尾音,如"ang(昂)、ing(英)",在一些方言中可以做声母,比如青岛话"安 ngan"、上海话"外 nga "、客家话"我 ngai"、安徽话"熬 ngo"。它甚至可以单独成为一个音节(没有其他声母和韵母),如粤语的"五",上海话的"鱼"。

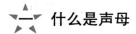

第二节 普通话声母

★ 一 什么是声母

汉语一个音节可以分成声、韵、调三个部分。一个字的读音开头的部分叫声,用来表示声的字母叫声母。这个做法并不是现代才有的,不过在古代,声母是用汉字表示的。成书于 1008 年的《大宋重修广韵》中记有 36 个声母,分别是"帮、滂、并、明、非、敷、奉、微、端、透、定、泥、知、彻、澄、娘、见、溪、群、疑、精、清、从、心、邪、照、穿、床、审、禅、晓、匣、影、喻、来、日。"

现代汉语拼音方案用拉丁字母记音,如"童话 tónghuà"两个音节中,音节的开头部分的 t 和 h 就是声母。也有一些音节是没有声母的,比如"饿 è、爱 ài"等。

多数声母是辅音。一个人发出声音时,气流从肺部出来,到口腔中受到阻碍并且冲破阻碍发出的声音叫辅音,不受阻碍的叫元音。辅音不响亮,因此教学时为了使声母能被听清楚,我们通常在它后面加上韵母 e 或 o,如:bo、po、mo、fo、ge、ke、he。

★ 二 普通话声母有多少

汉语普通话的声母有 21 个:

b　p　m　f
d　t　n　　l
g　k　h
j　q　x
z　c　s
zh　ch　sh　r

普通话声母

有些音节没有辅音声母,如:一(ī)、五(ǔ)。为了与前后音节区别开来,在它们前面加上 y 和 w 充作声母,写作 yī、wǔ,使它们看起来像一个"声母、韵母、声调"三个部分齐全的音节。否则,"初一、第五"会被写成"chūī、dǐǔ",可能被误认为一个音节,与"吹 chuī、丢 diū"相混。

像"优(iōu)、我(uǒ)"这样的音,前面也没有辅音声母,就把前面的 i 和 u 改写为 y 和 w,使它们看起来像一个有声母的音节。

y 和 w 并没有实际发音,因此被称为"零声母"。普通话有 21 个辅音声母,加上两个零声母,共计 23 个。

各地方言中有声母比普通话多的,也有声母比普通话少的。比如,南方方言大都没有翘舌音 zh、ch、sh、r。吴语(以上海话、苏州话为代表)、粤语(以广州话为代表)中有/ŋ/("我、牙、眼"的声母,发音等同于普通话的后鼻音末尾的 ng)。

上面的普通话声母表,横行按发音部位(发音时口腔中用力、紧张,起阻碍气流作用的部分)分组,竖列是按发音方法分组。

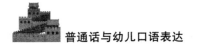

下面我们把一些在学普通话过程中容易出现的问题列出来,告诉大家如何改正,同时知道怎样教孩子说。

三 普通话声母怎么发音

1.怎么说"不怕不怕"

上面的声母表,第二列都是送气音,就是说,p、t、k、q、c、ch 六个声母,发音时嘴里冲出的气流比较大。

【跟孩子一起做】可以把一张纸巾放在嘴前面,引导孩子观察,说"爸爸 bàba"的时候,纸巾几乎不动,说"怕怕 pàpà"的时候,嘴里出来的气会把纸巾吹得飞起来。

另外,在发送气音时,发音部位更紧张一些。试比较 b(爸)和 p(怕),发 p 时嘴唇比发 b 时用力,发音前嘴唇闭合的"准备"时间也长一些。同时,汉语普通话的 p 也比英语的 p 准备时间长、送气更强烈。

然后我们再说"不怕不怕 búpà búpà",同时观察纸巾吹飞的情况:"不"字不飞,"怕"字飞。再让孩子试着吹,也可以让孩子用手挡在嘴唇前感受气流的强弱。

绕口令"肚子饿了,兔子跑了"就是用来练习分辨送气和不送气音的。这句话内容简单,可以让孩子练习。画线的"兔、跑"是送气音,纸巾会被吹得飘起来。在说准确的基础上,可以要求孩子连说五遍以增加难度。

下面画线的字是送气音,请读一下:

<u>头</u>疼、空<u>调</u>、<u>餐</u>厅、汽车、吃糖、常常、秋天、客气、车票

下面的二字词语中有一个字是送气的,练习的时候注意送气和不送气的不同。

跑步、特别、鞭炮、旁边、朋友、不哭、地图、苹果、不停

【跟孩子一起说】我们可以引导孩子从说词语到说句子,难度逐渐加大。

<u>皮</u>球,<u>皮</u>球,<u>拍皮</u>球;

<u>皮</u>球,<u>皮</u>球,大<u>皮</u>球;

爸爸拍大<u>皮</u>球,宝宝拍小<u>皮</u>球。

【请对孩子说】一些孩子怕生人,一些孩子怕黑,一些孩子怕一个人待着,这时候除了需要大人的陪伴,还需要鼓励。

① 不<u>怕</u>,妈妈陪着你。

② 宝贝<u>抬</u>起<u>头</u>,<u>挺</u>直背。

③ 宝宝自己走,不要<u>停</u>。

④ 张开嘴巴,别<u>怕</u>说错。

⑤ 害<u>怕</u>的时候就大声唱歌。

⑥ 宝宝会自己吃饭,<u>太棒</u>了!

⑦ 大胆<u>跳</u>下来,爸爸接着你。

⑧ 宝贝真勇敢,<u>碰疼</u>了也只哭一声。

2.怎么发翘舌音

不少人误以为"知、吃、师"的声母 zh、ch、sh 是卷舌音,其实不对。这三个声母发音的时候舌尖微微翘起就可以了,不需要过分向后卷舌。

我们可以用舌尖从上齿背开始往后舔,经过上齿龈的突出部分,往后就凹下去了,再往后就是有棱状突起的硬腭(俗称"天花板")了。这组声母的发音部位就是那个齿龈和硬腭之

间的凹陷处。将舌尖对准这个凹陷处，但不接触，舌尖与凹陷的硬腭前部形成一条窄缝，气流从缝间挤出形成的音就是 sh（“师”的声母）；如果舌尖先抵住凹陷部位再放开，发出的音是 zh（“知”的声母）；先抵住再放开，同时送气，是 ch（“吃”的声母）。

建议先练习 sh，因为这个相对比较容易一些。其实大部分人都能发出这个音，只是不能持久，舌尖翘一下就放下来了。

很多南方人学普通话的翘舌音时，不是不会翘，而是翘得不够久。我们可以做一个定位练习，舌尖按上面的方法从齿背往后找，找到凹陷的位置以后说以下词语（这些词语只供大人练习，并不适合孩子）。这些词语声母都是 zh、ch、sh，请保持舌尖一直上翘，同时还要注意，嘴唇是微笑形状，不要噘起。

shíshī shìshí shíshì shǐshī shīshí shìshì shíshī
石狮、事实、时事、史诗、失实、逝世、实施

zhìshǐ zhìzhǐ zhīchí zhǐshì zhīshi zhìchǐ shìshi
致使、制止、支持、只是、知识、智齿、试试

请注意，zhi、chi、shi 并不是 zh、ch、sh＋i（衣），说这些字词时，不要把声母韵母分开再拼合（不要说“知衣知”），只要按照上面讲的办法，找到舌尖该在的位置，把声音整体发出就好。①

【跟孩子一起做】舌尖“舔”到正确位置，然后找一句儿歌的调子，比如“一闪一闪小星星”，按这个曲调来哼唱“师师、师师、师师师，知知、知知、知知知”。这样能让孩子习惯发翘舌音时舌头的位置。

【跟孩子一起说】下面的词语和句子是日常生活里与孩子对话中经常用到的，画波浪线的是翘舌音，请注意保持舌尖上翘。

① 上船、长绳、车站、商场、书桌、茶水、数数、汁水、超市
② 是谁在唱歌？唱得真好听！
③ 您有什么事？别着急，慢慢说。
④ 警察叔叔，早上好！
⑤ 窗外有棵什么树？
⑥ 这是谁的故事书？
⑦ 红烧猪肉真好吃。
⑧ 电影什么时候开始？
⑨ 十点钟了，应该上床睡觉了。
⑩ 小手痛吗，妈妈给你吹一吹。

掌握了翘舌音的发音方法，还要记住哪些字是翘舌音。我们可以利用形声字的声旁记忆，也就是“秀才念字念半边”的方法。下面列出几组常见的翘舌音，其中有的声旁可表两组或以上的音，但都是翘舌音。

zhǐ zhǐ zhǐ zhǐ zhǐ chǐ chě
止：址、趾、祉、芷、耻、扯

zhū zhū zhū zhū zhū zhu zhū zhū shū shū
朱：诛、株、洙、珠、蛛、茱、侏、姝、殊

zhào zhāo zhāo zhào sháo shào shào shào chāo
召：招、昭、照、韶、绍、邵、劭、超

① zh、ch、sh、r、z、c、s 后面的 i 和衣服的衣 i 不一样，具体见后文韵母部分。

chéng　chéng chéng chéng shèng chéng/shèng
成 ：诚 、城 、铖 、晟 、 盛

zhōng　zhōng zhōng zhōng zhǒng zhǒng/zhòng chōng
中 ：忠 、盅 、衷 、肿 、 种 、 冲

zhě　zhǔ zhū zhū zhǔ zhù zhù shǔ shǔ chǔ chǔ chú
者 ：渚 、诸 、猪 、煮 、著 、箸 、暑 、署 、褚 、储 、躇

shàng　shǎng shàng cháng/shang cháng chǎng chǎng
尚 ：赏 、绱 、 裳 、 徜 、敞 、氅

cháng/zhǎng　zhāng zhàng zhàng zhàng zhǎng/zhàng
长 ： 张 、帐 、账 、胀 、 涨

zhī/zhǐ　zhī zhí zhǐ zhǐ chì zhì shí
只 ：织、职、枳、咫、炽、帜、识

"只"，常常用作量词。不过，"只"在普通话中的使用范围和频率要低于在方言中，比如苹果、橙子，在很多方言中说"一只"，但在普通话里说"一个"。

另外，"支、正、申、章、主、直、昌、氏、垂、折、专、至"为声旁的字都是翘舌音。但是"秀才念半边"也会出错，因为有个别声旁有例外：

sì　shī shì chí zhì zhì　　　sì
寺 ：诗、恃、持、峙、痔（例外：寺）

shǎo/shào　chāo chāo chǎo chǎo shā shā　　suō
少 ： 抄、钞、炒、吵、纱、沙（例外：娑）

3.平翘舌音有什么不同

z、c、s 三个声母，语音学上称为"舌尖前音"，俗称"平舌音"，因为发音时舌头放平，舌尖不上翘。

我们比较一下 sh 和 s（"丝"的声母）。说 s 时舌尖对着上齿背（有的人对着下齿背也是可以的），比说 sh 时靠前。说 sa（仨）时，嘴巴张大，舌头放平，舌头中部靠下；说 sha（沙）时，虽然嘴巴张大，但是舌尖保持上翘动作。下面各组给大家练习的字，每组字的韵母和声调是一样的，只是声母不同，左边的是翘舌音，右边的是平舌音。

知一兹、周一邹、迟一词、伤一桑、找一枣、昌一仓、涮一算、撤一册
收一馊、柴一才、初一粗、春一村、肿一总、照一造、成一层、深一森
折一泽、专一钻、虫一从、产一惨、闪一散、生一僧、栓一酸、晒一赛

以下是几个常用平舌音声旁。

cì　zī zī zī zì cí cí cí
次：资、姿、咨、恣、粢、瓷、茨

sī　cí cí cì sì sì
司：词、祠、伺、嗣、饲

céng　zēng sēng cèng zēng cēng zèng zēng
曾 ：增 、僧 、蹭 、熷 、噌 、赠 、憎

zào　sào zào zào zǎo zào zǎo
桑 ：臊、噪、燥、澡、躁、藻

cóng　cóng zòng zōng/cōng sǒng sǒng
从 ：丛 、纵 、枞 、 耸 、怂

cǐ　cī cí zǐ zǐ zī zī　　　chái
此：疵、雌、呲、紫、髭、龇（例外：柴）

cái　cái cái　　　chái
才 ：材、财（例外：豺）

sǒu　sōu sōu sōu sōu sōu　　　　shòu shòu
叟：搜、艘、嗖、馊、溲（例外：瘦、腹）

zōng　zōng zōng zōng zōng zòng cóng cóng　　chóng
宗：棕、综、踪、鬃、粽、淙、琮（例外：崇）

此外，声旁是"则、坐、采、兹、公、子"的都是平舌音。

【读对姓氏】①（有方框的是容易读错的）

翘舌音：

Chái Chāng Cháng Chéng Chí | Yùchí | Chǔ Chǔ Shā Shāng Shàng Shào Shé Shī Shǐ
柴、昌、常、程、迟、尉迟、楚、储、沙、商、尚、邵、佘、施、史、

| Zhā | Zhái | Zhāng Zhāng Zhào Zhèng Zhōng Zhōu Zhū Zhū Zhuāng Zhuó
查、翟、张、章、赵、郑、钟、周、朱、诸、庄、卓

平舌音：

Cài Cāng Cáo Cuī Sāng Sī Sòng Sū Suǒ Zāng Zēng Zōu Zuǒ Zǔ
蔡、仓、曹、崔、桑、司、宋、苏、索、臧、曾、邹、左、祖

【跟孩子一起说】以下句中画直线的是平舌音，画波浪线的是翘舌音。

（一）

早睡早起身体好。

我们一起做早操。

（二）

过生日要吃蛋糕、吹蜡烛。

祝爷爷长命百岁，身体健康。

彩虹有七色：赤橙黄绿青蓝紫。

（三）

排排坐，吃果果。

你一个，我一个。

妹妹睡着了，给她留一个。

（四）静夜思（李白）

床前明月光，疑是地上霜。

举头望明月，低头思故乡。

【请对孩子说】孩子对世界有好奇心，我们要鼓励他们，多说"试一试"。如果担心孩子摔倒、出丑而制止尝试，孩子得不到锻炼，久而久之会胆小怕事，缩手缩脚。当孩子想尝试时，大人要表现出支持的态度，在做好防护措施的前提下，鼓励孩子尝试。比如，为了不让孩子被烧水壶烫伤，可以先握着孩子的手很快地轻轻地碰一下烧水壶，让孩子体会一下"烫"的感觉，再告诉他后果会更严重，孩子有了直观的体验，比大人单纯说"不许碰"效果要好得多。

① 宝宝猜一猜，门后面是谁？

② 错了没关系，再试一次。

③ 玫瑰花上有刺，摸摸就知道了。

④ 胆子大一点，不要缩在妈妈后面。

---

① 姓氏拼音声母首字母要大写。

⑤ 学<u>自</u>行车要戴好头盔,摔倒也不疼。

⑥ 先<u>尝</u>一小口,觉得好吃<u>再</u>多吃一点儿。

⑦ 你长大了,可以<u>自</u>己去上学了。

4. 怎么说"鸡、七、西"

"鸡、七、西"的韵母是 i(衣)。声母分别是 j、q、x。声母 j、q、x 是舌面音。就是发音时舌头整体抬起,舌头中部靠近或接触硬腭。这时候口腔扁平,开口度比发 z、c、s 时小一些。请注意,发 j、q、x 的时候,舌尖不要向前顶齿背。如果发音时舌尖向前顶,发出的音接近 z、c、s,有些方言中把"九 jiǔ"说成"ziǔ",听感上比较尖锐刺耳。苏州话中"鲜、精、千"也是这样的音。

以下画虚线的字是舌面音:

<u>现金</u>、<u>学校</u>、<u>笑话</u>、<u>剪纸</u>、<u>见面</u>、<u>奖金</u>、<u>谢谢</u>、方<u>向</u>

<u>新旧</u>、<u>亲戚</u>、<u>泉</u>水、玩<u>具</u>、羊<u>群</u>、<u>袖子</u>、<u>气球</u>、城<u>墙</u>

粤方言、闽方言、湘方言会出现翘舌尖 zh、ch、sh 与舌面音 j、q、x 混用的情况,如把"知道"说成"机道"、把"少数"说成"小数"。这些地方的人可以利用声旁来记忆不同声母的字。

```
        jǐ   jì   jì   jì   qǐ   qǐ   qǐ
己:记、纪、忌、起、岂、杞
      jiān  qián qiǎn xiàn jiàn jiàn jiàn
戋:钱、浅、线、践、贱、溅
      qián  jiān jiǎn jiàn
前:煎、剪、箭
        jū   jù   jù   jù   jū   jū   jù
居:据、锯、剧、裾、裾、踞
```

【读对姓氏】(有方框的是容易读错的)

```
 Jī  Jí  Jì  Jì  Jiǎ Jiǎn Jiāng Jiāng Jiǎng Jiāo Jīn
 姬、吉、季、纪、贾、简、 江、 姜、 蒋、 焦、 金
 Qī  Qí  Qí  Qián Qiáo Qín Qiū  Qiú   Qiú  Qū  Qú  Quán
 戚、齐、祁、钱、 乔、秦、邱、 仇 、 裘、屈、 瞿 、全
 Xí  Xí  Xià  Xiǎn Xiāo Xiāo Xiàng Xiè Xióng Xú Xǔ
 席、习、夏、 洗 、 肖、 萧、 向、 谢、熊、 徐、许
```

"曲"是多音字,指音乐时是第三声,表示弯曲时是第一声,姓氏是第一声。

```
xìng Qū  gē qǔ  qū zhé wěi qū jiǔ qū qiáo
姓 曲、歌曲、曲折、委曲、九曲 桥
```

【跟孩子一起说】数数是很有效的练习声母的方法,其中:"三 sān、四 sì"是平舌音,"十 shí"是翘舌音,"七 qī、九 jiǔ"是舌面音。

三十三 三十四 四十三 四十四

七十七 七十九 九十七 九十九

三十七 四十七 三十九 四十九

绕口令"十四是十四,四十是四十"对于小朋友来说,语音上有难度,而且句子内容并没有什么意义,不建议用这条绕口令给孩子练习。

【请对孩子说】孩子做事做得不够好,特别是初次尝试,不要否定和责怪。比如孩子洗碗洗得不干净,宁愿大人事后悄悄返工,也要让孩子继续做。这样做一是可以培养孩子的责任心,二是经过多次尝试孩子能掌握一些技能。以下句子中画直线的是平舌音,画波浪线的

是翘舌音,画虚线的是舌面音。

① 碗都洗完了? 你辛苦了。

② 今天的餐盘洗得真干净!

③ 洗完了再用这块布把碗碟擦干。

④ 嗯,碗底你是不是忘了洗? 再冲一下吧。

⑤ 打碎碟子了? 手没受伤吧? 把碎片扫掉,要小心。

发现孩子口袋里有很多脏东西,先不要责怪他不讲卫生,要找出他这样做的原因并且理解他。

你口袋里有这么多东西啊,我看看,树叶、石头、糖纸……你是不是没有找到垃圾桶啊? 你知道垃圾要扔到垃圾桶里,对吧? 你没有乱扔东西,做得对极了! 妈妈给你一个塑料袋,下次把垃圾放到塑料袋里。

下面的词语包含前面讲过的三组声母,读时请注意舌头的位置。

学折纸、出租车、捉迷藏、卫生间、穿裙子

练钢琴、小勺子、讲故事、坐汽车、吃粽子

5. 把"肉肉"说成"漏漏"怎么办

"肉"的声母 r 也是翘舌音。它的发音比上面三个翘舌音更难一些,除了保持舌尖上翘以外,声带振动比较强烈。把手放在颈前部,可以感受声带的振动。

江南地区、江淮地区、东北地区、福建和广东一些地区的方言中,没有声母 r。普通话声母 r 的字,有的地区读 l,有的地区读 n,有的是零声母 y。比如"人"字,沈阳话说成 yín,广州话说成 yén,苏州话说 nín,苏北一些地区话说 lén。

学习发 r,首先我们要学好翘舌音 zh、ch、sh。习惯了发翘舌音(也就是习惯将舌尖上翘对着上齿龈和硬腭前部间的凹陷处)以后,发 sh 的音并将之拖长,手放在颈部,振动声带,就能发出 r 的音。其实,发音时不仅舌尖上翘,舌两边也会向中间拢,但这个不是很重要。重要的是,在发音过程中,舌尖保持上翘。用连续说 re-re-re-re 和 le-le-le-le 来辨别,后者说四次舌尖与齿龈就得重复四次"碰触-放开"的动作,而发 re 时,舌尖一直上翘不动(甚至可以向后缩),不能像 le 那样轻快地唱歌。

【跟孩子一起做】洗干净手,把食指前一小节的一半放在嘴里,用门牙咬着。发 re 的时候,舌头不会碰到手指,发 le 的时候会碰到。

我们可以练习以下字的发音:

是—日—热—认。

发音过程中,口腔开合有变,但是舌尖上翘姿势不变。再练习:

是—日—入—若—肉。

同样口腔圆扁开合有变,但舌尖上翘姿势不变。

以下各组字中左边的是 r 声母字,右边是 l 声母字:

日—历、热—乐、仍—棱、然—兰、入—路、容—龙、绕—涝

以下画波浪线的是 r 声母字:

老人、乳汁、肉馅、认识、扔掉、软弱、仍然、花蕊、锐利

【跟孩子一起说】以下画波浪线的是声母 r 的字。

① 请让一让,我要下车。

② 宝宝找一下迷宫的入口在哪里。

③ 路上有个坑,我们绕过去吧。

④ 蛋糕软软的,甜甜的,真好吃。

⑤ 回到家先洗手,然后再吃东西。

⑥ 吃饱了吗? 要不要给你揉揉小肚子?

⑦ 哪一天是爷爷的生日? 让我们在日历上做个记号吧。

【请对孩子说】培养正确的行为规范是教养儿童的重要内容,简单的命令对孩子固然有效,但是如果大人简单地替孩子做出选择,可能会伤害孩子的自尊心:"为什么不让我自己选?"有些事不太合孩子心意,更会引起逆反。这时候应该把可能有的结果摆出来,言语上加以引导,要相信孩子也能做出合理的、正确的选择。

① 如果我是你,我会……

② 如果你这样说,妈妈会很高兴。

③ 如果你走左边的路,会容易一些。

④ 如果你把座位让给老爷爷,就是有礼貌的好孩子。

⑤ 如果大家都把垃圾扔在地上,公园里就变得脏脏的臭臭的。

【读对姓氏】(有方框的是容易读错的)

Rǎn Ràng Ráo Rén 　Rén　 Rú Rǔ Róng Róng Róng Ruǎn Ruì Rùn
冉　、让、饶、仁、 任 、儒、汝、荣、戎、容、阮、芮、闰

注意:"任"是多音字,姓氏读第二声,其余读四声。

6. "南""兰"不分怎么办

湖南、江西、江苏、安徽,还有西北地区的部分方言中都有 n 和 l 不分的情况。有的把"男、蓝"都说成 nán(如长沙话),有的把"男、蓝"都说成 lán(如南昌话),有的可以自由换读(如南京话),即"南"字有时候说成 nán,有时候说成 lán。还有粤语(白话)中,有些人"偷懒"而把 n 说成 l,因为 l 发音相对容易。

普通话声母 n 是鼻音,发音时舌尖和舌头前部用力贴着上齿背,然后慢慢放开,气流从鼻腔流出。

【跟孩子一起做】先要求孩子把舌头贴在上齿背,准备说"奶奶 nǎinai"。这时候家长轻轻捏住孩子的鼻子,气流出不来,能感受到孩子鼻翼鼓起的力量,家长快速放开手,孩子就叫出"奶奶"了。也就是说,发声母 n 时,鼻翼能感受到气流的压力。如果捏住鼻子也能发出的音是 l,不是 n。

请用同样的方法练习以下这些 n 声母字:

那、你、您、年、能、难、牛奶、男女、奶奶、你呢

发声母 l 的时候,舌尖快速接触上齿龈,快速放开,气流从口腔出。具体来说,n、l 发音在舌齿接触方面有两个不同。第一是舌齿接触面大小不同,发 n 时舌头前部都贴在齿背上,接触面大;第二是接触时间长短不同,n 比 l 长一些。我们可以让孩子唱 lalalala 来体会 l 的舌齿接触时间非常短,而 n 是不能这样"唱"的。

以下几组字中,左边是 n 声母的,右边是 l 声母的,请用捏鼻子的方法来进行区别练习:

那—辣、你—里、牛—刘、您—林、脑—老、怒—路、男—蓝

念—练、能—棱、娘—凉、农—龙、内—累、女—吕、酿—亮

掌握发音方法以后,更重要的是记住哪些字是 n、哪些字是 l。利用偏旁类推是个很好的法子。

nèi　nà　nà　nà　nè
内：纳、衲、钠、讷

ní　nì　nī　ne　ní　nì　nǐ
尼：伲、妮、呢、泥、昵、旎

ní　nì　ní　ní　ní
兒：睨、鲵、倪、霓

ruò　nì　nuò　nuò　nuò
若：匿、诺、喏、诺

nú　náo　nú　nǔ　nǔ　nù
奴：呶、驽、努、弩、怒

nóng　nóng　nóng　nóng　nóng　nóng
农：浓、侬、哝、脓、秾

níng/nìng　níng　níng　níng　nǐng　nìng
宁：柠、狞、咛、拧、泞

声旁为"里、立、利、兰、仑、龙、路、令、劳、两、连、林、罗、留"的字是 l 声母字。

声旁为"良"的字比较特殊，一部分声母是 n，一部分声母是 l：

liáng　láng　láng　láng　lǎng　làng　niáng　niàng
良：郎、狼、琅、朗、浪；娘、酿

【跟孩子一起说】男孩子穿蓝色的衣服，女孩子穿绿色的裙子。

然后问孩子："谁穿绿色的衣服啊？"请小朋友回答。还可以问："你是男孩还是女孩？"

下面这些常用语中下画直线的是 n 声母字，波浪线的是 l 声母字：

① 宝宝能自己尿尿吗？

② 奶奶给我两个泥娃娃。

③ 你冷不冷，要开暖气吗？

④ 你们幼儿园有没有男老师？

⑤ 他是二〇二〇年六月出生的。

⑥ 你要把牛奶盒子拿到哪里去？

⑦ 过新年啦！跟奶奶说"新年快乐"。

【读对姓氏】（有方框的是容易读错的）

n　| Nā | Nán | Ní | Nìng |
那 、南 、倪、宁

Lán Láng Lí Lǐ Lì Lín Líng Liáng Lú Lù Lóng
l 兰 、郎 、黎、李、栗、林、凌 、梁 、卢 、路、龙

"粘"字是多音字，作动词时读 zhān，作形容词时读 nián，也写作"黏"。

nián chóu　nián hū hū　zhān tiē　zhān zài yì qǐ
粘 稠 、粘 乎乎、粘 贴、粘 在一起

【请对孩子说】在跟儿童对话的时候，表扬和鼓励是很重要的。但是不能简单地说"你很好，你很聪明"，这样笼统的表扬听起来像敷衍。表扬时要说出孩子具体什么行为是好的：

① 你给奶奶端牛奶了，谢谢你啊！

② 宝宝自己把玩具放好了啊？真能干！

③ 主动问老人冷暖，这小姑娘真有心。

④ 你把弟弟弄湿的地板擦干净了，真棒！

⑤ 这么难的问题你都能回答，真了不起！

幼儿有的行为,如把玩具放好,第一次可能是无意识的,大人要立刻表扬,可以促使孩子重复这种行为,最终养成良好的习惯。

7. 为什么孩子把"姑姑"叫成"嘟嘟"

幼儿学说话,首先要学会控制嘴唇和舌头的运动。在所有的音中,b、m 发音时只要将上下嘴唇相碰,是最容易的,也是幼儿最先学会的声母。因此,全世界语言中"妈妈"的发音近似,不是没有道理的。

其次,舌尖运动比较灵活,大部分声母与舌尖运动有关,比如普通话中的舌音前音 z、c、s、舌尖中音 d、t、n、l 和舌尖后音 zh、ch、sh、r。

"姑姑 gūgu"的声母 g 是舌根音,发音的时候舌根抬起抵住软腭,然后放开使气流冲出。舌根的运动比舌尖的运动难以控制,因此,幼儿学会 g、k 比 d、t 要晚得多,因而早期会把姑姑叫成"嘟嘟 dūdu",把哥哥叫成"dēdē"。

早期出现这样的情况,并不需要强求幼儿说对,只需要家长用正确的发音示范让幼儿模仿,同时可以适当引导幼儿练习舌部运动。等幼儿控制舌部肌肉的能力随年龄加强,这个现象自然会有所改善。

汉语普通话声母 g、k、h 都是舌根音,其中发 k 时送气。这三个声母中,h 是最容易发的,舌根抬起靠近但不抵住软腭(俗称"不关门"),气流从舌根和软腭间的窄缝中摩擦而出。可以从说 hahaha 开始,然后说 ha —hai—ha —hai,除唇形改变外,舌头需保持"姿势",体会舌头的位置和舌根紧张的感觉。

【跟孩子一起做】

(1) 左手出拳时说 ha(哈),右手出拳时说 hai(嗐)。先让孩子出拳,大人按左右发"哈"或"嗐",多次以后,大人出拳让孩子发音。这个游戏练习发音,同时可以让孩子辨别左右,提高孩子的手、眼、口、耳协同能力。熟练之后用同样方法练习 he(喝)—heng(哼)等音。

(2) 练习"小鸭子怎么叫?嘎嘎嘎"。ga 比 ha 难一点,说"嘎嘎嘎"时舌根抬起三次(同时带动口腔开合),而说"哈哈哈"时不用。再练习"小鸟怎么叫?咕咕咕"。

【跟孩子一起说】以下句子中画虚线的字是舌根声母的。

① 我给宝宝吃糕糕。

② 宝宝口渴了,要喝水。

③ 宝宝今天开口说话了。

④ 自己穿衣服,扣扣子。

⑤ 可口可乐的瓶子空了。

⑥ 公园里红色的花真好看!

⑦ 宝宝会开小汽车,会画小花狗。

⑧ 哥哥喜欢吃苹果,你给哥哥拿一个。

⑨ 谁的小皮球坏了?换一个好的球。

8. "喂、肥"怎么说才正确

普通话"喂"的拼音是 wei,w 其实是韵母 u,发音时双唇并拢。普通话 w 声母的"微、万、闻、王"等字,有些地区如广西、广东东部、江西南部、浙江东部方言中读 v,北方一些地区方如宁夏、甘肃、山西北部方言也有这种现象。v 是上牙碰下唇发音且声带振动较大。英语 voice 的开头就是这个音。用普通话说以下画线字时要注意不要让上齿碰下唇,只拢起双唇就行,同时声带振动要小。

【跟孩子一起说】

① 你会看温度计吗?

② 上网时间不能太长。

③ 来闻一下鸡汤的味道。

④ 见到王老师要微笑问好。

⑤ 宝宝自己吃,不用妈妈喂。

⑥ 你是不是忘了把玩具放好?

"喂"是多音字,动词表示"给别人食物、饲养"时读第四声;招呼人时可读二声也可读四声,不过,读四声时虽然响亮些,但显得不太礼貌。如:

wèi yǎng
喂 养

bú yào mā ma wèi fàn
不 要 妈 妈 喂 饭

wéi nǐ hǎo
喂 ,你 好 !

普通话中需要上齿碰下唇的是声母 f,在客家话、闽南话中没有这个声母,著名的绕口令"粉红凤凰飞"就是为难这些方言使用者的。但是要注意普通话的 f,只是上齿下唇轻触,不要用力咬。在安徽、江浙的方言中部分普通话 f 声母字是 v,如"肥、范、奉、罚",发音低沉。而用普通话说这些字的时候,声音高而清亮。

① 小蜜蜂飞呀飞。

② 宝宝自己端饭碗。

③ 谁搭的房子最高?

④ 凳子没扶手椅子有。

⑤ 犯了错误改正就好。

⑥ 小帆船在水上浮起来了。

⑦ 我们家的桌子是方的还是圆的?

⑧ 小芳在房间里吃方便面。

【读对姓氏】(有方框的是容易读错的)

w	Wǎn 宛 、	Wàn 万 、	Wāng 汪 、	Wáng 王 、	Wēi 危 、	Wéi 韦 、	Wèi 魏 、	Wèi 卫 、	Wèi 尉

f	Fàn 范 、	Fāng 方 、	Fèi 费、	Fū 敷 、	Fú 弗 、	Fú 伏、	Fú 符、	Fú 付 、	Fù 阜、	Fù 傅

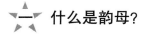

第三节　普通话韵母

一　什么是韵母?

一个音节声母后面的部分叫韵,用来表示韵的字母叫韵母。如"爱中国",三个音节里 ɑi、ong、uo 是韵母。普通话韵母一共有 39 个。

普通话韵母

普通话韵母表

单元音韵母	α 啊①	o 喔	e 鹅	
		i 衣	u 乌	ü 迂
		—i［前］（兹） —i［后］（知）	ê 诶	er 儿
复元音韵母		iα 呀	uα 蛙	
			uo 窝	
		ie 耶		üe 约
	αi 哀		uαi 歪	
	ei 欸		uei 威	
	αo 熬	iαo 腰		
	ou 欧	iou 忧		
鼻韵母	αn 安	iαn 烟	uαn 弯	üαn 冤
	en 恩	in 因	uen 温	ün 晕
	αng 昂	iαng 央	uαng 汪	
	eng（亨）	ing 英	ueng 翁	
			ong（轰）	iong 雍

　　韵母可以由一个元音充当，如 α、o、e、i、u、ü，它们被称为单（元音）韵母；也可以由 2～3 个元音结合而成，如 αo、üe、uei、iou，被称为复（元音）韵母；另外有一些韵母由元音加辅音组成，如 αn、uαng、ing、eng、iong。

　　普通话韵母只有两种辅音结尾：一个是 -n，被称为前鼻音；一个是 -ng，被称为后鼻音。有些方言，比如吴语，有中鼻音，因此吴语使用者"陈程"不分。南方方言中有不少保留了古代的入声韵尾，这在前文已经介绍过。粤语还有闭口韵尾，如"三 sam、心 sem"。另外，一些地区还有鼻化元音韵母，就是发元音的时候气流从鼻腔出，元音和鼻音一起发出。

　　韵母也可以独立自成音节，也就是韵母前面没有声母，如 αi。这样的音节被称为零声母音节。

　　我们不一一介绍韵母的发音方法，而是把一些有疑问的、方言区学习者容易出现的问题列出来进行说明。

 二　元音韵母怎么发

　　1. 单元音韵母和复元音韵母有什么不同

　　单元音韵母是一个音，发音时唇形舌位不变；复元音由两个音组成，发音时唇形舌位是

---

　　① 表格中无括号的例字代表该韵母的发音，没有声母。有括号的例字另有声母。

有变化的。所以复元音韵母要发音"到位",也就是唇舌运动要充分。比如 ia ,从嘴唇扁扁、牙齿对齐到口型大张;ai 则相反,说 iao 时嘴巴有"扁—大—小圆"的变化过程。有些方言里把"要"说成"io"就是唇舌运动不到位的表现。

单韵母记忆儿歌

单韵母,很重要,发音口形要摆好,
嘴巴张大 a a a ,嘴巴圆圆 o o o,
嘴巴扁扁 e e e,牙齿对齐 i i i,
嘴巴突出 u u u,嘴吹口哨 ü ü ü。

普通话中有 10 个单韵母,这首儿歌中介绍的是"明面"上的 6 个。另 4 个在上面韵母表的第 3 行,下文将会详细介绍。

2. ü 怎么发音

ü 开口度很小,舌头位置靠前,舌面与硬腭非常接近。

学习这个韵母发音可以从 i 开始,因为它们的舌位是一样的,只是发 ü 时嘴唇稍微向外撅起(因此这个音又叫"撮唇音")。请重复:i—ü—i—ü—i—ü—i—ü。发 ü 时,口形圆而小,而下唇与下巴之间的肌肉紧张后收。这样的紧张状态要保持到发音结束,切忌发音时嘴唇放松变化。

除了从 i 开始找舌位外,还可以利用"嘘"这个用以制止发声的动作。大部分人会说这个音,只是不响亮不持久。如果发音时嘴唇拢得不够小,不够用力,发出的音就像 u。如果发音时唇形变动,发出的音像 üi、ui 或 iu。

下面是常用的字词:

玉、鱼、雨、绿、女、去、徐、瞿、吕
需要、剧院、字句、歌曲、允许、龋齿、小区、玩具、鞠躬

ü 这个韵母只和声母 j、q、x 相拼,而 j、q、x 不会和 u(乌)相拼,也就是说,有 ü(迂)的地方没有 u(乌),所以书写时在 j、q、x 后面可以省略上面两点,因为在这三个声母之后的一定是 u。ü 单独成音节,前面加零声母 y 时,两点也可以省略,如"鱼 yú"。

【跟孩子一起说】以下两句顺口溜是为了记住这一书写规则而编的:

小鱼小鱼吐泡泡,见到 j、q、x,泡泡不见了。
小 ü 小 ü 有礼貌,见到 j、q、x,马上就摘帽。

以下是 ü 开头的韵母的练习。

üe 下雪、月亮、噘嘴、缺少、觉得、靴子
üan 圆圈、远近、疲倦、全部、选择、蛋卷
ün 白云、军队、人群、训练、菌菇、头晕

"晕"是多音字,表示"头脑不清醒"的形容词读第一声,表示"因故头昏欲倒"的动词时读第四声,表示"光圈"时读第四声。

yūndǎo yūnguòqu tóuyūnmùxuàn
晕倒、晕过去、头晕目眩

yùnchē yùnzhēn rìyùn
晕车、晕针、日晕

【请对孩子说】家长不要低估孩子的理解能力和同理心,简单地说"不许、你必须"常常并不能被孩子接受,即使孩子照做了,心里可能还有疙瘩。这时候家长可以说出自己的理由

和打算,甚至可以把事情的前因后果说出来,把孩子当作大人一样来商量。当然,在言语上要用一些话术来引导孩子进行选择,这也是培养孩子思辨能力的一个重要方法。有些家长认为帮助孩子决定,可以避免孩子"走弯路",但是如果总是这样做,孩子就会失去避免"弯路"的能力,甚至连什么是"弯路"都不能判断。

① 爷爷奶奶睡觉了,好孩子要怎么做? 嘘!

② 现在我们需要这样做:……(是"我们"而不是"你")

③ 玩过以后把玩具放回原来的地方,下次一找就能找到。

④ 我们家的钱要买鸡、买鱼、买衣服,所以不能买很多玩具。宝宝要吃好吃的东西还是要玩具呢? 你要自己选。

⑤ 妈妈现在需要你的帮助,你愿不愿意? 我知道你一定会的。是这样,我们约好了明天去公园,可是妈妈明天要加班。妈妈说话不算话,这不对,妈妈跟你道歉。可是明天的工作非常非常重要。你看,如果你愿意把去公园改到下星期,妈妈给你买一个彩虹蛋糕好不好? 你同意了? 真好! 谢谢你体谅妈妈,来,亲一个。

3."师、兹"的韵母是不是 i(衣)

i(衣)是最容易发的韵母之一,发音时上下牙齿接近,唇形扁平,舌头放平,舌面整体靠近硬腭。

"知、吃、师、日"的韵母,字母写作 i,但是发音跟 i(衣)并不相同。发这个音时口腔比 i(衣)大,舌头的位置比较靠后,舌尖上翘。为了区别,汉语语音专家把这个韵母写作-i[后]。这个韵母只跟翘舌声母相拼。在拼音教学的时候,zhi、chi、shi、ri 整体认读,不进行"声母+韵母"的拼读。

"兹、呲、丝"的韵母,发音也不同于 i(衣)。舌位靠前一些,舌尖前伸靠近上齿背,为了说明,我们把它写作-i[后]。这个韵母也只跟声母 z、c、s 相拼,不能独立。

这三个音各自跟着不同的声母,不会相混。因此可以用一个字母 i 来表示。打个比方说,三个孩子分别住在三个家里,互不相识从不串门,因此就算他们都叫"小明"也不必担心会认错。在 z 家的是-i[前],在 zh 家的是-i[后],在别家的是 i(衣)。

-i[前]、-i[后]不能独立成音节,也不与其他声母相拼,而且,离开声母比较难单独发音。因此,我们不要求单独发这两个韵母,而是把 zi、ci、si、zhi、chi、shi、ri 当作整体认读的音节。整体认读方法有其好处,就是减少认读的麻烦,避免单独发这两个韵母的"高难度"动作。对于非语言专业人士,包括孩子,只要告诉他们 z 组和 zh 组声母后面的 i 和 j 组后的 i 不一样,避免他们用 i(衣)去拼读。至于怎么不一样,不需要去细分,只要按照声母练习的方法,找到 z 组和 zh 组声母的发音部位,进行整体认读就是了。

4."o 喔"和"uo 窝"有什么不同

在北方的一些小学中,教师教"o 喔"时实际发音是"uo 窝"。这是因为"o 喔"在普通话里只和声母 b、p、m、f 相拼。这四个声母发音开始时是闭口的,而"o 喔"开口较大,因此音节 bo、po、mo、fo 实际发音时,中间好像有一个唇形小而圆的过渡音 u,所以听起来"波"发音是 buo。有些人以此认为"o(喔)"和"uo(窝)"是一样的。这也引起一个疑问:如果它们相同,那为什么要分两个,"o 喔"又为什么叫单韵母呢?

"o 喔"和"uo 窝"当然是不一样的。"o 喔"是单韵母,发音时嘴巴始终大而圆。我们平时用为应答的语气词"哦"就是这样一个音。而"uo 窝"发音时有一个口型从小到大变化的过程。我们说"过错 guòcuò"的时候,明显有两次嘴唇从小到大的动作,而且说中间的 u 时嘴唇是用力的。

我们来比较一下 do 和 duo。其实这两个音节还是有些区别的,do 口型从几乎闭合直接放大,而发 duo 时嘴唇有从闭到小圆到大圆的较慢的运动过程(被称为复韵母发音的动程);从发音部位紧张度来说,发 duo 音特别是在 u 的阶段双唇及其周边肌肉比较紧张,紧张的时间也长一些,而 do 则松弛得多。我们再比较一下英语词 dot 和普通话的"多",很明显,dot 唇形从闭合到大圆,但是中间并没有 u 的过渡。在粤语中"多"也是双唇直接放大,并无过渡音 u 的。粤语区人可以比较一下粤语和普通话的"波萝"就能发现,粤语的口型比较大,说普通话时口型有明显的收缩。

普通话中,"o 喔"除了单独成音节,如"哦",只与声母 b、p、m、f 相拼。发音时口型应该直接迅速地放大。单韵母 o 画直线,复韵母 uo 画波浪线。

o　博学、波浪、山坡、破旧、周末、抚摸、佛教

uo　花朵、火车、左右、路过、降落、所以、火锅

安徽话、苏州话、东北话中"波、摸、多、过、所、罗"等字发音时口形比较扁,说普通话时要注意,这些字的韵母是 o 或 uo,发音时口型是圆的。普通话中没有 be、pe、fe 这样的音。

【跟孩子一起说】以下常用句中画直线的字韵母是单韵母 o,画波浪线的字韵母是复韵母 uo。

① 排排坐,吃果果。

② 他是我的伯伯。

③ 对不起,我做错了。

④ 外公外婆请听我说。

⑤ 哥哥坐在我的左边。

⑥ 我可以摸摸小狗吗?

⑦ 我来数一数,花儿有几朵?

⑧ 我坐小火车,上呀上山坡。

【读对姓氏】(有方框的是容易读错的)

	Guō	Guō	Huò	Luó	Luò	Suǒ	Zhuó	Zuǒ
uo	郭、	过、	霍、	罗、	洛、	索、	卓、	左

	Mò	Bǎi/Bó	Bó
o	莫、	柏、	薄

姓名用字是多音字的,名从主人,即主人习惯读哪个音,就读哪个音。地名也是如此,如安徽"六 lù 安"、广西"百 bó 色"。

【请对孩子说】有些家长很辛苦,包办孩子的一切事务,让孩子"只管学习就行了",久而久之,孩子习惯了别人的照顾,会认为家里的事与他无关,变得自私,甚至会发展到漠视父母的辛苦与病痛。大人要试着让孩子承担自己的责任,解决自己的问题,比如打扫自己的房间、照顾自己的宠物,并且要关心家人,参与家庭事务。

① 自己的事情自己做。

② 外婆回来了,给外婆拿拖鞋。

③ 想一想为什么有这样的结果?

④ 你帮妈妈选买哪几个火龙果。

⑤ 做错了要承认,要说"对不起"。

⑥ 去大伯家做客要带什么作礼物?

5. "e 鹅"和"er 儿"有什么不同?

普通话韵母 e,发音时上下齿之间有能容下一个小指的距离,舌头后缩。我们可以先发 o 的音,发音时嘴唇是圆的,舌头后缩,这时候保持舌头位置不动,嘴唇向侧面拉开,再发音就是 e。有些方言里发音时口腔开得不大,舌头靠前,听起来比较"扁"。

【跟孩子一起做】我们重复:o—e—o—e—o—e。大人可以轻捏孩子的腮帮子,帮助孩子体会嘴唇的"圆扁"变化。多次重复以后,我们可以感觉到口腔后部软硬腭交界的地方比较酸累。虽然从外面看,嘴唇的张开度并不大,但是,口腔后部是打开的。如果用握空拳的手来模拟口腔,那么发 e 时紧张的部位是食指根部。我们也可以用这句话练习"哥哥喝可乐"。骆宾王的《咏鹅》也是非常合适的练习材料。

"喝"是多音字,表示"饮用"读第一声,表示"大声叫喊"读第四声:

hē jiǔ hē niúnǎi hè cǎi hè chì
喝 酒、喝 牛 奶;喝 彩、喝 斥

"塞"是多音字,表示"堵"的动词,口语说 sāi,书面语说 sè;用来堵口的东西说 sāi,另外"可做屏障的险要地方"说 sài。

píng sāi sāi jìn qù dǔ sè fū yǎn sè zé biān sài
瓶 塞、塞 进 去;堵塞、敷 衍 塞责;边 塞

韵母 er 的发音有一个过程。先说"好啦"的"啦",这个在句末的"啦"要比单独发音或唱歌时口型小一点,但是要比上面的 e(鹅)大一些,舌头的位置比 e(鹅)靠前一些。这就是 er 中的 e,开口度中等,舌头位置不前不后。发 e 之后舌尖向上卷起。这是初学初练的做法,熟练之后,发 e 和卷舌同时进行。

er 这个韵母不跟任何一个声母相拼,独立成音节的常用词也不多。

er 儿童、而且、偶尔、耳朵、鱼饵、第二、二手

e 特别、姓葛、苦涩、热烈、干渴、恶心、木讷

【跟孩子一起说】下面的常用语中,画直线的字拼音中有 e(鹅),画波浪线的字发卷舌韵母 er:

① 这是什么颜色?

② 丑小鸭变天鹅。

③ 小兔子耳朵长。

④ 我的小儿子饿了。

⑤ 叫二哥,唱儿歌。

⑥ 客人来了,我给客人唱歌。

6. ê 读什么

这个韵母在一般的拼音书写中我们看不到,因为省略了上面的"帽子"。这个音只用来标注一个叹词"诶(欸)"。这个词通常用来提请别人注意(如"诶,这是什么?")吴语使用者用它来表示肯定的答复。这个音国际音标记作/ɛ/,主要用在复元音韵母 ie、üe 中。e(鹅)不会与 i、ü 相拼,所以在复元音中,ê(诶)不写上面的符号ˆ也不会与 e(鹅)相混。因此,它们就可以共用一个字母 e。因为 ê(诶)标注的字少,又与 e(鹅)共用字母,因此很多人没有意识到这个韵母的存在。

ie 谢谢、灭火、而且、切菜、写字、裂开、铁路、姐姐

"血"这个字是多音字,口语读作 xiě,书面语读作 xuè。注意,"血"没有 xuě 这个音。

liú xiě　　yī dī xiě　　chū xiě le　　xuè liú chéng hé
流 血　　一 滴 血　　出 血 了　　血 流 成 河

7. ai、ei、ao、ou 怎么说得好

普通话复元音韵母的字在有些方言中是单韵母,所以这些方言区的人说普通话时唇舌运动不够。比如安徽话、苏北话的"ai"声母字如"爱、开、戴、海",嘴巴比较扁且没有变化,倒像是普通话单韵母中的"ê 诶"。这样的问题被称为复元音韵母单音化。用普通话说这些字的时候,要将 a 发得饱满响亮,开口度要大一些,然后口型向 i(衣)变化,但不必发出 i 的声音。

【跟孩子一起说】念下面的儿歌时最好按韵律打着拍子。

小老鼠

小 老 鼠

小老鼠,上灯台,偷油吃,下不来。

喵喵喵,猫来了,叽哩咕噜滚下来。

十二生肖歌

十 二 生 肖 歌

小老鼠,打头来,牛把蹄儿抬。老虎回头一声吼,兔儿跳得快。

龙和蛇,尾巴甩,马羊步儿迈。小猴机灵蹦又跳,鸡唱天下白。

狗儿跳,猪儿叫,老鼠又跟来。十二动物转圈跑,请把顺序排。

另外,普通话中韵母 ou 的字,如"欧、洲、候、够"在一些方言里发不圆唇的单元音(近似于普通话的 e)。"区"在作姓氏时读 Ōu。

ou　手、瘦、头、猴、臭、欧洲、时候、出口、周岁

复元音韵母中 ai、ei、ao、ou 发音时口型都是先大后小,声音先响后轻;

ia、ie、ua、uo、üe 是口型先小后大,声音先轻后响。

【请对孩子说】不要经常说孩子"长得漂亮",这并不是赞扬,虽然有社会经验的人知道这是一个人成功的原因之一。但长相不是孩子决定的,所以这种赞扬并不是肯定他的功劳,也不能促使他上进。如果孩子学会依赖美貌,对他的成长不是一件好事。我们要肯定的是孩子的努力,要称赞的是好的品德和行为,这样才能促使孩子进步。夸孩子"聪明"也是如此,可能导致他会因沾沾自喜而懈怠努力。

请朗读下列句子,注意复元音韵母的口型开合。

Nǐ huì zhào gù dìdi le　mā ma hěn gāo xìng
① 你 会 照 顾 弟弟 了,妈妈 很 高 兴。

Zhèi ge　hái zi jìn mén xiān jiào rén　zhēn yǒu lǐ mào
② 这 个①孩子 进 门　先 叫 人,真 有 礼貌!

Bà ba xī wàng nǐ zuò ge chéng shí de rén　bù shuō huǎng huà
③ 爸爸 希望 你 做 个 诚 实 的 人,不 说　谎 话。

Nǐ néng jiān chí zuò wán zuò yè zài kāi shǐ wánr　fēi cháng hǎo
④ 你 能 坚 持 做 完 作业 再 开 始 玩儿,非 常　好!

Nǐ bǎ shuǐ guǒ táng fēn gěi xiǎo péng you chī tā men kāi xīn ma
⑤ 你 把 水 果 糖 分 给 小 朋 友 吃,他们 开 心 吗?

8. iu、ui 怎么说

普通话的复元音韵母有两大组,一组是由两个音组成的,第二组是由三个音组成的,包

---

① "这、那、哪"单独使用时读 zhè、nà、nǎ;在量词前面读 zhèi、nèi、něi。

括：iao、iou、uai、uei。这中间,iao 和 uai 比较容易发音,错误率很低,我们就略过不讲了。

iu,其实是 iou,前面没有声母时写作 you(优),前面有声母时写作 iu,如 diū(丢)、liù(六)。发音时嘴巴先扁平,然后张开成大圆,最后变成小圆。虽然书写拼音的时候省略了 o,但是说的时候口型大的 o 是不能省的。有些人说的时候,口型过小,听起来不饱满。

① 妈妈的兄弟是舅舅。

② 天热了,穿短袖衣服。

③ 柚子皮要丢在哪里啊?

④ 我们要努力做优秀学生。

⑤ 爷爷您累了就休息一下吧。

⑥ 喝酒不开车,开车不喝酒。

【跟孩子一起说】以下画直线的字韵母是 ou,嘴巴从大圆变小圆;画波浪线的字韵母是 iou,口型从扁变到大圆再变成小圆。

小 蝌 蚪

小蝌蚪,像黑豆,成群结队河中游。

慌慌忙忙哪里去? 我要和你交朋友。

小蝌蚪,摇摇头,转眼就把尾巴丢。

我要变成小青蛙,游到田里保丰收。

小蝌蚪

ui,实际是 uei,前面没有声母时写作 wei(威),前面有声母时写作 ui,如"duì(对)、tuī(推)、chuī(吹)"。发音时嘴巴先作小圆状,然后张大发 e,然后合起牙齿对齐。有些方言中有 ui 的音,直接从小圆变到齐齿,用这样的方法说普通话的音,就不好听。普通话中的 ui(wei)中间口形要大。

uei 很贵、后退、学会、尾巴、吹干、最好、花蕊、睡觉、味道

【跟孩子一起唱】这是一首儿童歌曲的歌词,可读可唱。下画直线的是韵母 ei,波浪线的是 uei,虚线的是后鼻音。其中"螺、啰"韵母是 uo。

小螺号（付林词曲）

小螺号滴滴滴吹,海鸥听了展翅飞;

小螺号滴滴滴吹,浪花听了笑微微;

小螺号滴滴滴吹,声声唤船归啰;

小螺号滴滴滴吹,阿爸听了快快回啰;

茫茫的海滩,蓝蓝的海水;

吹起了螺号,心里美耶!

有些方言区人学普通话时有 uei 和 ei 相混的现象,可以记住以下几个常见的 ei 韵母字：累、每、雷、黑、非。

以"雷、非"为声旁的字,如"镭蕾""绯啡"也都是 ei 韵母,不需要圆唇。以"每"为声旁的字,有两组,一组圆唇,一组不圆。

	měi	méi méi méi méi	huǐ huì huì
每：①	梅、霉、莓、酶	② 悔、晦、诲	

声旁为"灰、回、崔、垂、惠、佳"的字,都是需要圆唇的 uei。

"谁"这个字有两种读法,口语是 shéi,书面语是 shuí。

shì shéi ā   shéi lái le   shuí shì shuí fēi
是 谁 啊?   谁 来 了?   谁 是 谁 非

【读对姓氏】（有方框的是容易读错的）

Wèi Wèi | Wéi | Cuī Guì Suí

uei　卫、魏、| 韦 |、崔、桂、隋

【请对孩子说】孩子做错事，要认错，要道歉。大人也是如此。千万不能为了维护自己的"权威"而一错到底或者压着孩子接受不太合理的决定。这样会增加孩子的心理对抗性和对大人的怀疑，反而失去权威。当然最先要做到的是，了解孩子的做法及其原因，不要一看到不如自己意的情况就责怪孩子，不要想当然地认为孩子错了。孩子有他们看事情的角度和理由，并不一定是错的。

① 对不起，妈妈错怪你了。

② 地上都湿了，这是怎么回事呀？

③ 告诉妈妈你为什么不想回老家？

④ 虽然你还不会，可是要勇敢地试一试。

⑤ 妈妈不催你，但是你自己想想迟到了会怎么样。

⑥ 你不是要打妈妈，是要给妈妈捶捶腿，是吧？不过要轻一点呀。

⑦ 虽然戴帽子不舒服，可是轮滑有危险，会摔伤，所以你一定要戴上帽子。

三　有辅音的韵母怎么说

普通话中只有两组有辅音的韵母，结尾是 n 的韵母，被称为前鼻音。结尾是 ng，也就是发音结束时舌头后缩的，被称为后鼻音。有些方言，比如吴语，有中鼻音，即发音结束时舌头位置在口腔中央。因此，这些方言区的人学习普通话的时候，常常有"前后鼻音不分"的毛病。

普通话韵母中 an、uan、ang、uang 比较容易，一般不会出错。我们重点介绍其他几个前后鼻音的发音方法。

1. 前鼻音怎么发

先发韵母中的元音，然后快速地用舌尖碰触上齿龈，也就是 n 的位置，注意不要用力顶。整个韵母发音时间较短。

学习前鼻韵母容易出现的偏误是韵尾发音靠后，特别是与翘舌声母 zh、ch、sh、r，舌根声母 g、k、h 相拼时，因为这些声母发音时舌头位置比较靠后。比如"跟 gēn"这个音，声母是舌根音 g，发音紧张部位是舌根，然后紧张部位前移，发元音 e，最后舌尖紧张，贴到上齿龈。整个音节发音，舌头"走动"的"路程"不算短，难度挺大。再比如"真 zhēn"，发声母时舌尖上翘到硬腭前部，发完元音后舌尖要往前贴到上齿龈。如果舌尖向前早了，声母的"翘舌"就不到位，如果舌尖向前晚了，前鼻音就发不好。掌握舌尖移动的距离和时机，也是一项高难度操作。练习的办法是拉长时间发音，把"g-e-n"和"zh-e-n"分开来慢慢地"走"，重复几次，等舌头习惯这条路径以后，逐渐加快，慢慢合成一个音节。

下面是一些常用的前鼻音词语：

an：半天、晚饭、咱们、参加、餐具、栏杆、满意、车站、看展览

en：很深、大门、真好、怎么、分钟、课本、灰尘、认真、跟我来

in：拼音、信心、饮料、很近、音乐、宾馆、树林、因为、金银

ün：白云、运动、裙子、英俊、群众、允许、细菌、头晕、均匀

前鼻音混合词语练习：

zhēn xīn jìn mén rén mín zán men rén qún chèn shān
真心、进门、人民、咱们、人群、衬衫

pīn pén rèn shēn yǐn jìn kùn nan xīn wén wán quán
拼盆、妊娠、引进、困难、新闻、完全

yuán yīn duǎn xìn miàn fěn wén shēn xiān jìn sēn lín
原因、短信、面粉、纹身、先进、森林

前鼻音母还包括 ian、uan、üan、uen，在后文另有详细说明。掌握前鼻音的发音方法以后，可以用声旁记忆法来记住什么字是前鼻音。有的声旁，所涉及的汉字有两组或三组声母韵母，如"斤"作声旁的字，就有 xin、qin、jin 三组，但都是前鼻音。

jīn xīn xīn xīn xīn qín jìn jìn
斤：欣、昕、新、忻、芹、靳、近

shēn shēn shēn shēn shēn shēn shén shěn shěn chēn
申：伸、绅、呻、珅、砷、神、审、婶、抻

chén zhèn zhèn zhèn chén chén shèn shēn chún
辰：振、震、赈、晨、宸、蜃、娠、唇

rén rèn rèn rěn rèn rèn rèn/rén
壬：妊、衽、荏、纴、饪、任

rèn rèn rèn rěn rèn rèn
刃：仞、韧、忍、纫、轫

fēn fēn fēn fěn fèn fèn fēn fén fēn fēn pín pén
分：芬、纷、粉、份、忿、酚、汾、氛、吩、贫、盆

bīn bīn bìn bīn bìn bìn pín
宾：滨、傧、槟、殡、膑、嫔

qūn jūn jùn jùn jùn jùn qūn quān
夋：皴、俊、骏、峻、浚、竣、逡、悛

gēn gēn gēn gén kěn kěn hěn hén hěn hèn yín yín yín
艮：跟、根、哏、恳、垦、很、痕、狠、恨、垠、银、龈

另外，以"参、真、本、贲、民、今、辛、门、因、占、君、匀"为声旁的字也都是前鼻音。

【读对姓氏】（有方框的是容易读错的）

Pān Fán Fàn Kàn Nán Rǎn Tán Tán Shàn Zhān
an：潘、樊、范、阚、南、冉、谭、谈、单、詹

Mén Shēn Chén Cén Shěn Rén
en：门、申、陈、岑、沈、任

Yīn Yǐn Jīn Lín Mǐn Qín Qín/Tán Xīn Jìn
in：殷、尹、金、林、闵、秦、覃、辛、靳

在吴语中"龚 Gōng"的读音类似 jūn，说普通话时要改过来。

2. 后鼻音怎么发

先发韵母中的元音，然后发后鼻韵尾 ng。舌根抬起，同时软腭下垂挡住气流，使气流在鼻腔形成共鸣后呼出。

我们可以设想这样的情景：你要打哈欠，但是不想张大嘴让别人看见，所以打哈欠时，嘴唇并没有完全张开，但是口腔内部特别是后部是撑开的，气流从鼻腔流出，强烈时可以感觉到鼻翼张开。后鼻韵母的发音诀窍就是发完元音之后，口腔成"打哈欠"的状态，并且要"定型"一段时间。

发后鼻韵尾时需要舌体向后、舌根抬起，有些学习者为了帮助舌体向后，整个下牙床往

后收,也未尝不可。

后鼻音中,与 b、p、m、f、d、t、n、l 相拼的,发音更难一些,因为这些声母发音时舌位比较靠前,发完声母,舌头要"走动"到后鼻音的位置,"路程"比较远。我们慢慢地说"冰 bīng",体会舌头从前往后缩的过程,最后定格在打哈欠的状态。

【跟孩子一起读】以下画直线的字是前鼻音,画波浪线的字是后鼻音。

北斗星

北斗星,亮晶晶,一个家儿七颗星。

七颗星星手拉手,组成一个勺子形。

夜里行人迷了路,看看北斗方向明。

北斗星

练习说下面这些词语:

ang:帮忙、吃糖、长胖、方向、放下、刚刚、唱歌、商店、厂长

eng:冷风、更疼、开灯、城市、生日、正在、蹦跳、曾经、等朋友

ing:姓名、星期、瓶子、清楚、欢迎、电影、高兴、命令、明星

ong:听懂、空中、中国、冬天、同学、运动、重要、送礼、总共

下面的词语中所有字都是后鼻音:

风景、龙凤、轻松、碰撞、生病、凤凰、梦想、光荣

英雄、竞争、姜汤、奖状、方向、汪洋、同盟、冷清

下面是一些常见的后鼻音声旁:

dēng　dēng dēng dèng dèng dèng chéng chéng
登：噔　、蹬　、凳　、镫　、瞪　、橙　、澄

jīng　jīng jīng jǐng yǐng liáng liàng
京：鲸　、惊　、景　、影　、凉　、晾

shēng　shēng shēng shèng xīng xìng xìng
生：笙　、牲　、胜　、星　、性　、姓

gèng/gēng　gěng gěng jīng yìng
更　　：梗　、鲠　、粳　、硬

qīng　qīng qíng qíng qǐng jīng jīng jīng jìng jìng jìng
青：清　、情　、晴　、请　、菁　、精　、睛　、静　、靖　、靓

lìng　líng líng lěng líng líng líng líng lǐng　　lín līn
令：玲　、铃　、冷　、零　、龄　、岭　、羚　、领　(例外：邻、拎)

bìng　bing píng bìng píng/bǐng　　pīn pián pián
并：饼　、瓶　、摒　、屏　　(例外：拼、胼、骈)

jīng　jīng jīng jīng jǐng jìng jìng jìng　　jìn
茎：茎　、经　、泾　、颈　、痉　、径　、胫　(例外：劲)

另外声旁是"星、丙、平、风、奉、孟、夌、龙、甬、丁、东、中"的字也都是后鼻音的。

【请对孩子说】为培养孩子的责任感,大人可以"请求"孩子帮忙。对于自己能帮上忙,孩子通常会觉得非常自豪。下面的句子里画直线的是前鼻音,画波浪线的是后鼻音。

① 有人按门铃,你去开一下吧。

② 你看着水,等盆里的水满了叫我。

③ 你帮忙看(kān)着一下弟弟,别让他掉下床。

④ 妈妈要拖地板,你帮忙把凳子挪开好吗?

⑤ 妈妈两只手没空,你能帮妈妈拎一下包吗?

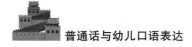

【读对姓氏】（有方框的是容易读错的）

Fāng Fáng Páng Táng Tāng Láng Kāng Háng
ang：方 、房 、庞 、唐 、汤 、郎 、康 、杭

Chéng Dèng Féng Fēng Péng Lěng Mèng Téng Zēng Zhèng
eng：程 、邓 、冯 、封 、彭 、冷 、孟 、滕 、曾 、郑

Dīng Nìng Jìng Xíng
ing：丁 、宁 、敬 、邢

Cóng Dǒng Tóng Lóng Nóng Gōng Gōng Gǒng Kǒng Hóng Róng Róng Zōng
ong：丛 、董 、童 、龙 、农 、龚 、宫 、巩 、孔 、洪 、荣 、容 、宗 、

Sòng Zhōng
宋 、钟

在以上四个韵母前加 i 和 u 的，也是后鼻音，下文另外介绍。

3. 前后鼻音有什么不同

主要元音相同的前鼻韵母和后鼻韵母相比，前鼻韵母相对开口度小一些、后鼻韵母开口度大一些；前鼻韵母发音结束时舌尖在上齿龈，后鼻韵母则是舌根和软腭紧张；前鼻韵母发音时间略短，后鼻韵母发音持续时间长一些。下面各组字声母、声调相同，左边是前鼻音，右边是后鼻音：

分—风　盆—朋　闷—梦　阵—正　陈—成　身—生　跟—耕
斤—京　新—星　近—敬　印—硬　琴—情　银—赢　沁—庆

以下第一组是"前—后"组合，第二组是"后—前"组合：

真冷、很疼、银行、真正、人生、真诚、进行、心情、阴影
诚恳、等人、请进、兴奋、充分、凶猛、奖金、承认、冰淇淋

【请对孩子说】孩子的自尊心要维护。小说、电视里特种兵选拔时，教官贬低甚至侮骂学员以激起他们的好胜心、刺激他们进步，这种做法并不合适儿童教育。如果学习成绩不够好，不能批评说"你真笨"。我们不说谁是"笨孩子、差学生"，只是他在某一方面的学习进度慢一点。孩子们就像百花，有的早开，有的晚开，有的颜色美，有的形态好，我们要呵护他们，不要强求每时每刻每一件事都要做到和"别人家的孩子"一样好。

① 妈妈相信你一定能做到。
② 你能管好自己，我放心。
③ 不着急，静下心来慢慢想。
④ 听不懂没关系，我们再听一次。
⑤ 好好想一想，你一定能想出办法来的。
⑥ 只要比上次多考一分，就是进步，就是成功！

【跟孩子一起说】下面的儿歌很有趣，可以一边说一边做动作模仿各种植物形态，孩子多的话可以分角色表演。画直线的字读前鼻音，画波浪线的字读后鼻音。

一园青菜成了精

出了城门往正东，一园青菜绿葱葱。最近几天没人问，他们个个成了精。
绿头萝卜称大王，红头萝卜当娘娘。隔壁莲藕急了眼，一封战书打进园。
豆芽菜跪倒来报信，胡萝卜挂帅去出征。两边兄弟来叫阵，大呼小叫急输赢。
小葱端起银杆枪，一个劲儿向前冲。茄子一挺大肚皮，小葱撞个倒栽葱。
韭菜使出两刃锋，呼啦呼啦上了阵。黄瓜甩起扫堂腿，踢得韭菜往回奔。

一园青菜成了精

莲藕斗得劲头足,胡萝卜急得搬救兵。歪嘴葫芦放大炮,轰隆轰隆炮三声。

打得大蒜裂了瓣,打得黄瓜上下青。打得茄子一身紫,打得辣椒满身红。

打得豆腐尿黄水,打得凉粉战兢兢。藕王一看抵不过,一头钻进烂泥坑。

出了城门往正东,一园青菜绿葱葱。

4."ian 烟"是不是"i 衣＋an 安"

根据语音学研究,"a 啊""an 安""ang 昂"中的 a,有舌位前后的细微差别,但一般人说话时不必在意这种差别。这三个韵母中的 a 开口很大。

但是"ian 烟"中的 a 则不同,开口比较小,跟招呼人的"诶"发音相同,吴方言中应答别人用的也是这个音。

所以"ian 烟"并不是"i 衣＋an 安"。发"ian 烟"音时开口较小,唇形如微笑。整个韵母三个音一气呵成,不要分开,不要一个字母一个字母地拼读。单独成音节时,这个韵母写作 yan。下面常用词中下画波浪线的字韵母是 ian。

鼻尖、前面、先后、房间、洗脸、新年、莲花、见面、方便面

下面这首儿歌中,画直线的是开口大的"an 安",画波浪线的是微笑状的"ian 烟"。

下　雪　天

下雪天,真好看,房子变成胖老汉。

小树好像大白伞,地上铺了白地毯。

我也变成小神仙,嘴巴鼻子冒白烟。

韵母"üan 冤"中的 a 与"ian 烟"中的相同,发音时开口扁平。"üan 冤"发音时先撮唇发 ü,然后唇形拉开成微笑状,最后舌尖放到上齿龈。单独成音节时,这个韵母写作 yuan。这个韵母只跟声母 j、q、x 相拼,书写时 ü 上两点省略。下面常用词中画线的字韵母是 üan。

选择、圆圈、公园、医院、全部、愿意、蛋卷、两元钱

声旁是"扁、卞、戋、柬、金、建、见、间"的字韵母是"ian 烟",声旁是"原、肙、全、宣、爰"的字韵母是"üan 冤"。也有声旁兼表两种读音的,如:

　　　xuán　xuàn xuàn xuàn xián xián
玄：泫 、炫 、眩 ；舷、弦

　　juǎn/juàn　quán quǎn quān/juàn juàn
　卷：蜷 、绻 、 圈 、倦

声旁是"元"的字有两组,一组读"üan 冤",如"远、园、芫、沅、院(前面加零声母写作 yuan)",嘴唇撮拢;一组读"uan(弯)",如"玩、阮、完、莞、浣",开口较大。

同声旁的"苑、怨、鸳"读"üan",而"碗、婉、宛、皖、腕、剜"读开口大的"uan"。

【跟孩子一起说】下面画直线的字韵母是"ian",波浪线的字韵母是"üan"。

① 我把青菜全部吃完了。

② 公园不太远,我们走着去。

③ 你愿意把蛋卷分给小莲一半吗?

④ 这是你自己选的,不可以再改。

⑤ 那是一只导盲犬,帮助盲人是它的工作。

⑥ 吃太多甜的东西牙齿会坏,你吃一颗糖还是两颗?

【读对姓氏】(有方框的是容易读错的)

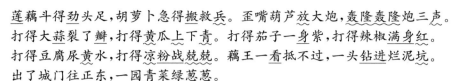

	Yán	Yán	Yán	Yán	Yán	Yān	Biān	Diǎn	Tián	Lián	Qián	Xiǎn
ian：	严	颜	言	闫	阎	燕	边	典	田	连	钱	冼

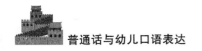
Yuán Yuán Quán Quán Xuān Xuán
üan： 袁 、元 、全 、权 、宣 、玄

5. un 怎么读

在 j、q、x 后面，un 其实是 ün 省略了两点，即 jun(军)、qun(群)、xun(寻)。

而在其他声母后面，un 其实是 uen(温)。uen(温)前面没有声母时写作 wen，前面有声母时写作 un，如 dun(吨)、tun(吞)、sun(孙)，其实是 duen、tuen、suen。

在前鼻音 an、en 和后鼻音 ang、eng 之前加上 u，变成新的韵母 uan(弯)、uen(温)、uang(汪)、ueng(翁)。这四个新的韵母不与 b、p、m、f 及 j、q、x 相拼。

这四个韵母中，uen 的发音最难。发音时嘴巴从小圆到扁而大，再收小如微笑状，舌尖放到上齿龈。有些方言区有 un 的音，发完小而圆的 u 后，直接发 n，嘴巴没有中间咧开的过程。请方言区的学习者注意：

① 困了吗？该睡午觉了。

② 大熊猫的身体圆滚滚的。

③ 你要吃肉馄饨还是菜馄饨？

④ 春天到，吃春笋。切小块，大口吞。

以"仑、屯、寸"为声旁的字普通话中韵母都是 uen。以"文"为声旁的字有不同的读音，但都是前鼻音：

wén wén wén wén wèn fén mín mín
文 ： 纹 、雯 、蚊 、汶 、坟 、玟 、旻

【请对孩子说】

① 尊重他人就是尊重自己。

② 学问学问，不懂就要问。

③ 有了困难不要怕，努力克服它。

④ 一寸光阴一寸金，寸金难买寸光阴。

6. iang、iong 怎么说

在后鼻韵母 ang、ong 前面加上 i，形成新的韵母 iang 和 iong。只与 j、q、x 相拼。

iang：响亮、香味、手枪、金奖、凉快、酒酿、吉祥

iong：英雄、熊猫、不用、勇敢、贫穷、汹涌、炯炯有神

【读对姓氏】

Yáng Yáng Jiāng Jiāng Jiǎng Xiàng Xiàng Liáng
iang： 羊 、杨 、江 、姜 、蒋 、向 、项 、梁

Yōng Xióng Xióng
iong： 雍 、雄 、熊

在一些方言中，"雄、炯、琼"等字开口过小，韵母音似 iung 或 ün。说普通话时要注意，开始时口型扁牙齿对齐，中间的口型要大一些。

7. 鼻化元音怎么改

普通话中的鼻韵母是先发元音，再发 n 或 ng，发音是有一个过程的，舌头"走动"也是有路程的。但有些地区，如潮汕、赣南、湘南、苏南和宁夏、山陕北部有鼻化元音，如"咸、深"，也就是发元音和发鼻音是同时进行的。可以用手捏住鼻翼进行检测，如果一开始鼻翼就感受到压力就说明发音是鼻化元音。正确的发音应该是发元音时 a 或 e 时鼻翼没有感受到压力，到最后 n 时才有一些压力。

普通话中没有鼻化元音。用普通话说这些字时要分两步走,先发元音,然后慢慢地把舌头放到 n 的位置上去。

第四节 普通话声调

一 普通话声调有几种

汉语是有声调的语言。声调贯穿于音节的始终,它同声母、韵母一样具有区别意义的作用。声母韵母相同的音节,因为声调不同,会有不同的意义,如"妈麻马骂、八拔把爸"。

声调的高低不是物理学上的绝对音高,而是相对的音高,比如女人说话要比男人高,少年说话要比老人高,但是"从高音降到低音,下降的幅度,变化的方向,大体上却是相同的"[①]。就如同一首歌,男中音、男高音、女高音都可以唱,绝对音高不同,而旋律相同。

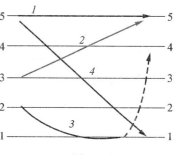

五度标记法

普通话有四个声调,术语称为阴平、阳平、上声[②]和去声,简称"阴阳上去",俗称第一声、第二声、第三声、第四声。

语言学家赵元任先生受音乐五线谱启发,创立"五度标记法",用数字来标示声调的高低(被称为"调值")。第一声是 55,第二声是 35,第三声是 214,第四声 51。他把 4 个声调画在五线谱上,让学习者对声调的高低有视觉的认识。4 个调号-ˊˇˋ正是源于声调升降的趋势。

在实际话语中,由于受到前后字音的影响,字调的实际高低会有细微变化。而生活中大部分没有受过专业训练的人都不能把调值说得完全到位,一般只是高低升降的方向正确就可以了。也就是第一声高而平,第二声上升,第四声下降。

需要重点说明的是第三声,虽然符号是"拐弯"的,并不是每个第三声的字都要先降后升。其实它只有在单字或句末才发 214,比如"是我"的"我";而不在句末的时候不用"拐弯",比如,"我来"的"我"只下降,到"来"才升。"好看"的"好"也只降低并不拐弯向上。而且不拐弯的比拐弯的情况要多。我们把拐弯的叫做"全三声",把不拐弯只下降的叫做"半三声"。实验语音学已经证明了,当人们发全三声的时候,低降部分时间长而清晰,上扬部分短而轻,如小珠子轻轻弹起。也就是说,调值 21(或者为了强调其延时而标为 211)的低降部分是第三声的区别性特征,因此,一般话语中第三声的字只要说低音的部分就可以了。

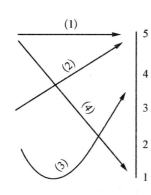

从时间上来说,第四声最短,第三声最长。

有些教材把上声画得像个对勾,如左图,我们认为这样并不妥当。一是低降部分过短,不足以说明低降是第三声的重要特性,而上扬部分过于明显,也无法说明它有脱落的可能。

---

① 吴宗济,《现代汉语语音概要》,华语教学出版社,1992 年。

② 读音为 shǎngshēng。

普通话中还有轻声,但轻声不是第五个声调。这个将在后文详细介绍。

二 普通话四声有什么特点

各地方言有不同的声调系统,北方方言声调比较少,大约3～5个,"南方方言声调较多,多数在5个以上,有的甚至更多,例如临川方言有7个声调,绍兴方言有8个声调,广西博白方言高达10个声调"[①]。

普通话的第一声高而平,有些地方话,如天津话、东北话,起音不够高。我们可以用"他今天喝黑咖啡"这句话来练习保持高平。当然,实际话语中每个字会有细微的差别,可以忽略不计。练习:

星期、鲜花、餐厅、冰箱、开灯、高中生、垃圾箱

第二声声调上扬,可以借用疑问的感觉说:"啊?"注意上扬的速度要快一些。练习:

同学、平时、人民、回答、门牙、儿童团、重阳节

第三声有些人下降的部分太短,过早上扬(就像上图中的对勾),整体听感往上跑,给人拿腔拿调的感觉。练习:

老虎、马甲、雨伞、手指、美好、恼火、有理、起点

第四声从高处下降,有些方言区的人降得不够,听起来像是第一声,可以找一找类似生气或特别惊讶的感觉说:"啊!"练习:

现在、宴会、再见、种树、散步、电视剧、奥运会

两个第四声的词中有一些比较特别,我们看下面的例子,构成这些词的两个字意思相同或者相近,这时候,虽然两个字都是第四声,但第二个字相对轻一些。好似长得相像的两兄弟站在一起,哥哥要高一些,弟弟要矮一些。练习:

建设、运动、艺术、设计、正在、快乐、看见、介绍

【跟孩子一起说】下面各句话中包含声母、韵母相同,但声调不同的字,请注意区分:

① 我家没有妹妹。
② 我和哥哥喝可乐。
③ 阿姨姓徐还是姓许?
④ 小明找不着赵老师。
⑤ 弟弟去机场接姐姐。
⑥ 你学汉语还是韩语?
⑦ 你们吃完晚饭了吗?
⑧ 我要喝汤也要吃糖。
⑨ 你坐汽车去还是骑车去?

【跟孩子一起说】

一二三四五六七,七六五四三二一,七个阿姨来摘果,七个篮子手中提,七棵树上结七样儿:苹果、桃儿、葡萄、李子、栗子、荔枝、梨。

上面这首儿歌中的"结"读第一声,这个字是多音字,实义的"开花结果"读第一声,抽象的"原因结果"读第二声。

【请对孩子说】专注是成功的重要因素,注意力集中才能调动人体感观、思维,学习和工

---

① 姜岚,《普通话与教师口语艺术》,商务印书馆,2018年。

作的效率才能提高。有些家长在孩子玩耍、学习的时候,不停地问:"你饿不饿?""要不要喝水?""你冷不冷?"这样做虽然表现出关心,但是不停地干扰孩子,不利于专注力的培养,没有深入"思考",也不会有创造力。说下面的话,注意画线字的声调。

① 不管做什么事注意力都要集中。

② 做完一件事,再做第二件。

③ 我们试试看,三分钟可以写多少字?

④ 学习时认真地学,玩耍时痛快地玩。

三 声调符号标在哪儿

拼音中,声调符号标在什么地方是有规定的。以下是一首标调歌,歌中所戴的"花"指的是声调符号。不过,拼音是帮助我们了解汉字读音的工具,调号标在哪儿对于非专业学习者特别是儿童来说,并不需要了解得非常准确。当然,也可以根据儿歌做戴花或者戴帽子的游戏。

a o e i u ü

有 a 在,把花戴;a 不在,顺次排;

i、u 一起走,谁在后面给谁戴。

第五节 普通话的语流音变

在说话时,一个音节会受到前后字音的影响而发生改变,这样的改变称为"语流音变"。除了下文重点介绍的几个音变外,轻声和儿化也是重要的语流音变,将在下一章介绍。还有一些声调的改变,如"第一次"的"第"下降不足,类似这样的变化太细微,略过不讲。

一 第三声有几种"化身"

低降的第三声连续发音,会让发音器官疲劳。因此,在语流中会发声变调。

1. 单个第三声在句中读"半三",也就是声调只下降不上升。

2. 两个第三声在一起,前一个变调为第二声。例如:

很好、粉笔、小狗、海马、水果、女老师

3. 三个第三声在一起有两种变法。三个第三声相连发生音变的情况要从它们的语法构成来考察。因为除了外来音译词外,一个汉语音节总是与一个有意义的汉字相对应。它所对应的汉字与其他汉字的关系很大程度上影响语音的改变。

考察一下"小老虎"和"展览馆",我们就会发现,它们的变调结果是不一样的,用符号表示,前者是ˇˊˇ,后者是ˊˊˇ。这是因为前者的语法关系是"小+老虎"(1+2),第一个字和后两个字之间联系比较松散。而后者的语法关系是"展览+馆"(2+1),前两个字紧密,而与第三个字之间联系松散。同样的例子有:

ˇˊˇ 小老虎、好领导、洗水果、买手表

ˊˊˇ 展览馆、表演者、洗脸水、整理好

还有第三种组合,三个字的关系是1+1+1,如"我等你""请给我"。这种组合有两种变调方式:如果这是一个单独的小句,或者说话时语速比较慢,通常变为ˇˊˇ;如果这三个字是长句中的一个部分(如"今天晚上我等你吃饭"),为了配合呼吸长短,通常长句中每个字所能分配的时间就比较少,即通俗所说语速较快,这样的情况下,三个上声通常变调为ˇˊˇ。

4.四个第三声在一起变成两个拱门。四个上声相连就比较简单了,变为ˊˇˊˇ就行了,通常可以把它画成金拱门。例如:

我也很好。

5.第三声在轻声音节前有两种变法。为什么这么变,目前还没有研究出规律。

第三声变半三:椅子、奶奶、姐姐、耳朵、马虎、眼睛、口袋

第三声变二声:把手、法子、主意、哪里、手里、想想、走走

【跟孩子一起说】请试着给下面句中的第三声词语变调:

① 你很勇敢!

② 用小手指一下。

③ 你想躲在哪里?

④ 小懒虫快起床。

⑤ 你等我一会儿。

⑥ 有两把小雨伞。

⑦ 宝宝很喜欢喝牛奶。

⑧ 请给我两盒水果糖。

【请对孩子说】询问并接受孩子对于家庭的建议,让孩子参与家庭决策,使孩子有成就感。

① 真是个好主意!

② 幸亏你提醒我!

③ 我相信你可以。

④ 你有什么办法?

⑤ 你想买几点钟的电影票?

⑥ 洗水果用冷水还是热水?

⑦ 你有什么想法,直接说出来吧。

⑧ 你建议送给奶奶什么生日礼物?

二 "一""不"怎么变调

在普通话口语中,"一"和"不"的声调会发生变化,但不影响语义表达。在拼音书写时可以写原调。

1.在第四声的字前面,"一"和"不"读作第二声。例如:

一次、一遍、一下、一块儿、一会儿、一件事、一路平安

不对、不是、不大、不重要、不认识、不耐烦、不见不散

"一个"的"个"虽然在做量词时是轻声,但这个字原来是第四声,所以"个"之前的"一"也变读为第二声。

2.在第一、二、三声的字前面,"一"和"不"读作第四声。例如:

一天、一直、一起、一公斤、一口气、一周岁、一帆风顺

不高、不喝、不来、不便宜、不好看、不可能、不清不楚

3."一"在动词重叠式中间、"不"在动词、形容词重叠式中间读轻声。例如:

拍一拍、尝一尝、想一想、试一试、笑一笑、见一见

开不开、回不回、好不好、对不对、累不累、喜欢不喜欢

在一些比较固定的三字、四字短语中，"不"读轻声：

吃不下、睡不着、起不来、买不到、听不清、黑不溜秋

这些词语可以用来进行变调组合练习：

一大一小、一来一回、一男一女、一左一右、一人一次

不冷不热、不上不下、不大不小、不早不晚、不多不少

4. 什么时候不需要变调

"一"在什么时候不变调呢？在序数和数列（电话号码、日期等）中，如：

初一、一楼、第一课、一年级、一月一号

数列、号码中的"一"会发生另一种音变，即变为 yāo，这是为了避免与"七"发生听觉混淆，但不是必须变的。

另一个情况是在表示"完整、整体"意思的时候"一"不变调，如：

始终如一、三合一、一统江山、一以贯之

5. "七"和"八"要不要变调

北方有些地区，包括老普通话，"七""八"与"一""不"一样，在第一、二、三音节前为第四声，在第四音节前为第二声，但是 1985 年修订的《普通话异读词审音表》取消了这样的说法。

【请对孩子说】不要把失败归因于客观因素，要让孩子直面自己的失败，找到可以改进的地方。有些人在孩子摔倒、碰疼之后说"地板坏""打桌子"等等，这不是好的做法。这时候应该引导孩子深呼吸，这样可以让孩子平静下来，减轻身体的疼痛感和心理上的委屈感。

① 不哭，不哭，宝宝跟妈妈说，呼—吸—呼—吸，呼呼吸，呼呼吸。

② 你想一想为什么会摔跤？是不是跑得太快了？以后走路要看清楚地面。

③ 用过的东西放回原来的地方，下次就不会找不到了。

④ 汤不好喝吗？哎呀，盐加少了，现在再加一点儿吧。

⑤ 这架纸飞机折得不好看呀，我们再折一架，一定比这个好！

⑥ 没写完是因为时间不够吗？想一想下次怎么办。

⭐ 三　"啊"要怎么变

很多语言里都有连音（也叫联诵），即前一个音节末尾的音（多半是辅音），和后一个音节开头的元音结合。如英语 And you? 实际发音是 [æn-djuː]，画线部分发音类似汉语的"九"。法语问候语 Comment allez-vous 实际读作 [gɔman-dɑle vu]，画线部分发音类似"达"。

汉语中主要连音是句末的"啊"。"啊"是零声母音节。说话时"啊"常常会受它前面音节最后一个音素的影响而产生连音。简而言之，就是说完前一个字后气息不断，声音不断，将前一个字的尾音和"啊"相连。连读之后的"啊"也可以写作"呀、哇、呐"等字。

1. 在 ɑ、i、e、ê、ü、uo 后"啊"变读为 yɑ。因为 i、ü 开口小，与"啊"相连发音时，口型从小变大，连音为 yɑ。在这种情况下，"啊"可以写作"呀"。

① 原来是你啊（呀）！

② 好大的雨啊（呀）！

③ 大家快来啊（呀）！

而ɑ、e、ê、uo因为口型较大,直接加"啊"的话分界不清,所以中间加一个[i]音。

① 他就是你的爸爸啊(呀)!

② 小明今天来不来啊(呀)?

③ 我没有见过下雪啊(呀)!

④ 今天最早到学校的是我啊(呀)!

2. 在u、ɑo后"啊"变读为uɑ。u、o是圆唇音,在从圆唇变到大口ɑ的过程中发出的音,听感为uɑ,汉字可以写作"哇",如:

① 我在看书啊(哇)!

② 今天天气多好啊(哇)!

③ 要迟到了,快走啊(哇)!

3. 在n后面"啊"变读为nɑ。n是鼻音,发音时舌尖在上齿龈。n和ɑ连音为nɑ,汉字可写作"哪"或"呐"。例如:

① 公园里的花真好看啊(哪/呐)!

② 这些鱼真新鲜啊(哪/呐)!

③ 画儿里有几个圆圈啊(哪/呐)?

4. 在ng后"啊"变读为ngɑ。鼻音韵尾ng发音时口腔后部打开,与ɑ相连为ngɑ。汉字仍写作"啊"。例如:

① 这首歌你会不会唱啊?

② 你自己洗手帕行不行啊?

③ 妈妈做的菜真香啊!

5. 在zi、ci、si后连读,汉字仍写作"啊"。发出连音时类似"兹呀"。例如:

① 这是谁写的字啊!

② 你要去多少次啊?

③ 抢孩子的东西,你好意思啊?

6. 在zhi、chi、shi、er后,"啊"变读为rɑ,汉字仍写作"啊"。例如:

① 你说是不是啊?

② 这是你的女儿啊!

③ 星期天你想去哪儿啊?

【和孩子一起读】

一 字 歌

一只小蜜蜂啊,飞到花丛中啊,飞啊,飞啊。

两只小耗子啊,跑到粮仓里呀,吃啊,吃啊。

三只小花猫啊,去抓小耗子啊,追啊,追啊。

四只小花狗啊,去找小花猫啊,玩啊,玩啊。

五只小山羊啊,爬到山坡上啊,爬啊,爬啊。

六只小鸭子啊,跳到水里面啊,游啊,游啊。

七只小百灵啊,站在树枝上啊,唱啊,唱啊。

八只小孔雀啊,穿上花衣裳啊,美啊,美啊。

九只小白兔啊,竖起长耳朵啊,蹦啊,蹦啊。

十个小朋友啊,一起手拉手啊,笑啊,乐啊。

四 形容词重叠后发音怎么变

1.单音节形容词重叠音变。单音形容词重叠一般不变调。例如：

① 蓝蓝的天上白云飘。

② 小朋友的嘴张得大大的。

③ 刚长出来的小草嫩嫩的,绿绿的。

④ 熊猫长得胖胖的,脑袋圆圆的。

重叠后加上儿化,第二个字会变读为第一声,试比较：

mànmàn de	mànmānr de
慢 慢 地	慢 慢 儿 地
hǎohǎo de	hǎohāor de
好 好 地	好 好 儿 地

它们的区别在于儿化词用于口语,显得比较随意。如一位母亲叮嘱出门上学的孩子"好好儿上课"。而作为标语刷在墙上的"好好学习,天天向上"念出来就得用第一种变调法,读为 háohǎo de。

2.双音节的形容词重叠音变规则。双音节形容词重叠有两种情况,要看这个词原来是不是轻声词。第二个音节是轻声的双音节形容词重叠后,第一字读本调,第二字轻声,第三、第四字变一声：

shūshu fū fū	qīngqing chū chū	yìngying lāng lāng
舒 舒 服 服	清 清 楚 楚	硬 硬 朗 朗
zhā zha shí shí	míngming bāi bāi	dà da fāng fāng
扎 扎 实 实	明 明 白 白	大 大 方 方

本来不是轻声的双音节形容词重叠后不变调。

gāngān jìng jìng	zhěng zhěng qí qí	gāogāo xìng xìng
干 干 净 净	整 整 齐 齐	高 高 兴 兴
tián tiánmì mì	jiàn jiàn kāng kāng	rèn rèn zhēn zhēn
甜 甜 蜜 蜜	健 健 康 康	认 认 真 真

3.ABB 格式的叠字形容词

rè hū hū	lěng bīng bīng	ruǎn miān miān	bái māng māng
热 乎 乎	冷 冰 冰	软 绵 绵	白 茫 茫
jīn cān cān	lù yōu yōu	hóng tōng tōng	hēi dōng dōng
金 灿 灿	绿 油 油	红 彤 彤	黑 洞 洞

这一类形容词被称为 ABB 式,多数用来描写颜色和性状。其后两个字大多没有很实际的意思。发音时,后两个字念轻化的第一声。就是说,"乎乎""冰冰""绵绵""茫茫""灿灿""油油"这些叠字都读平调,但是没有一般第一声那么高。这也是"红彤彤"也可以写作"红通通"的原因。它们是轻化的,发音时间短,音强很弱。因此 ABB 听起来像华尔兹的节奏"强弱弱"。

五 同化现象

在语流中,有些音会被前后的音所同化。这些同化并不明显,数量也不多。如："面包"的"面"韵尾是 n,但是受到"包"的声母(双唇闭合)的同化,"面"的发音变成 miàm。这样的音变在汉语中并不多。

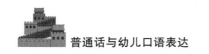

第六节 普通话的声韵母配合规律

在普通话中,有一些声母和韵母是不相拼的。各方言中也有不同的拼合规律,这也是方言区学习者说普通话时可能出现问题的原因之一。

一 普通话声母 g、k、h 不与 i、ü 及其开头的韵母相拼

g、k、h 与 i、ü 及其开头的韵母相拼,这样的拼法在普通话中并不存在,但在一些方言中可以,如粤语中有 gin(见)。反过来说,保留了古音的南方方言中舌根声母 g、k、h 的字,到了普通话中分为两组,一组仍是舌根音 g、k、h,另一组在普通话中变成声母 j、q、x,和韵母"i-""ü"相拼,如"街、家、见、桥、夏、戒、居"。以下同声旁的字在普通话里有不同的读音也是这种语言变化的证明。

xián gǎn hǎn hàn jiān jiǎn jiǎn
咸 : 感 、喊 、憾 ;缄 、碱 、减

gōng gāng gàng gāng káng hóng hóng jiāng jiāng
工 : 缸 、杠 、肛 、扛 、红 、虹 ;江 、豇

jù gòu gǒu gǒu jǔ/gǒu/gōu jū jū
句 : 够 、狗 、苟 、 枸 ;拘、驹

二 普通话声母 z、c、s 不与 i、ü 及其开头的韵母相拼

在一些方言,如苏州话、郑州话、闽南话中有 z、c、s+i、ü 这样的拼法。用普通话说以下画线字时,舌尖不要向前顶:

xiàxuě xīnxiān mùqiāng dàxiào jùjí juédìng
下雪 新鲜 木枪 大笑 聚集 决定

古音中没有翘舌音 zh、ch、sh,也没有 z、c、s,只有一组介于 z、c、s 和 j、q、x 之间的声母(现在粤语和朝鲜语仍然如此),变到普通话中,分成 z、c、s+a、o、u 和 j、q、x+i、ü 两种。以下同声旁的字就是证明。

qiě zū zǔ zǔ zǔ zǔ cū cú jū jū jǔ jǔ jū jǔ qū
且 : 租、组、诅、祖、阻、粗、殂;狙、趄、沮、咀、疽、龃、蛆

因为这样的渊源,有人会把"这 zhè 个"说成"借 jiè 个"。要纠正这个发音很容易,发音是口腔迅速张大,不要在翘舌音和韵母中间加"i(衣)"。

三 普通话声母 z、c、s 不与韵母 ua、uai、uang 相拼

ua、uai、uang 这三个圆唇开头的韵母只和翘舌声母相拼,不和平翘音相拼。因此,"抓、刷、揣、衰、庄、窗、双"一定是翘舌音。

声旁为"仓"的字在普通话有两组发音,平舌的不圆唇,翘舌的圆唇:

cāng cāng cāng cāng chuāng chuàng chuāng/chuàng
仓 : 沧 、苍 、舱 ;疮 、怆 、 创

四 普通话翘舌音 sh 不与韵母 ong 相拼

也就是说普通话里只有 song,没有 shong。例如"松、怂、耸、送"一定是平舌音。

五　普通话声母 b、p、m、f 不与韵母 ong 相拼

一些方言区的人,把普通话中的 beng(崩)、peng(朋)、meng(孟)、feng(奉)说成 bong、pong、mong、fong,但普通话没有这样的音。

mì fēng	pěng qǐ	xiōng měng	bèng bèng tiào tiào
蜜 蜂	捧 起	凶 猛	蹦 蹦 跳 跳

péng pài	zuò mèng	fēng jǐng	pèng peng chē
澎 湃	做 梦	风 景	碰 碰 车

以"风、夆、孟、奉、崩"为声旁的字,普通话的韵母是 eng。有些地区将这些字读为圆唇的 ong,需要改过来。

六　普通话声母 b、p、f 不与韵母 e 相拼

韵母 e 和声母 b、p、f 是不相拼的,与 m 相拼只有一个字"么"。东北地区有的学习者把"波 bō、坡 pō、摸 mō、佛 fó"说成 *bē、*pē、*mē、*fé 是不对的。

七　同源与分流

有一些字,在古代读音相同,这从它们用同一个声旁可以看出来。到了现代汉语普通话中读音分化了,但在某些方言中还保留着相同的读音,或者分化的方向与普通话有所不同,因此在说普通话时容易说错。方言区人在语言转换时应特别注意:

		cháng jiāng	jiāng dòu
工:ji		长 江 、	豇 豆

		hóng sè	cǎi hóng	gāng mén	gàng gǎn	káng qǐ	xìng Tóng
g k h		红色、	彩虹、	肛 门、	杠 杆、	扛 起、	姓 仝

		yùn	yùn	yūn
军:y		恽、	郓、	晕

		hūn	hún	huī	huī	huī
h		荤、	浑;	挥、	辉、	晖

容易读错
的词语

第七节　容易读错的词语

词 语	正 确	错 误	词 语	正 确	错 误
拗口	àokǒu	niùkǒu	芭蕾	bālěi	bāléi
笨拙	bènzhuō	bènzhuó	鼻塞	bísè	bísāi
忏悔	chànhuǐ	qiānhuǐ	惩罚	chéngfá	chěngfá
处理	chǔlǐ	chùlǐ	创可贴	chuāngkětiē	chuàngkětiē
粗糙	cūcāo	cūzào	粗犷	cūguǎng	cūkuàng
逮捕	dàibǔ	dǎibǔ	胆怯	dǎnqiè	dǎnquè

（续表）

词 语	正 确	错 误	词 语	正 确	错 误
等于	děngyú	děngyǔ	绯闻	fēiwén	fěiwén
氛围	fēnwéi	fènwéi	华山	huàshān	huáshān
嫉妒	jídù	jìdù	给予	jǐyǔ	gěiyǔ
计较	jìjiào	jìjiǎo	豇豆	jiāngdòu	gāngdòu
校对	jiàoduì	xiàoduì	洁癖	jiépǐ	jiépì
结束	jiéshù	jiésù	拘泥	jūnì	jūní
拒载	jùzài	jùzǎi	倔强	juéjiàng	juèjiàng
角色	juésè	jiǎosè	龟裂	jūnliè	guīliè
高档	gāodàng	gāodǎng	蛤蜊	gélí	gálì
关卡	guānqiǎ	guānkǎ	果脯	guǒfǔ	guǒpǔ
号召	hàozhào	hàozhāo	馄饨	húntun	húndun
揩油	kāiyóu	kǎiyóu	莅临	lìlín	wèilín
连累	liánlěi	liánlèi	脸颊	liǎnjiá	liǎnxiá
鳗鱼	mányú	mànyú	埋怨	mányuàn	máiyuàn
闷热	mēnrè	mènrè	勉强	miǎnqiǎng	miǎnqiáng
模样	múyàng	móyàng	木讷	mùnè	mùnà
昵称	nìchēng	níchēng	宁可	nìngkě	níngkě
女红	nǚgōng	nǚhóng	剽窃	piāoqiè	piáoqiè
潜力	qiánlì	qiǎnlì	强迫	qiǎngpò	qiángpò
亲戚	qīnqi	qīnqī	请帖	qǐngtiě	qíngtiě
龋齿	qǔchǐ	jùchǐ	妊娠	rènshēn	rènchén
适当	shìdàng	shìdāng	室内	shìnèi	shǐnèi
吮吸	shǔnxī	yǔnxī	说服	shuōfú	shuìfú
通缉	tōngjī	tōngjí	投奔	tóubèn	tóubèn
下载	xiàzài	xiàzǎi	纤维	xiānwéi	qiānwéi

词　语	正　确	错　误	词　语	正　确	错　误
肖像	xiàoxiàng	xiāoxiàng	噱头	xuétóu	xuètou
压轴	yāzhòu	yāzhóu	亚洲	yàzhōu	yǎzhōu
筵席	yánxí	yànxí	钥匙	yàoshi	yuèchi
肄业	yìyè	sìyè	荫凉	yìnliáng	yīnliáng
应届	yīngjiè	yìngjiè	佣金	yòngjīn	yōngjīn
优惠券	yōuhuìquàn	yōuhuìjuàn	友谊	yǒuyì	yǒuyí
鱼鳔	yúbiào	yúbiāo	晕车	yùnchē	yūnchē
载重	zàizhòng	zǎizhòng	针灸	zhēnjiǔ	zhēnjiū
正月	zhēngyuè	zhèngyuè	挣脱	zhèngtuō	zhēngtuō
芝麻糊	zhīmahù	zhīmahú	住宿	zhùsù	zhùxiǔ

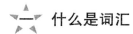

第二章　普通话词汇

第一节　普通话词汇概述

一　什么是词汇

词汇、语音和语法是语言的三大要素。

如果把语言比作一栋大厦的话,那么语音好比这栋大厦外部的形状、色彩等特征,我们依靠这些鲜明特征去辨别是这栋大厦还是其他的大厦;语法是结构规则,也就是这栋大厦内部的结构框架,所有的词汇都要按照一定的规则进行排列和组织,否则就像是一盘散沙,无从表达其准确意义;词汇则是建筑材料,在已有结构框架之后,需要大量的建筑材料进行填充。语言没有语音,就无法快捷地借助声音传递信息;没有语法,就只是词语的堆砌,语言表达就会变得杂乱无章;没有词汇,语法就会变成干巴巴的规则,就不能传递有效信息了。

词和词汇经常混用。词是有固定的读音,有一定的意义,能单独回答问题或能用来造句的最小单位。[①] 比如"他买了书。"这句话中"他""买""了""书"是词,首先它们有固定的语音形式"tā mǎi le shū"。其次它们各自都表示一定的意义,如"买"表示的意义是:购买,拿钱换东西,与"卖"相对;"了"表示的意义是:动作或变化已经完成。有些词在对话中可以单说,如:"买不买书?""买。"有些词虽然不可以单说,但可以作为句子的组成成分,比如"了"不可以单说,但可以用来构成句子,表达动作或变化已完成或者是一种新情况的出现,它可以组成"妹妹睡着了。""妈妈去做饭了。"等句子。词汇则是语言中词和固定短语的总汇。固定短语包括成语,如"狐假虎威、守株待兔、揠苗助长"等;惯用语,如"绊脚石、小算盘、笑面虎"等;歇后语,如"小葱拌豆腐——一清二白、竹篮打水——一场空、猪鼻子插葱——装象"等;谚语,如"兔子不吃窝边草、吃水不忘挖井人、家家有本难念的经"等。

词汇是由一个个的词组合而成的,所以日常表达中"一个词汇"这样的说法是不合适的。这个问题类似于"一个人"可以说,而"一个人群"却不能说。

二　词汇的构成

词的总汇和固定短语的总汇组成了词汇。

(一) 词的总汇

1. 基本词汇

基本词汇是基本词的总汇。基本词是表示人们日常生活中最必需的不可缺少的事物或

---

① 符淮青,《现代汉语词汇》第2—3页,北京大学出版社,2020年。

概念,是社会各行各业的人都离不开的词语,与我们的生活密切相关。① 例如:

天象、地理类:天、山、地、水、云、雨、霜、雪、雾、江、河、湖

动物类:狗、猫、鸡、鸭、鱼、马、牛、羊、猪、驴、老虎、乌龟

身体部位类:头、手、腿、脚、鼻、嘴、眼、牙、耳朵、手指、头发、胳膊

亲属称谓类:爸爸、妈妈、哥哥、姐姐、弟弟、爷爷、奶奶、叔叔、姑姑、舅舅、儿子、女儿

动作行为类:跑、跳、走、蹲、拉、切、扫、说、叫、喊、笑、哭

事物情状类:大、小、高、低、长、短、粗、细、深、浅、薄、厚

数目类:一、二、三、四、五、十、百、千、万、亿

方位类:前面、后面、左边、右边、里边、外边、上面、下面、中间、旁边

时间类:早上、晚上、春、夏、秋、冬、今天、明天、后天、现在、刚才、傍晚

基本词汇具有以下特点:

第一,全民常用性。由上面的例子我们可以看出,基本词汇表示的是日常生活中必须得说、必须得用的词,无论身处何地、无论从事什么工作的人都会用到这些词汇,因此这些词汇使用范围广、使用频率高,为全民普遍使用,具有全民常用性。

第二,稳固性。由于基本词汇具有全民常用性,为全民所普遍使用,因此,这些词汇会一代一代流传下来,不易发生改变。这一点从许多历史古籍中也可以看出,以"手"为例,"慈母手中线,游子身上衣。""危楼高百尺,手可摘星辰。"所用的词及表达的意义一直沿用至今。

第三,能产性。这些词由于具有全民常用性和稳固性,因此它们可以作为产生新词的基础,具有产生新词的能力,即在这个基本词的基础上加上一些成分就可以组配、产生新的词语。仍以"手"字为例,可以产生"妙手、高手、亲手、帮手、手工、二手"等语语。

基本词的三个特征是有联系的,其中最重要的是全民常用性这一特征,是其他两个特征存在的基础。由于全民常用,这个词才会一代代传承下来,又由于全民常用且不易变化才会成为组成新词的基础。

2. 一般词汇

一般词汇是一般词的总汇,是整个词汇中除了基本词以外的词语。一般词汇包括:文言词、历史词、方言词、外来词、专门用词、新词、缩略词。

一般词汇相对基本词汇而言,稳固性不是那么强,有些词不具有全民常用性,组成新词的能力较差。但是它们与社会联系非常紧密,及时反映社会生活的变化,是社会生活在语言世界中的镜子,是词汇中不可缺少的部分。

(1)文言词

文言词又称"古语词",是指那些从古代文言作品中流传、沿用下来的、在现代汉语中使用范围有限的一些词。一般来说文言词语都有其对应的现代汉语词语存在。② 常见的文言词如:

余、其、之、者、甚、及、亦、乎、乃、倘、若、彼、谨、而已

现代汉语里吸收了不少文言词,因此丰富了自身的词汇系统,文言词可以用在贺电唁电、政论杂文或是文艺作品中,表达庄严的氛围、严肃的态度或是表达激愤、讥讽、感慨等情感。这些文言词言简意赅,不同场合会产生简洁、凝练、庄重、典雅等不同的表达效果,增强语言的表现能力,如:

---

① 葛本仪,《现代汉语词汇学》第 3 页,商务印书馆,2014 年。

② 齐沪扬,《现代汉语》第 178 页,商务印书馆,2007 年。

凡此十端，皆救国之大计，抗日之要图。当此敌人谋我愈急，汪逆极端猖獗之时，心所谓危，不敢不告。倘蒙采纳施行，抗战幸甚，中华民族解放事业幸甚。迫切陈词，愿闻明教。（毛泽东《向国民党的十点要求》）

（2）历史词

历史词是历史上曾经出现过、现在已不存在的事物、现象或行为的词语，还有一部分历史词所表示的事物、现象现在已经成了文物、遗迹。常见的历史词有：

科举、私塾、状元、诏书、驸马、丞相、北平、雍正、春秋、登基、精卫、邗沟（古水名）

这些词在日常生活中不太常用，但是当我们讲述某个历史故事，谈论某个历史现象时，却是不可缺少的词语。如介绍成语"表里山河"的出处："春秋时，晋楚决战之前，晋文公的谋臣（晋文公的舅舅子犯）劝说晋文公参加决战，他认为即使仗打败了，凭借太行山（表）和黄河（里）之险，也可以固守无虞。"其中"春秋""晋楚""晋文公""子犯"都是历史词。

（3）方言词

方言词是指普通话从方言中吸收进来的具有地域特色的词语。方言词由于表义方面的特殊性被普通话吸收，成为民族共同语的一部分；那些未被吸收的方言词仍在当地使用，但并不是普通话词汇的组成成分。这些已吸收的方言词丰富了普通话的词汇，加强了普通话的表现力。如：

上海话：尴尬、把戏、垃圾、名堂

广州话：靓仔、型男、炒鱿鱼、打工仔

东北话：唠嗑、铁子、忽悠、埋汰

我们从出生就从属于某一方言区内，在成长、交际的过程中也会不自觉地使用当地的方言词汇。在文学写作中，适当使用方言词可以丰富表现力，如：

"生宝！"任老四曾经经常弯着水蛇腰，嘴里溅着唾沫星子，感激地对他说，"宝娃子！你这回领着大伙试办成功了，可就把俺一亩地变成二亩罗！说句心里话，我和你四婶念你一辈子好！你说呢？娃们有馍吃了嘛！青稞，娃们吃了肚子里难受，楞闹哄哩，……"（柳青《创业史》）

（4）外来词

外来词又称"借词"，是指那些受外族影响或从其他语言中借用过来的一些词。不仅是汉语，世界其他语言在相互交流之中也会产生新的词语。外来词扩大了汉语词汇、丰富了语言表达。常见的外来词如：

咖啡（coffee）、奥林匹克（Olympics）、香波（shampoo）、迷你（mini）、冰激凌（ice-cream）、吉普车（jeep）、比萨饼（pizza）、乌托邦（utopia）、X光（X-ray）、干部（来自日语）

世界语言的多样性是外来语产生的基础，不同语言文化的交流碰撞是外来语出现的必要条件，在文学作品中也会使用这些外来词，特别是近现代文学作品，如：

柳原笑道："别又误会了，我的意思是：你看上去不像这世界上的人。你有许多小动作，有一种罗曼谛克的气氛，很像唱京戏。"（张爱玲《倾城之恋》）

（5）专门用词

专门用词是指从事一些专门行业的人所使用的带有这些行业、专业或职业特点的词汇。常见的专门用词如：

教育行业：教案、备课、讲课、学分、课时、选修、必修

医学行业：内科、外科、西医、中医、诊断、病房、针灸

戏剧行业：青衣、花旦、小生、布景、龙套、行头、走边

语言学用词：语素、词汇、单句、复句、语义、语用、修辞

　　物理学用词：电流、电阻、电压、折射、反射、透镜、电荷

　　这些词汇在相应的行业里是独有的，外行人听起来可能不大理解，但其中有些词汇因为使用频率高或者词义延伸和扩大，跨越了行业的界限，成为我们日常生活中经常使用的词语。如：

　　包谷糁、蒸红薯、千层饼、芝麻叶绿豆面条，再加几盅南阳卧龙玉液酒，几乎是他每日的"必修课"。(《人民日报》)

　　(6) 新词

　　新词是适应社会变化和需要而产生的一些词。像"解放""土改"这些词在 20 世纪 50 年代是新词，现在看却不是新词，因此如今所说的新词是指最近几年或十几年产生的词语。例如：

　　网友、黑客、菜鸟、炒作、内卷、应援、硬核、追星族、打工人、云养娃

　　很多新词语最先从网络开始流行，网络语言有很强的口语和方言特点，人们利用汉字形音义上的各种可能性，形成有想象力的超常规词句组合。由于网络的便利性，这些词被越来越多的人使用和推广，慢慢就变成了一种规约化的新词语。例如：

　　有时塞林格会去佛罗里达度假，或是与同样隐居的《纽约客》前主编威廉•肖恩碰个头。他们在老巴尔的摩酒店的大钟下见面，那里挤满了预科学校的学生和刚进入大学的菜鸟。(李乃清《百年塞林格一半清醒，一半执着》)

　　(7) 缩略词

　　缩略词是指一些较长词语有相应的缩略形式，这种形式固定下来就成了缩略词。"缩"是紧缩、减缩的意思；"略"是省略的意思，因此缩略词的使用是为了让表达变得更加简洁、方便。例如：

　　中国(中华人民共和国)、清华(清华大学)、三通(通邮、通航、通商)、环保(环境保护)、农转非(农业人口转非农业人口)、信访(来信来访)

　　虽然增加词长有利于表达更复杂新颖的语义，但同时也有碍于表达的便捷和高效。在会话中，表达效果相同的情况下，我们更趋向于选择那个简洁的词语，来降低说话者和听话者表达和理解的难度，以提高交际效率。例如：

　　刘炎是自己飞到广州去的，据她讲是为了响应叶委员长的九点声明为海峡两岸扩大交流以身作则"三通"变四通成立"台湾同胞流动接待站"。你们在白云机场候机楼相遇。(王朔《玩的就是心跳》)

　　使用缩略的前提是不产生歧义。相声大师侯宝林有一段相声就讲过这个问题，"上海吊车厂"简称"上吊"，问"谁是上吊的"就会产生歧义，甚至导致心理上极度不适。

　　(二) 固定短语的总汇

　　固定短语是指凝结为一个整体来运用或是成为构词成分的语言单位。虽然固定短语字数多少不等，长短不一，但它们都是作为一个整体来使用的，它们的意义凝结而完整，结构具有一定的稳固性，如："引狼入室"不可以说成"引虎入室"。固定短语包括：成语、惯用语、歇后语和谚语。

　　1. 成语

　　成语是人们长期习惯使用的、形式简洁、意义精辟的固定短语，且多为四字格式。[①]　如：

　　来源于典籍：乘风破浪、凄风苦雨、孤陋寡闻、翩若惊鸿

---

　　① 齐沪扬，《现代汉语》第 234 页，商务印书馆，2007 年。

来源于神话传说：八仙过海、精卫填海、开天辟地、天衣无缝

来源于寓言故事：亡羊补牢、坐井观天、狐假虎威、刻舟求剑

来源于历史故事：完璧归赵、四面楚歌、草木皆兵、三顾茅庐

来源于当代创造：七上八下、多快好省、一心一意、二话不说

成语作为文章标题能使标题凝练、生动、形象。如：

《吃大锅饭山穷水尽　走改革路柳暗花明——合肥市电子技术研究所去年获纯利二十四万元》（《人民日报》1984年）

成语出现在文学作品中，使文字更加形象化。如：

他的样子像是一头笨拙的白熊，在冰天雪地里踉跄前行。（余华《文城》）

成语在一定情况下可以灵活运用，通过增加或改换其中部分字词来表达特定意义。如：

李梅亭这两日窃窃私讲的话，比一年来向学生的谆谆训导还多。（钱锺书《围城》）

其中，"窃窃私讲"是换字，活用成语"窃窃私语"。

成语运用得好，可以使我们所说的话、所写的文章更有说服力，更具感染力，可以达到事半功倍的效果。

2. 惯用语

惯用语是指口头中短小定型的习用的短语。[①] 惯用语口语色彩浓厚，精悍短小，形象生动，通俗易懂，多含贬义。如：

三字惯用语：保护伞、背黑锅、绊脚石、走后门、炒鱿鱼、开绿灯

四字及以上惯用语：打马虎眼、钻牛角尖、快刀斩乱麻、鸡蛋里挑骨头、哪壶不开提哪壶

惯用语整体义不是它构成成分的简单相加，而是使用比喻表义，所以我们在使用惯用语时，应该注意辨析它的意义，弄清它的感情色彩。比如"磨洋工"和"泡蘑菇"意义相近，"磨洋工"偏向于指工作时拖延时间，懒散拖沓；而"泡蘑菇"则指故意纠缠而拖延时间。

3. 歇后语

歇后语是由谜面和谜底组成的口头使用的固定短语，前一部分是谜面，用来描述一个事件或现象；后一部分是谜底，揭示这一事件或现象所表达的实际意义，因此歇后语多带有幽默俏皮的色彩。歇后语从表义手段来看可以分以下两种：

（1）比喻型歇后语：谜面对事件或现象进行合理比喻，谜底揭示其蕴含的比喻意义。如：

竹篮打水——一场空

蜗牛赴宴——不速之客

无病吃药——自讨苦吃

井底的蛤蟆——目光短浅

老鼠过街——人人喊打

一肚子加减乘除——心中有数

（2）谐音型歇后语：谜面描述事件或现象，谜底使用同音字来揭示其实际意义，有一语双关的修辞作用。如：

孔夫子搬家——尽是输（尽是书）

黄鼠狼觅食——见机行事（见鸡行事）

---

① 黄伯荣、廖序东，《现代汉语》（上）第252页，高等教育出版社，2017年。

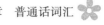

牵着羊进照相馆——出洋相（出羊相）

吃饺子不吃馅儿——调皮（挑皮）

和尚打伞——无法无天（无发无天）

腊月天气——动手动脚（冻手冻脚）

歇后语形象风趣，内涵丰富，又具有幽默风趣的语言色彩。它不仅丰富了语言的艺术效果，展现了饱满的人物形象，深化了主旨内容，还可以在一定程度上渲染作品的生活气息。如《红楼梦》中写宝玉、黛玉、宝钗三人各有心事，拐弯抹角、绵里藏针，凤姐捕捉到后不露声色地打趣众人道："你们大暑天的，谁还吃生姜呢？"众人迷惑不解，便说道："没有吃生姜。"凤姐刻意摸着腮，诧异道："既没人吃生姜，怎么这么辣辣的？"将歇后语"暑天吃生姜——辣辣的"巧妙地融入场景之中，在幽默风趣中减少话语的冲突，缓和了人物之间的矛盾。

4.谚语

谚语是人们口语中所说的通俗精炼、含义深刻的固定短语，通常用简单的话语来表达某种道理或规律。如：

气象类：天上鲤鱼斑，明日晒谷不用翻。

　　　　雨前有风雨不久，雨后无风雨不停。

农业类：三伏不热，五谷不结。

　　　　立秋下雨万物收，处暑下雨万物丢。

卫生类：冬吃萝卜夏吃姜，不劳医生开药方。

　　　　脑子不怕用，身子不怕动。

社会类：只可救人起，不可拖人倒。

　　　　良药苦口利于病，忠言逆耳利于行。

学习类：不吃饭则饥，不读书则愚。

　　　　常说口里顺，常做手不笨。

由于谚语包含的内容广泛，很多都是经验所得，有一定的启示意义，所以具有论证的力量，可以拿它作为一种特殊的论证依据，来证实某个观点，使观点整体具有一定的说服力，提高文章的表现力。例如：

这一年，他不仅在琢玉，而且在留心汇远斋的买卖。账房和师兄在汇远斋厮混多年修炼出来的"生意经"，被他在递茶送水、无意交谈之间偷偷地学去了；蒲缓昌本来并不想教给他的，他已经耳濡目染、无师自通；而且，磨刀不误砍柴工，他提前两年完成了那件宝船！（霍达《穆斯林的葬礼》）

第二节　普通话儿化词语

一　什么是儿化

儿化是一种普通话韵母卷舌化的音变。在原本词语后加"儿"字作为汉字标志，因此被称为"儿化"。不过这个名称和"儿"字标记引起了一些误解，有些人把"花儿"读成"（声母＋）韵母＋声调"的两个音节。实际上不是。普通话儿化发音时，韵母和卷舌动作是紧密结合在一起的。如"花儿"，看汉字是两个，但是发音时是一个音节 huār，在发完 a 后直接卷起舌头就行，中间没有 e 的音。

《汉语拼音方案》规定,凡韵母儿化以后一律在后面加上"r"。

二 儿化有什么作用

儿化不是单纯的语音现象,它和词汇、语法、修辞都有关系。

1. 确定词性

画(动词,绘图)	画儿(名词,图画)
盖(动词,加笼罩物)	盖儿(名词,用以笼罩的物品)
眼(名词,眼睛)	眼儿(名词,小孔)
活(形容词,有生命的、会动的)	活儿(名词,工作)
尖(形容词,末端细小的)	尖儿(名词,细小的末端)
方(区别词,方形)	方儿(名词,写着药的单子、办法)

简单地说,能儿化的一般都是名词。

2. 区别词义

同样是名词,儿化和不儿化也有不同的意思。

心(器官心脏、思想感情)	心儿(物体中心部分)
头(器官头部、脑袋)	头儿(领头的人、事情的开端)①
信(所写书信)	信儿(口信、消息)
有门(有供出入的门)	有门儿(有可能)
窗口(对外接待的口子)	窗口儿(小的窗户)

3. 使词语有感情色彩

有些词,加儿化和不加儿化意思基本相同。但是词语的感情色彩会有所差异。从修辞上看,儿化可以使词语带上"小"或"可爱"的特点和令人喜爱的感情色彩。"火柴棍儿""冰棍儿"因为细小,可以儿化,而用来揍人的"大棍"就不能。试比较:

老母鸡/小鸡儿	葬礼用的白花/小红花儿
高头大马/小马驹儿	饼渣儿/人渣

想一想,下面句中的 ＊ 处能否儿化?

这个小人＊,两面三刀。

这个小人＊刚学会走路。

你不怕他给你穿小鞋＊?

看这小鞋＊上还绣着花呢。

因此,一些有贬义色彩的名词,或者词语所指事物是令人不喜的,一般不儿化,如"蛇、老鼠、厕所"等;所指事物是比较正经严肃的,如"考试、典礼、政府"等,也不能儿化。

当然,这也不是绝对的,也有例外的时候,比如"小偷"可以儿化为"小偷儿",但绝不可爱。

4. 区别语体

儿化词多用于口语,且语气相对比较轻松活泼。在比较严肃的场合,用在正式文件(比如新闻、法律条文等)就不能儿化了。

秋风萧瑟,地上满是落叶,人踩上去沙沙地响。

---

① 有些词语虽然词义相同,但是有不同的感情色彩(包括褒贬),要根据说话的场合、语境、听话对象来选择。比如"头儿、领导"意思一样,但在正式场合必须用"领导",私下聊天且与领导关系较好时,可以称一声"头儿"。

春天到了,嫩绿的树叶儿偷偷地长出来了。

5.显示地域特色

有很多词,口语中儿化和不儿化都可以的,如"窗"和"窗儿"是一回事,"事"和"事儿"也一样。就地域来说,我国南方方言区口语中儿化较少,北方较多。据调查,北京人中年纪大的、教育程度较低的人群儿化更加频繁①。

三　儿化词语怎么发音

儿化的卷舌,并不只是舌尖向上抬起,而是整个舌体向后、向上的同时,舌尖向后卷起。也就是说,儿化比翘舌音 zh、ch、sh、r 的舌头位置更靠后一些,舌尖后卷的程度更多一些。

1. a、ia、ua 的儿化

这些韵母儿化比较简单,发韵母时舌体后缩、舌尖往上卷就可以了。实际发音时口腔比原来发 a 小一些。

nàr　huàr　guār　hàomǎr　yí xiàr　dòuyár
那儿、画儿、瓜儿、号码儿、一下儿、豆芽儿

2. e、ie、üe 的儿化

韵母发音时口形要比原来的大一些,然后将舌尖往上卷。试比较:这/这儿。

míngēr　shùyèr　xiǎoxiér　táijiēr　zhǔjuér
民歌儿、树叶儿、小鞋儿、台阶儿、主角儿

3. o、u、uo、ou、iou 的儿化

这些韵母都是圆唇的。儿化时口型要比原来小一些,双颊内收,舌体往后收,舌尖向上卷。

mòr　shānpōr　dàhuǒr　shuǐzhūr　táohúr
沫儿、山坡儿、大伙儿、水珠儿、桃核儿

qiúr　xiǎoniúr　lǎotóur　xiǎogǒur　jiāyóur
球儿、小牛儿、老头儿、小狗儿、加油儿

4. ao、iao 的儿化

先说韵母,然后将口形收小,舌体后缩,舌尖往上卷。

hóngbāor　shǒutàor　miàntiáor　xiǎomiáor　shuǐjiǎor
红包儿、手套儿、面条儿、小苗儿、水饺儿

5. i、ü 的儿化

单韵母 i、ü 原本口型很小。儿化时嘴唇放松,口型放大一些,发出类似 e(饿)的音,然后卷舌。"梨儿"的实际发音跟 lier 差不多。

xiǎojīr　xiāngjiāopír　xiǎowányìr　jīnyúr　chàngqǔr　yǒuqùr
小鸡儿、香蕉皮儿、小玩意儿、金鱼儿、唱曲儿、有趣儿

6. 整体认读音节 zi、ci、si、zhi、chi、shi 的儿化

这些音节儿化时,嘴唇放松,口型稍大,韵母变为开口较大的类似 e(饿)的音,加卷舌。"事儿 shìr"听起来像 shèr。

gē cír　xiě zìr　qí zǐr　tiāo cìr　tóufà sīr　guǒzhīr
歌词儿、写字儿、棋子儿、挑刺儿、头发丝儿、果汁儿

7. ai、ei、uai、uei 的儿化

末尾是 i 的韵母,儿化时去掉 i,发主要元音 a、e 时口型放大一些,然后卷舌,如"小孩

---

① 周晨萌,20 世纪 80 年代北京口语儿化词的使用情况,《语言教学与研究》2005 年第 5 期。

儿"的实际发音是 har,"水儿"的实际发音是 shuer(拼音书写不变)。

míng páir   bēi gàir   dāo bèir   bǎo bèir
名 牌儿、杯 盖儿、刀 背儿、宝 贝儿

yīhuìr   xiāng wèir   xiǎo zuǐr   yīkuàir
一会儿、香 味儿、小 嘴儿、一 块儿

8. 前鼻音的儿化

以 n 结尾的前鼻音,儿化是去掉 n,发完主要元音 a、e、i、ü 后卷舌。因此,"门儿"的实际发音是 mer。

lǎobànr   qùwánr   cháguǎnr   bīnggùnr   zuǒbiānr
老 伴儿、去 玩儿、茶 馆儿、冰 棍儿、左 边儿

liáotiānr   yìdiǎnr   yǒujìnr   yuánquānr   hóngqúnr
聊 天儿、一 点儿、有 劲儿、圆 圈儿、红 裙儿

9. 后鼻音的儿化

以 ng 结尾的后鼻韵母,儿化比较难一些。要去掉 ng,发主要元音 a、e、i、o 时不但舌尖卷起,而且要舌根抬高,使气流从鼻腔流出,这样主要元音就变为鼻化元音。

jiāfèngr   xiǎoxióngr   huāyàngr   rényǐngr   yǒukòngr
夹 缝儿、小 熊儿、花 样儿、人 影儿、有 空儿

guārángr   yǎnjìngr   yàofāngr   hóngshéngr   jiǔzhōngr
瓜 瓤儿、眼 镜儿、药 方儿、红 绳儿、酒 盅儿

总的来说,除 u、o 结尾的韵母外,儿化时嘴唇都比原来松弛,口型稍大一些。发 a、e、i、ü 时舌头都比较靠口腔中间。

而口唇放松、去掉韵尾以后,很多原来读音不同的字,变得差不多了。比如,"歌儿、根儿"儿化后听感上是一样的,"鸡儿、家儿、尖儿、(台)阶儿"是一样的。

★ 四 容易发生什么错误

儿化词语的发音,听起来应该是一个音节,"猫儿"是"māor",不是两个音节"māo+ér",也就是说,如果让别人听到中间的 e 就不对了。因此,说儿化词语时要注意:一是发音时主要元音和卷舌之间没有停顿,二是没有两个 ér 的声调。

有个别词语,儿化以后声调也发生变化,如:

zhàopiàn   zhàopiānr   yǐngpiàn   yǐngpiānr
照 片 / 照 片儿   影 片 / 影 片儿

háohǎoxué hǎohāor xué   mànmànzǒu   mànmānr zǒu
好 好 学 / 好 好儿 学   慢 慢 走 / 慢 慢儿 走

另外,不要矫枉过正,看到"儿"字就儿化,有些词语里的"儿"意思是"儿童、孩子",不是儿化标记,如:幼儿、胎儿。

在一些特殊的语境里,比如对音节数量有要求的诗歌、歌词里,"儿"明明是儿化标记,没有实际词义,但也可以念成一个音节 ér。如:

① 弯弯的月亮小小的船,小小的船儿(chuán'ér)[①]两头尖。

② 吐鲁番的葡萄熟了,阿娜尔罕的心儿(xīn'ér)醉了。

---

① er 之前的'是隔音符,因为 er 没有声母,加隔音符可以避免 er 与前一个字的韵母分开。

【请对孩子说】

① 动画<u>片儿</u>再好也不能长时间看。

② 这个包子<u>皮儿</u>薄，<u>馅儿</u>多，可好吃了。

③ 把刀子给人的时候，别把<u>刀尖儿</u>对着别人。

④ 见人要有礼貌，小<u>嘴儿</u>甜<u>一点儿</u>。

⑤ 你要用白色的<u>碗儿</u>还是镶<u>蓝边儿</u>的<u>碗儿</u>?

五 普通话常见儿化词语①

a

1. a—ar

发 音 例 词	同 类 儿 化 词
刀把儿 dāobàr	梨把儿、苹果把儿、壶把儿、门把儿
裤衩儿 kùchǎr	树杈儿、分叉儿
戏法儿 xìfǎr	没法儿、有法儿、想法儿
黑板擦儿 hēibǎncār	橡皮擦儿
在哪儿 zàinǎr	去那儿、从那儿
找茬儿 zhǎochár	胡子茬儿、头发茬儿、稻茬儿
油渣儿 yóuzhār	豆腐渣儿、饭渣儿

【一起念童谣】

小蝌蚪，
变戏法儿

xìfǎr
小蝌蚪，变戏法儿

nǎoguār
小蝌蚪，大脑瓜儿，

xìfǎr
小鱼面前变戏法儿。

xìfǎr　　xiǎngfǎr
变戏法儿，有 想 法儿，

变出四只小脚丫。

xìfǎr
变戏法儿，本领大，

长长尾巴不见啦。

zàinǎr
尾巴尾巴你在哪儿?

小鱼小鱼笑哈哈。

---

① 所列儿化例词按照汉语拼音单韵母 a、o、e、i、u、ü、-i(前)、-i(后)的次序分为 8 组，再按字母表的顺序排列。

2. ai—ar

发音例词	同类儿化词
名牌儿 míngpáir	苍蝇拍儿、球拍儿、门牌儿、胸牌儿、广告牌儿、冒牌儿、杂牌儿
鞋带儿 xiédàir	表带儿、飘带儿、皮包带儿、松紧带儿
壶盖儿 húgàir	盖盖儿、锅盖儿、井盖儿、箱盖儿、杯子盖儿
男孩儿 nánháir①	女孩儿、小孩儿
加塞儿 jiāsāir	瓶塞儿、软木塞儿

【一起念童谣】

小男儿，
别加塞儿

nánháir jiāsāir
小男孩儿,别加塞儿

nánháir
小男孩儿,去买菜,

cāng ying pāir
手里拿个苍蝇拍儿。

xiédàir
鞋带儿松了把跤摔,

xiédàir
系好鞋带儿走得快。

ménpáir
进菜场,看门牌儿,

jiāsāir
长长队伍要加塞儿。

jiāsāir
加塞儿行为不光彩,

爷爷让他把队排。

3. an—ar

发音例词	同类儿化词
快板儿 kuàibǎnr	上班儿、下班儿、值班儿、辅导班儿、学前班儿、案板儿、木板儿、纸板儿、滑雪板儿
老伴儿 lǎobànr	一半儿、对半儿、多半儿、同伴儿、做伴儿、伙伴儿、豆瓣儿、蒜瓣儿、花瓣儿
脸盘儿 liǎnpánr	果盘儿、茶盘儿、棋盘儿、地盘儿
脸蛋儿 liǎndànr	被单儿、菜单儿、账单儿、床单儿
门槛儿 ménkǎnr	心坎儿、田坎儿

---

① 当"男孩、女孩、小孩"这类词后面有后缀"子",即"男孩子、女孩子、小孩子"时,它们就相当于"男孩儿、女孩儿、小孩儿",所以不用在"子"的前面加儿化音。

(续表)

发 音 例 词	同 类 儿 化 词
摆摊儿 bǎitānr	菜摊儿、地摊儿、收摊儿、水果摊儿
栅栏儿 zhàlánr	花篮儿、竹篮儿、偷懒儿、破烂儿
笔杆儿 bǐgǎnr	豆腐干儿、葡萄干儿、鱼干儿、竹竿儿、麦秆儿
转弯儿 zhuǎnwānr	拐弯儿、遛弯儿、肉丸儿、鱼丸儿、好玩儿、闹着玩儿、饭碗儿、脚腕儿、手腕儿

【一起念童谣】

kuài bǎnr　　Zhāng sānr
打 快 板 儿 的 张 三儿

zhāng sānr　　　kuài bǎnr
张 三儿喜欢打快 板儿，

bǎi tānr
经常出门去摆 摊儿。

shōu tānr
收 摊儿回家爱喝酒，

liǎn dànr
喝完酒变红脸 蛋儿。

mén kǎnr
摇摇晃晃跨 门 槛儿，

lǎo bànr
摔了一跤喊老 伴儿。

lǎo bànr
老 伴儿劝他少喝酒，
养成健康好习惯。

打快板儿的
张三儿

4. ao—aor

发 音 例 词	同 类 儿 化 词
红包儿 hóngbāor	钱包儿、豆包儿、小笼包儿、
跳高儿 tiàogāor	草稿儿、画稿儿、发言稿儿
叫好儿 jiàohǎor	好好儿、带好儿、暗号儿、记号儿、外号儿
草帽儿 cǎomàor	汗毛儿、睫毛儿、太阳帽儿、笔帽儿、螺帽儿
灯泡儿 dēngpàor	豆腐泡儿、气泡儿、肥皂泡儿
口哨儿 kǒushàor	树梢儿、饭勺儿、汤勺儿
手套儿 shǒutàor	水蜜桃儿、笔套儿、枕套儿
蜜枣儿 mìzǎor	脆枣儿、枣儿馒头
绝招儿 juézhāor	高招儿、灯罩儿、眼罩儿

【一起念童谣】

新 年 到

新年到

新年到，包 hóng bāor 红 包儿，

准备点心和蜜 mì zǎor 枣儿。

戴上口 kǒu zhàor 罩儿和手 shǒu tàor 套儿，

小朋友们去玩耍。

杂技表演真热闹，

个个亮出小绝 jué zhāor 招儿。

路边观众直叫 jiào hǎor 好儿，

纷纷鼓掌吹口 kǒu shàor 哨儿。

5. ang—ar（鼻化）

发 音 例 词	同 类 儿 化 词
香肠儿 xiāngchángr	火腿肠儿
药方儿 yàofāngr	处方儿、配方儿、偏方儿
瓜瓤儿 guārángr	西瓜瓤儿、冬瓜瓤儿
赶趟儿 gǎntàngr	
模样儿 múyàngr	变样儿、老样儿、花样儿、像样儿

【一起念童谣】

小 猪 吃 瓜

小猪吃瓜

西瓜 guā rángr 瓤儿，

冬瓜 guā rángr 瓤儿，

小猪爱吃红瓜 guā rángr 瓤儿。

瓜 guā rángr 瓤儿撑得肚子胀，

医生叔叔开药 yào fāngr 方儿。

开好药 yào fāngr 方儿给爸爸，

领着小猪去药房。

o

6. o—or

发 音 例 词	同 类 儿 化 词
耳膜儿 ěrmór	薄膜儿、面膜儿
粉末儿 fěnmòr	肉末儿、茶叶末儿
酒窝儿 jiǔwōr	眼窝儿、心窝儿

7. ou—our

发 音 例 词	同 类 儿 化 词
衣兜儿 yīdōur	裤兜儿、网兜儿、土豆儿、咖啡豆儿
小丑儿 xiǎochǒur	
水沟儿 shuǐgōur	河沟儿、山沟儿、挂钩儿、衣钩儿
小偷儿 xiǎotōur	笔头儿、箭头儿、个头儿、老头儿、年头儿
门口儿 ménkǒur	路口儿、裂口儿、瓶口儿、领口儿、纽扣儿、活扣儿

【一起念童谣】

杂技团有个
小丑儿

杂技团有个 小 丑 儿

xiǎo chǒur

xiǎo chǒur
杂技团有个 小 丑 儿，
年纪不过十五六。
fěn mòr
脸上涂着厚粉 末儿，
jiǔ wōr
一笑露出小酒 窝儿，
dōur   qiúr
兜儿里掏出几个球儿，
上抛下接好身手。
xiǎo chǒur
小 丑 儿表演真精彩，
jiào hǎor   ěr mór
叫 好儿声音震耳 膜儿。

8. ong—or(鼻化)

发 音 例 词	同 类 儿 化 词
小葱儿 xiǎocōngr	萤火虫儿
果冻儿 guǒdòngr	门洞儿、桥洞儿、树洞儿

（续表）

发 音 例 词	同 类 儿 化 词
抽空儿 chōukòngr	有空儿、没空儿
胡同儿 hútòngr	笔筒儿、气筒儿、竹筒儿
酒盅儿 jiǔzhōngr	

【一起念童谣】

萤火虫儿和
小灰熊

yíng huǒ chóngr
萤 火 虫 儿和小灰熊

yíng huǒ chóngr
　萤 火 虫 儿挂灯笼，

chōu kòngr
　抽 空 儿去找小灰熊。

　　　　shù dòngr
小灰熊出树 洞 儿，

　　　　yíng huǒ chóngr
拍手欢迎萤 火 虫 儿。

yíng huǒ chóngr　　xiǎo cōngr
　萤 火 虫 儿送小 葱 儿，

　　　　guǒ dòngr
小灰熊送果 冻 儿。

　qiáo dòngr
　钻 桥 洞 儿，

　mén dòngr
　跨 门 洞 儿，

跑到西来飞到东。

e

9. e—er

发 音 例 词	同 类 儿 化 词
唱歌儿 chànggēr	哥儿俩、空格儿、挨个儿、自个儿、打嗝儿、高个儿
饭盒儿 fànhér	烟盒儿、纸盒儿、肥皂盒儿、铅笔盒儿、文具盒儿
蛋壳儿 dànkér	贝壳儿、花生壳儿
逗乐儿 dòulèr	
模特儿 mótèr	
在这儿 zàizhèr	裤褶儿、裙褶儿、来这儿

【一起念童谣】

打嗝儿

dǎ gér
打嗝儿

mó tèr
哥哥当模特儿，

dǎ gér
边扭屁股边打嗝儿。

弟弟当歌手，

chàng gēr　　dǎ gér
边唱歌儿来边打嗝儿。

爸爸哈哈笑，

dòu lè r
觉得挺逗乐儿。

gēr liǎ　zhǐ hér
哥儿俩吹纸盒儿，

dǎ gér
呼哧呼哧不打嗝儿。

10. ei—er

发 音 例 词	同 类 儿 化 词
刀背儿 dāobèir	倍儿棒、椅子背儿、宝贝儿

11. en—er

发 音 例 词	同 类 儿 化 词
老本儿 lǎoběnr	亏本儿、课本儿、书本儿、笔记本儿
花盆儿 huāpénr	脸盆儿、澡盆儿、塑料盆儿
嗓门儿 sǎngménr	车门儿、把门儿、串门儿、哥们儿、爷们儿、抠门儿、走后门儿、纳闷儿
后跟儿 hòugēnr	墙根儿、树根儿、高跟儿鞋
走神儿 zǒushénr	大婶儿、眼神儿
别针儿 biézhēnr	一阵儿
杏仁儿 xìngrénr	小人儿书、果仁儿、花生仁儿、虾仁儿、刀刃儿

【一起念童谣】

李大婶大
嗓门儿

dà shěnr　　sǎng ménr
李大婶儿大嗓门儿

dà shěnr　　sǎng ménr
李大婶儿大嗓门儿，

huā pénr
坐在街边卖花盆儿。

> gāo gēnr
> 每天踩着高跟儿鞋,
>
> bié zhēnr
> 胸前戴个小别针儿。
>
> 朝着路人直吆喝,
>
> zǒu shénr
> 从来没见她走神儿。
>
> 对人热心不含糊,
>
> kuī běnr
> 做起生意不亏本儿。

12. eng—er(鼻化)

发 音 例 词	同 类 儿 化 词
钢镚儿 gāngbèngr	
夹缝儿 jiāfèngr	凉风儿、信封儿、裂缝儿、牙缝儿、墙缝儿
提成儿 tíchéngr	八成儿

【一起念童谣】

弟弟去买醋

弟弟去买醋

弟弟在家闲不住,
妈妈喊他去买醋。

gāng bèngr
手里拿着仨钢镚儿,
边走边跳不看路。
一不小心撞上树,
摔得浑身都是土。

gāng bèngr
再把钢镚儿数一数,
数来数去不够数。

gāng bèngr   jiā fèngr
钢镚儿掉进小夹缝儿,

shénr
弟弟一时慌了神儿。
碰到邻居王叔叔,
赶紧请他来帮助。

gāng bèngr
钢镚儿成功被夹出,
弟弟终于买到醋。

i

13. i—ir

发　音　例　词	同　类　儿　化　词
垫底儿 diàndǐr	碗底儿、老底儿、箱底儿
肚脐儿 dùqír	热气儿、岔气儿、心气儿、通气儿
面皮儿 miànpír	脸皮儿、书皮儿、饼皮儿
玩意儿 wányìr	

【一起念童谣】

包　饺　子

miàn pír
包饺子，擀面皮儿。

diǎnr miàn pír diàndǐr
吃点儿面皮儿垫垫底儿，

zuǐr
一张一张不停嘴儿。

dù pír yuán gǔn gǔnr
吃得肚皮儿圆滚滚儿，

dǎ gér
吃得小熊直打嗝儿。

miàn pír shuǐr
吃完面皮儿倒杯水儿，

tōng qìr
喝上几口通通气儿，

bēi dǐr
低头一看露杯底儿。

包饺子

14. ia —iar

发　音　例　词	同　类　儿　化　词
掉价儿 diàojiàr	家家儿、讲价儿
豆芽儿 dòuyár	发芽儿、树芽儿、嫩芽儿、笋芽儿

【一起念童谣】

春天植物会发芽儿
fā yár

fā yár
春天植物会发芽儿，

fā yár sǔn yár
竹笋发芽儿叫笋芽儿，

fā yár shù yár
小树发芽儿叫树芽儿，

春天植物
会发芽

fāyár　　cǎoyár
小草发芽儿叫草 芽儿。
植物形态真多变，
等着我们去发现。

15. iao—iaor

发 音 例 词	同 类 儿 化 词
跑调儿 pǎodiàor	腔调儿、音调儿、唱反调儿
豆角儿 dòujiǎor	墙角儿、嘴角儿、拐角儿
火苗儿 huǒmiáor	树苗儿、蒜苗儿、独苗儿
鱼漂儿 yúpiāor	毛票儿、钱票儿
开窍儿 kāiqiàor	诀窍儿
面条儿 miàntiáor	柳条儿、布条儿、粉条儿、借条儿

【一起念童谣】

小猫儿钓鱼

xiǎomāor
小 猫 儿钓鱼

huāmāor　　hóngmàor
小花 猫儿戴 红 帽儿，

yúpiāor
河边钓鱼用鱼 漂 儿。

chànggēr
边钓鱼边 唱 歌儿，

gēr　　　pǎodiàor
唱起歌儿来直跑 调儿。

huǒmiáor
钓起鱼儿点火 苗 儿，

miàntiáor
准备晚饭下 面 条儿。

miàntiáor　　dòujiǎor
下 面 条儿放豆 角儿，
美味的晚饭做好了。

16. ian—iar

发 音 例 词	同 类 儿 化 词
小辫儿 xiǎobiànr	海边儿、花边儿、窗边儿、旁边儿、东边儿、左边儿
差点儿 chàdiǎnr	一点儿、有点儿、雨点儿、泥点儿、圆点儿、快点儿
鼻尖儿 bíjiānr	冒尖儿、指尖儿、刀尖儿、拔尖儿、坎肩儿、单间儿

（续表）

发音例词	同类儿化词
拉链儿 lāliànr	窗帘儿、门帘儿、春联儿、鬼脸儿、手链儿
扇面儿 shànmiànr	谜面儿、鞋面儿、里面儿、玉米面儿、胡椒面儿
照片儿 zhàopiānr	动画片儿、纪录片儿、纸片儿、肉片儿、土豆片儿
牙签儿 yáqiānr	棉签儿、书签儿、抽签儿
聊天儿 liáotiānr	大热天儿、雨天儿
露馅儿 lòuxiànr	肉馅儿、饺子馅儿、混沌馅儿、馅儿饼
心眼儿 xīnyǎnr	一溜烟儿、床沿儿、井沿儿、屋檐儿、网眼儿、针眼儿、肚脐眼儿、白眼儿狼

【一起念童谣】

动物王国开大会

动物王国开大会，

liáotiānr
大家一起来聊 天儿。

chángbiànr
小马扎着小 长　辫儿，

kǎnjiānr
母鸡披着小 坎 肩儿。

lāliànr
老虎穿衣带拉链儿，

yuándiǎnr
花狗身上有 圆　点儿。

yùmǐmiànr
老鼠肩扛玉米 面儿，

shūqiānr
灰熊手里拿书 签儿。

大家分组来发言，

chōuqiānr
发言顺序靠抽 签儿。

xiǎohóur
小 猴儿拍照最熟练，

zhàopiānr
拍下照 片儿来留念。

动物王国
开大会

17. iang—iɑr（鼻化）

发音例词	同类儿化词
鼻梁儿 bíliángr	阴凉儿、透亮儿
花样儿 huāyàngr	变样儿、模样儿、像样儿

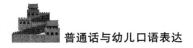

18. ie—ier

发 音 例 词	同 类 儿 化 词
半截儿 bànjiér	台阶儿、姐儿们
小鞋儿 xiǎoxiér	高跟鞋儿、平底鞋儿

【一起念童谣】

小花狗逛街

小花狗爱臭美，

出门穿着小 红 鞋儿。
<small>hóng xiér</small>

穿着 红 鞋儿下台阶儿，
<small>hóng xiér　tái jiēr</small>

找来姐儿们去逛街。
<small>jiěr</small>

街上商品花 样儿多，
<small>huā yàngr</small>

花样多来又不贵。

花狗摸了摸鼻 梁 儿，
<small>bí liángr</small>

决定买箱小番茄。

番茄买来送给谁，

送给邻居老大爷。

小花狗逛街

19. iu—iur

发 音 例 词	同 类 儿 化 词
抓阄儿 zhuājiūr	小酒儿
棉球儿 miánqiúr	篮球儿、足球儿、乒乓球儿

20. in—ir

发 音 例 词	同 类 儿 化 词
有劲儿 yǒujìnr	抽筋儿、牛筋儿、使劲儿、费劲儿、起劲儿
送信儿 sòngxìnr	菜心儿、空心儿、背心儿、准信儿
脚印儿 jiǎoyìnr	手印儿、水印儿、牙印儿

【一起念童谣】

灰熊送 信儿
<small>sòng xìnr</small>

灰熊冒雪去 送 信儿，
<small>sòng xìnr</small>

灰熊送信儿

jiǎo yìnr
留下一串大脚印儿。

bàn dàor
半道儿遇上小松鼠，

bèi xīnr
身上穿着厚背心儿。

fèi jìnr
松鼠走路很费劲儿，

nà mènr
灰熊心里正纳闷儿。

主动上前去关心，

chōu jīnr
原来松鼠正抽筋儿。

灰熊背起小松鼠，

sòng xìnr
送她回家再送信儿。

21. ing—ingr（鼻化）

发 音 例 词	同 类 儿 化 词
图钉儿 túdīngr	肉丁儿、黄瓜丁儿、辣子鸡丁儿、订书钉儿、螺丝钉儿、房顶儿、头顶儿
门铃儿 ménlíngr	电铃儿、衣领儿、圆领儿、绕口令儿
打鸣儿 dǎmíngr	人名儿、书名儿、小名儿
眼镜儿 yǎnjìngr	近景儿、远景儿、雪景儿
花瓶儿 huāpíngr	瓷瓶儿、花瓶儿、奶瓶儿、香水瓶儿
蛋清儿 dànqīngr	
火星儿 huǒxīngr	油星儿、唾沫星儿
人影儿 rényǐngr	背影儿、电影儿、没影儿

【一起念童谣】

公鸡彩彩

有只公鸡叫彩彩，

dǎ míngr
每天早起就打鸣儿。

rén yǐngr
四周虽没见人影儿，

qǐ jìnr
彩彩叫得很起劲儿。

咯咯咯，咯咯咯，

公鸡彩彩

dǎ míngr　　　　　chàng gēr
打 鸣儿的声音像 唱 歌儿。

唱到东边天泛白，

huǒ bànr
唱到伙 伴儿都醒来。

u

22. u—ur

发 音 例 词	同 类 儿 化 词
碎步儿 suìbùr	
儿媳妇儿 érxífur	媳妇儿、孙媳妇儿
梨核儿 líhúr	鼻烟壶儿、热乎儿、软乎儿
没谱儿 méipǔr	乐谱儿、食谱儿、摆谱儿、杂货铺儿
有数儿 yǒushùr	凑数儿、数数儿、岁数儿
泪珠儿 lèizhūr	水珠儿、露珠儿、眼珠儿

【一起念童谣】

小老虎开
杂货铺儿

zá huò pùr
小老虎开 杂 货 铺儿

小老虎，村里住，

zá huò pùr
开了一间杂 货 铺儿。

bǎi pǔr
老虎平时爱摆 谱儿，

bí yān húr
手里拿着鼻 烟 壶儿。

xí fùr
老虎媳妇儿爱散步，

suì bùr
出门迈着小碎 步儿。

村里人家有几户，

yǒu shùr
她的心里都有 数儿。

chuàn ménr
家家户户去 串 门儿，

zá huò pùr
宣传家里的杂 货 铺儿。

大家纷纷来光顾，

生意红火挡不住。

23. ua —uar

发 音 例 词	同 类 儿 化 词
脑瓜儿 nǎoguār	白大褂儿
麻花儿 máhuār	荷花儿、桃花儿、窗花儿、葱花儿、笑话儿、闲话儿、画画儿、油画儿、水彩画儿
牙刷儿 yáshuār	鞋刷儿、板刷儿

【一起念童谣】

奶奶和妞妞

妞妞爱画水^{shuǐcǎihuàr}彩画儿，

奶奶擅长剪^{chuānghuār}窗花儿。

^{héhuār}荷花儿、^{táohuār}桃花儿、^{mǔdānhuār}牡丹花儿，

妞妞全部都会画。

剪鸡、剪^{hóur}猴儿、剪^{méihuār}梅花儿，

奶奶样样都不差。

奶奶常把妞妞夸，

妞妞说奶奶是行家。

奶奶和妞妞

24. uai—uar

发 音 例 词	同 类 儿 化 词
一块儿 yīkuàir	方块儿、冰块儿、肉块儿

25. uan—uar

发 音 例 词	同 类 儿 化 词
茶馆儿 cháguǎnr	饭馆儿、茶馆儿、灯管儿、水管儿、火罐儿
拐弯儿 guǎiwānr	遛弯儿、鱼丸儿、好玩儿、闹着玩儿、茶碗儿、瓷碗儿、大腕儿、手腕儿
饭团儿 fàntuánr	面团儿、纸团儿
打转儿 dǎzhuànr	螺蛳转儿、电钻儿

【一起念童谣】

小熊开饭^{fànguǎnr}馆儿

小熊开饭^{fànguǎnr}馆儿，

小熊开饭馆儿

mián tuánr
早起揉面团儿。

mián tuánr   yú wánr
揉好面团儿捏鱼丸儿，

yú wánr   fàn tuánr
捏好鱼丸儿做饭团儿。

dǎ zhuànr
忙忙碌碌直打转儿，

cí wǎnr
一份一份装瓷碗儿。

zhǐ tuánr
小花猫，玩纸团儿，

wánr
一张一张闹着玩儿。

花猫花猫别淘气，

guǎi wānr   chá guǎnr
出门拐弯儿是茶馆儿，

chá wǎnr
快去帮忙洗茶碗儿。

26. uang—uar（鼻化）

发音例词	同类儿化词
蛋黄儿 dànhuángr	蒜黄儿、打晃儿
天窗儿 tiānchuāngr	纱窗儿、老虎窗儿
门框儿 ménkuàngr	竹筐儿、镜框儿

27. ui—uir

发音例词	同类儿化词
甜味儿 tiánwèir	苦味儿、辣味儿、香味儿、变味儿、串味儿、入味儿
一会儿 yīhuìr	等会儿、想会儿、歇会儿
跑腿儿 pǎotuǐr	沙发腿儿、桌子腿儿
耳垂儿 ěrchuír	
墨水儿 mòshuǐr	胶水儿、汽水儿、香水儿、花露水儿
走味儿 zǒuwèir	变味儿、串味儿、香味儿、甜味儿
围嘴儿 wéizuǐr	小嘴儿、亲嘴儿、奶嘴儿

【一起念童谣】

pǎotuǐr
明明当 跑 腿儿

pǎotuǐr
明明出门当 跑 腿儿，

qìshuǐr
半路买了瓶汽 水 儿。

qìshuǐr　　tiánwèir
汽 水 儿打开甜 味儿足，

yīhuìr　　　　píngr
一会儿喝掉一大 瓶 儿。

qìshuǐr　xiǎozuǐr
喝完汽 水 儿擦 小 嘴儿，

bǎogér
打了一个大 饱 嗝儿。

嘴里甜来心也甜，

huór　　　jìnr
干起活儿来更有劲儿。

明明当跑腿儿

28. un—ur

发 音 例 词	同 类 儿 化 词
打盹儿 dǎdǔnr	胖墩儿
冰棍儿 bīnggùnr	拐棍儿、木棍儿、光棍儿
开春儿 kāichūnr	嘴唇儿
齿轮儿 chǐlúnr	车轮儿、砂轮儿、三轮儿车
没准儿 méizhǔnr	一准儿

【一起念童谣】

xiǎohóur
小 猴儿种桃树

xiǎohóur　　　táor
小 猴儿从小爱吃桃儿，

kāichūnr
开 春 儿上山种桃树。

huór
干起活儿来不怕苦，

又栽苗来又填土。

每天起早去施肥，

用尽心思来呵护。

桃花开遍满山坡，

méizhǔnr　　　táor
没 准儿来年桃儿满树。

小猴儿种桃树

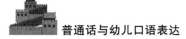

普通话与幼儿口语表达

29. uo—uor

发 音 例 词	同 类 儿 化 词
火锅儿 huǒguōr	蝈蝈儿
大伙儿 dàhuǒr	干活儿、农活儿、细活儿、发火儿、同伙儿、散伙儿
小说儿 xiǎoshuōr	
被窝儿 bèiwōr	酒窝儿、眼窝儿

【一起念童谣】

一起劳动欢乐多

可可、明明和多多，
dàhuǒr　　　gànhuór
大伙儿一起来干活儿。

　　　　shūzhuōr
扫完地面擦书桌儿，
　　shūzhuōr　　xiǎoshuōr
擦完书桌儿看小说儿。
xiǎoshuōr　　zhǔjuér
小说儿的主角儿叫果果，
　　　　jiǔwōr
长着两个小酒窝儿。
　　xiǎoshuōr　　chànggēr
看完小说儿齐唱歌儿，
一起劳动欢乐多。

一起劳动欢乐多

ü

30. ü—ür

发 音 例 词	同 类 儿 化 词
毛驴儿 máolúr	
小曲儿 xiǎoqǔr	没趣儿、识趣儿
小鱼儿 xiǎoyúr	痰盂儿

31. ün—ünr

发 音 例 词	同 类 儿 化 词
合群儿 héqúnr	连衣裙儿、花裙儿

32. üe—üer

发 音 例 词	同 类 儿 化 词
主角儿 zhǔjuér	丑角儿、配角儿

【一起念童谣】

阿 凡 提

阿凡提

máolúr
阿凡提，骑 毛 驴儿，

xiǎoqǔr
走在路上唱 小 曲儿。

yǒuqùr
能说会道真 有 趣儿，

nǎr　　　zhǔjuér
到哪儿都能成 主 角儿。

33. üan—üar

发 音 例 词	同 类 儿 化 词
烟卷儿 yānjuǎnr	春卷儿、花卷儿、试卷儿、手绢儿
出圈儿 chūquānr	圆圈儿、光圈儿、转圈儿、黑眼圈儿
人缘儿 rényuánr	包圆儿、花园儿、公园儿、后院儿、四合院儿

【一起念童谣】

巧手李奶奶

巧手李奶奶

sìhéyuànr
李奶奶家住四合 院儿，

rényuánr
心善手巧好人 缘儿。

chūnjuǎnr　huājuǎnr
　春 卷儿、花 卷儿做得好，

shǒujuànr
还会缝制小手 绢儿。

chūnjuǎnr　　　qiányuànr
　春 卷儿做好送 前 院儿，

huājuǎnr　　　hòuyuànr
花 卷儿蒸好送后 院儿。

shǒujuànr
送给孙女小手 绢儿，

zhuànquānr
孙女乐得直 转 圈儿。

-i（前）

34. -i（前）—r

发 音 例 词	同 类 儿 化 词
瓜子儿 guāzǐr	石子儿、菜籽儿
挑刺儿 tiāocìr	没词儿、台词儿

【一起念童谣】

王师傅卖瓜子儿

guā zǐr
王师傅卖 瓜子儿

guāzǐr
王师傅，卖 瓜子儿，

zuǐr
买卖全靠一张嘴儿。

xīguāzǐr　nánguāzǐr
西瓜子儿、南 瓜子儿，

kuíhuāzǐr
少不了的葵 花子儿。

张大娘、李婆婆，

tānr
都是瓜子摊儿熟客。

guāzǐr　　guāzǐr
挑 瓜子儿，买 瓜子儿，

大家脸上笑呵呵。

tiǎocìr
赵阿姨，爱 挑 刺儿，

xiǎoshí zǐr
非说吃到 小 石子儿。

王师傅赶忙来道歉，

nánguāzǐr
送她一包 南 瓜子儿。

méi cí r
赵阿姨听了也没 词儿，

guāzǐr　　chuànménr
提着 瓜子儿去 串 门儿。

-i（后）

35. -i（后）—r

发 音 例 词	同 类 儿 化 词
墨汁儿 mòzhīr	果汁儿、橙汁儿、豆汁儿、高枝儿
锯齿儿 jùchǐr	
记事儿 jìshìr	出事儿、没事儿、省事儿、私事儿

【一起念童谣】

小松鼠请客

小松鼠请客

松鼠最近有收获，
通知朋友要请客。
待客食物花样多，
大家看看有什么。

chéngzhīr
　橙　汁儿、

　lízhīr
梨汁儿、

xīguāzhīr
西瓜汁儿，

　　　　jiānguǒr
还有蛋糕和坚果儿。

朋友玩得很欢乐，
下次还要来做客。

第三节　普通话轻声词语

一　什么是轻声

　　前文说过，大多数的字由声母、韵母、声调组成。说话时有些音节会失去声调，变得又轻又短。这种读音变化叫做轻声。读轻声的字大都有它原来的声调，如"骨头"的"头"，本调是第二声，在词语"骨头"中读轻声，也就是没有声调。普通话中四种声调的音节都可能变成轻声。

　　轻声的"轻"并不是把音量调小一些的"轻"。我们比较一下"妈妈"两个字，前一个是第一声，后一个是轻声。后一个字发音时间比较短，开口也比前一个字小。它的韵母已经不是开口很大的 a 了，而是一个类似 e 的音，因此"妈妈"听起来是 māme。同样，爸爸听起来是 bàbe。再比较一下"儿子"和"汉字"，你会发现说"子"比说"字"时间短，力气小，舌头一碰齿背马上放开。

　　总的来说，说轻声字时，发音时间大大缩短，发音部位（口唇和舌头）会放松一些。

　　发单韵母时，舌头的位置比较靠中间：a 和 o 的口型不那么大了，ü 的嘴唇不用那么用力地噘起了，发 u 时嘴唇不用那么圆，发 i 时嘴唇不用咧那么开，发 e 时硬腭后部也不用像打哈欠那样撑大，例如：

xiàba tóufa guòqu shūfu hǎochu yùnqi shénme míngzi
下 巴、头 发、过 去、舒 服、好 处、运 气、什 么、名 字

　　发复元音韵母时，口型舌位也不需要变化那么清楚，"走动"的过程也可缩短一些，例如"石头"的"头"实际发音像 te。

　　发前鼻音 an、en、in、ün 和后鼻音 ang、eng、ing、ong 时，韵尾 n 和 ng 变得模糊甚至丢失，也就是说，发前鼻音时舌尖不必用力去碰齿背，发后鼻音时不必那么用力地后缩并找"打哈欠"的感觉。

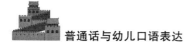

diǎnxin shàngbian xuésheng yīsheng shìqing gūniang yǎnjing
点 心 、 上 边 、学 生 、 医 生 、事 情 、 姑 娘 、 眼 睛

轻声字的声母也可能发生变化。比如"饨"原来读音为 tún，在"馄饨"一词中变为轻声后，声母变得不送气，实际读音为 dun；类似的还有"糊涂"的"涂"，实际读音是 du。

二 轻声是不是第五调类

轻声并不是 ˉ ˊ ˇ ˋ 之外的第五个调。普通话四个声调的音节都有可能变为轻声。如以下各个词语的第二个字，在别的词语中有自己的声调，但是在以下词语中是轻声。

原来第一声的：哥哥、东西、丈夫、比方
原来第二声的：石头、事情、裁缝、机灵
原来第三声的：奶奶、帘子、没有、豆腐
原来第四声的：爸爸、地上、部分、本事

《汉语拼音方案》规定凡轻声音节一律不标调号。但是轻声音节并不是没有音调的高低。轻声音节受到前面音节声调的影响而有不同的声调高低。现在我们读这四个词语"桌子、帘子、柿子、李子"会发现，前三个，也就是在第一、二、四声的字后面，"子"的调比较低，在第三声的字——"李"后面，"子"的调比较高。

请完成以下练习，体会轻声字在不同声调的字后面的高低变化。

一声＋轻声：妈妈、他的、知道、东西
二声＋轻声：名字、什么、谁的、来吧
三声＋轻声：好的、我的、走了、你呢
四声＋轻声：是的、是吗、认识、去吧

轻声从四个声调变化而来，轻声有调，但是在不同环境中高低不同，不像四声那样有固定的调值。因此，轻声不是四声以外的第五种调类，是一种音变。

汉语的每一个音节都有其固定调值，只是因为语法、逻辑、语气、语义变化，有些音节在一定的语言环境中失去它的声调，读为轻声。

三 什么词读轻声

既然是一种音变，那么变化是在什么情况下发生的呢？

（1）意义虚化的名词后缀。在轻声中，有一大类是意义弱化的词尾。以"子"为例，它有实际的意义，表示"儿童、子嗣、种子、棋子、天干之首、古代男性尊称"等，读音是 zǐ。

zǐnǚ guāzǐ liánzǐ qízǐ Kǒngzǐ zǐshí
子女、瓜子、莲子、棋子、孔子、子时

在某些情况下"子"会失去原有的词义，只是作为一个没有意义的词尾出现。比如"妻子"这个词，在古代表示"妻与子"，"子"读第三声。后来，词义逐渐变化，偏重"妻"，"子"就变成一个虚义后缀，读轻声。这时候"子"的韵母也发生变化，唇形放松，开口稍稍变大，发音接近[ə]，类似"则"音而更松更轻巧，教小孩子说时，让他们上下齿一碰即放。

zhuōzi qiézi miáozi dāozi hézi bāozi
桌子、茄子、苗子、刀子、盒子、包子

同样的词尾有：头、巴、么。"头"的韵母发音比非轻声时扁、松。

shítou mùtou wěiba xiàba shénme nàme
石头、木头、尾巴、下巴、什么、那么

还有一些语素，它们意义虚化不像"子""头"那样厉害，还能表示一定的意义，但是比较抽象了。在词语里，它的重要性不如另一个字，属于附属的一方。如"处"表示处所、地方时读第四声，如果意义变抽象，表示"方面"，就读轻声了。

处：好处、坏处、用处、妙处、难处

生：先生、学生、医生

量：质量、数量

夫：丈夫、大夫、妹夫

妇：寡妇、媳妇

家：娘家、婆家、人家

气：客气、力气、小气、口气

心：点心、恶心、可心

们：我们、他们、同学们、孩子们

(2) 助词"的、得、地、了、着、过"。

走了、冷了、坐着、笑着说、去过北京

真的、他的、好得很、来得及、轻轻地说

(3) 语气词"啊、啦、吧、吗、呢"。

是啊、走吗、你呢、去吧、对啦、是吗、在上课呢

要注意的是，这些语气词有时候表示疑问，有时候表示感叹，句末的语调不同。一般来说，句子中有表示疑问的词（如"什么"）或格式（如"X 不 X"）时，语调下降。用"吗、呢"提问时，语调下降，"吗、呢"又轻又短。如果它们又高又重，多半表示惊讶或反问。

你是学生吗？哪个班的？（真问题，"吗"轻短低）

你是学生吗？怎么不做作业？（反问，"吗"高长重）

(4) 重叠形式的动词、名词后一个音节读轻声。其中包括大部分的亲属称谓语。

看看、试试、走走、宝宝、星星、太太、娃娃

舅舅、婶婶、哥哥、妹妹、姑姑、公公、婆婆

① 宝宝，来尝尝奶奶做的菜。

② 你们吵吵嚷嚷地干什么呢？

③ 天气好，我们去花园散散步吧。

④ 晚上，宝宝一边乘凉一边数星星。

⑤ 喝喝茶，看看电视，一个下午就过去了。

(5) 名词后表示方位的"上、下、里、外、边、面、头"。

床上、底下、家里、上边、下边、左面、右面、里头、后头

"上、下、里、外"跟在一个指东西的名词后面，构成一个表示地方的短语，这时候，它们读轻声。不读轻声的情况也有，是在需要强调对比的时候。

① 他坐在台上，不是台下。

② 他一脚门里，一脚门外，进退不得。

"把垃圾扔在地下"的"下"是轻声；"地下室"里的"下"表示"在下面"，读第四声。

这些字的韵母都有不同程度的弱化，"上、下、外"的开口度变小，"边、面"的鼻韵尾含糊

甚至脱落。

（6）量词"个"。比较"一个人"和"先进个人"。虽然量词"个"变为轻声,但是数词"一"仍然变作二声（"个"的本调为四声,"一"在四声音节前要变作二声）。

（7）"一"和"不"在重叠格式和某些固定格式中间。

试一试、看一看、要不要、来不来、愿不愿意

看不起、舍不得、好不了、找不到、黑不溜秋

（8）并列结构的双音节词。以下这些词是由两个意义相近的字并列组成的,最初两个字"地位平等",后来逐渐偏向一侧,词语的重音模式就变成"重轻"了。

东西、明白、告诉、窗户、意思、商量、事情

能耐、簸箕、称呼、应付、体面、味道、兄弟

（9）身体的常见外表部位。

头发、额头、耳朵、眉毛、眼睛、鼻子、嘴巴、下巴

脖子、肩膀、胳膊、手指头、手指甲、肚子、屁股、脚趾头

（10）其他类。还有一些轻声词,其音变规律暂时没被发掘出来,只能让学习者在反复诵读中牢记。这其中包括一部分外来词:

萝卜、葡萄、玻璃、喇嘛

（11）"看见"是不是轻声

自然语流中,我们在说"看见"时会把"见"说得轻一些,那它是不是轻声词呢?字典上"看见"的标音是这样的:kàn·jiàn。这种中间有圆点、后一音节有声调的标音方式表示这个词不是轻声词,但是口语中"见"要轻一些（也称轻读,一定不能重读）;在"看得见、看不见"中"见"重读。同样的词语还有:

因为、米汤、枪手、轻巧、提拔、体面

徒弟、孙女、住处、樱桃、挑唆、基本上

★ 四 轻声有什么作用

（1）区别词义

从上文的介绍中我们可以看到,轻声变化与该字词的意义变化有关。另外,有些词语,汉字一样,但是词语构成方式不一样,读音也不一样,它的意义就不一样了。

dōngxī	dōngxi
东 西（东方和西方）	东 西（物品）
dàyì	dàyi
大意（主要的意思）	大意（疏忽）
dìdào	dìdao
地道（地下坑道）	地道（真正的）
xiōngdì	xiōngdi
兄 弟（哥哥和弟弟）	兄 弟（弟弟）
dàyé	dàye
大爷（地位高的人）	大爷（伯父、男性长辈）
dìfāng	dìfang
地 方（与"中央"相对）	地 方（处所）

（2）区别词性

语音和语法是相辅相成的,语法的变化可以反映在发音上。

rénjiā
人家（名词，住户）

rénjia
人家（代词，指别人或自己）

huāfèi
花费（动词，用于时间或钱）

huāfei
花费（名词，费用）

bǎishè
摆设（动词，放置）

bǎishe
摆设（名词，陈列的物件）

jīngshén
精神（名词，思想）

jīngshen
精神（形容词，有精力的样子）

duìtóu
对头（形容词，正确、正常）

duìtou
对头（名词，对手、仇人）

（3）区别语法功能

"来""去"在句中做谓语，指动作时读本调，在其他动词后面表示结果和动作方向时读轻声。"上""下""进""出""回"等也是这样。比如单独的"起来 qǐ·lái"中"来"是轻的，"站起来"中后二字都轻，在"起不来"中"来"重读。以下句子里加点的字重读，划线的轻读。

① 他来中国三年了。 请把照片拿来。
② 她上台表演唱歌。 戴上帽子吧。
③ 下楼时要小心。 他放下东西就走了。
④ 出门别忘了关灯。 他急得跑出去了。
⑤ 你什么时候回国？ 把儿子叫回来。
⑥ 把刀子放下来。 冰箱里放不下这些东西。

五 轻声词语练习①

A

爱人 àiren

B

巴掌 bāzhang	白净 báijing	帮手 bāngshou	棒槌 bàngchui
包袱 bāofu	包涵 bāohan	本事 běnshi	比方 bǐfang
扁担 biǎndan	别扭 bièniu	拨弄 bōnong	补丁 bǔding
部分 bùfen	不由得 bùyóude	不在乎 búzàihu	

【一起念童谣】

小熊当警长

小熊小熊长大啦，

běnshi
当了警长本事大，

bāngshou
不要帮手不要枪，

小熊当警长

---

① 本部分所列轻声词语按照汉语拼音方案字母顺序排列。有的一般读轻声，有时也可以读原声调，本书不另外标注。

bāzhang
一个巴 掌 就把坏蛋抓。
大伙儿都把小熊夸。

C

裁缝 cáifeng　　财主 cáizhu　　苍蝇 cāngying　　差事 chāishi
柴火 cháihuo　　掺和 chānhuo　　称呼 chēnghu　　抽屉 chōuti
窗户 chuānghu　　刺猬 cìwei　　伺候 cìhou　　凑合 còuhe

【一起念童谣】

黑猫和白猫

chōuti
老鼠爬进 抽屉，
黑猫找来找去。
cāngying　　chuānghu
　苍 蝇飞进 窗 户，
白猫抓来抓去。
　　　　　　cāngying
黑猫要帮白猫抓 苍 蝇，
白猫要帮黑猫找老鼠。
　　chānhuo
哎呀哎呀别 掺 和，各抓各猎物。

黑猫和白猫

D

答应 dāying　　打扮 dǎban　　打发 dǎfa　　打量 dǎliang
打算 dǎsuan　　打听 dǎting　　大方 dàfang　　大意 dàyi
大夫 dàifu　　耽误 dānwu　　灯笼 dēnglong　　提防 dīfang
地道 dìdao　　点心 diǎnxin　　豆腐 doufu　　动静 dòngjing
动弹 dòngtan　　嘟囔 dūnang　　队伍 duìwu　　对付 duìfu

【一起念童谣】

dàye dīfang
王大爷提 防 狼

dàye
王大爷住在山坡上，
家里一群小山羊。
dīfang
为了提 防 狼吃羊，
dàye dǎsuan
大爷打 算 修堵墙。
dòngjing
晚上听见 动 静 响，
dàye
大爷心里真慌张。
赶紧点灯来照亮，
原来是只黄鼠狼。

王大爷提防狼

E

耳朵 ěrduo　　　　　　　恶心 ěxin

F

风筝 fēngzheng　　　福气 fúqi　　　废物 fèiwu①

【一起念童谣】

小白兔

小白兔白又白，

　ěrduo
两只耳朵竖起来。

　luóbo
爱吃萝卜和青菜，

蹦蹦跳跳真可爱。

　　　　fēngzheng
放　风　筝

天蓝蓝，草青青，

　　　　　fēngzheng
小朋友放 风　筝 。

哥哥放只大蝴蝶，

姐姐放只大蜻蜓。

妹妹没啥放，

直把帽子往上扔。

小白兔／
放风筝

G

甘蔗 gānzhe　　　高粱 gāoliang　　　膏药 gāoyao　　　告诉 gàosu

疙瘩 gēda　　　　胳膊 gēbo　　　　跟头 gēntou　　　工夫 gōngfu

功夫 gōngfu　　　姑娘 gūniang②　　故事 gùshi③　　　怪物 guàiwu

关系 guānxi　　　罐头 guàntou　　　规矩 guīju　　　　闺女 guīnü

【一起来念绕口令】

　　　gāoliang　　gū niang
高　粱　和姑　娘

gāoliang　　gāoliang
高　粱　是高　粱，

gū niang　　gū niang
姑　娘　是姑　娘。

gāoliang　　　　gūniang
高　粱　不是姑　娘，

gū niang　　　　gāoliang
姑　娘　不是高　粱。

高粱和姑娘

---

① "废物"还有一个读音为 fèiwù，指"失去原有使用价值的东西"，例如"废物利用"。

② 指"姑母"时读 gūniáng。

③ 指"老规矩"时读 gùshì。

gū niang　　gāoliang
姑　娘 下地种高　梁，

gāoliang　　gū niang
高　梁 叶下藏姑　娘 。

gāoliang　　gū niang
高　梁 地里姑　娘 把歌唱，

gū niang　　gāoliang
姑　娘 家里高　梁 堆满仓。

H

蛤蟆 háma	含糊 hánhu	合同 hétong	和尚 héshang
核桃 hétao	红火 hónghuo	后头 hòutou	厚道 hòudao
狐狸 húli	葫芦 húlu	胡琴 húqin	糊涂 hútu
护士 hùshi	活泼 huópo	火候 huǒhou	伙计 huǒji

【一起念童谣】

hú li
寺外有只老狐狸

héshang
和　尚 住在寺庙里，

hú li
寺外有只老狐狸。

héshang
和　尚 种菜在山头，

hú li　　hòutou
狐狸悄悄跟后　头 。

hòutou
跟后　头 ，像小偷，

luóbo
萝卜全都被偷走。

héshang
等到和　尚 一回头，

只剩一个空背篓。

寺外有只
老狐狸

J

机灵 jīling	记号 jìhao	记性 jìxing	记得 jìde
家伙 jiāhuo	嫁妆 jiàzhuang	架势 jiàshi	见识 jiànshi
交情 jiāoqing	结实 jiēshi	精神 jīngshen①	叫唤 jiàohuan
将就 jiāngjiu	街坊 jiēfang	戒指 jièzhi	姐夫 jiěfu

【一起念童谣】

jī ling
机 灵 的小老鼠

小老鼠，吱吱吱，爬上爬下为找食。

机灵的小老鼠

_____

① 词性不同，读音不同，做名词时读 jīngshén。

jiēshi

起早贪黑勤锻炼,小小身板真结实。

jiàohuan

小猫见它直叫　唤,吓得老鼠到处窜。

jìxing

幸亏老鼠记性　好,钻进洞口就溜掉。

K

考究 kǎojiu	咳嗽 késou	客气 kèqi	口袋 kǒudai
窟窿 kūlong	快活 kuàihuo	困难 kùnnan	阔气 kuòqi

【一起念童谣】

kuàihuo

快 活 的小蚂蚁

快活的小蚂蚁

kuàihuo

蚂蚁每天都 快 活,

kùnnan

遇到困 难 从不躲。

kǒudai

身上背着大 口 袋,

mǎimai

学习去做小 买 卖。

kūlong

虽然住在窟 窿 里,

kuòqi

出手却是很 阔气。

见谁都要行个礼,

kèqi

对人友好又客气。

L

喇叭 lǎba	老婆 lǎopo	老实 lǎoshi	累赘 léizhui
冷清 lěngqing	篱笆 líba	力气 lìqi	厉害 lìhai
利落 lìluo	利索 lìsuo	连累 liánlei	凉快 liángkuai
粮食 liángshi	溜达 liūda	萝卜 luóbo	骆驼 luòtuo

【一起念童谣】

luóbo

兔子拔 萝卜

兔子拔萝卜

luóbo

兔子上山拔萝卜,

lìsuo

他的动作真利索。

拔出一个又一个,

yíhuìr

一会儿拔完半山坡。

luóbo

遇到一个大萝卜,

拔不出来真窝火。

lǎopo
兔子只能喊老婆，

luóbo
拔出萝卜靠合作。

M

麻烦 máfan　　麻利 máli　　马虎 mǎhu　　码头 mǎtou
忙活 mánghuo　买卖 mǎimai　馒头 mántou　冒失 màoshi
眉毛 méimao　　媒人 méiren　迷糊 míhu　　苗条 miáotiao
名字 míngzi　　名堂 míngtang　明白 míngbai　蘑菇 mógu
模糊 móhu　　　木匠 mùjiang　木头 mùtou　　牡丹 mǔdan

【一起念童谣】

马虎的小木匠

mǎhu　　mùjiang
马虎的小木匠

mùjiang
有个小木匠，

míngzi
名字叫大强。

mǎhu
做事很马虎，

míhu
人称小迷糊。

méndào
木工门道多，

mánghuo
每天都忙活。

忙来又忙去，

没见啥收获。

N

难为 nánwei　　脑袋 nǎodai　　能耐 néngnai　腻子 nìzi
念叨 niàndao　　娘家 niángjia　女婿 nǔxu　　暖和 nuǎnhuo

【一起念童谣】

小蝌蚪

小蝌蚪滑溜溜，

xǐhuan
平时喜欢水里游。

wěibā　nǎodài
尾巴长脑袋大，

长大以后变青蛙。

néngnai
变成青蛙有能耐，

保护禾苗除虫害。

小蝌蚪

小朋友们要记牢，
千万别将它捕捞。

P

牌楼 páilou　　盘算 pánsuan　　朋友 péngyou　　脾气 píqi
便宜 piányi　　漂亮 piàoliang　　婆家 pójia　　铺盖 pūgai

【一起念童谣】

我的好姐姐

pí qi
姐姐脾气好，

从来不急躁。

péngyou
喜欢交朋友，

piàoliang
会说漂亮话。

善良又大方，

遇事肯帮忙。

为人很豪爽，

真正热心肠。

我的好姐姐，

永远是榜样。

我的好姐姐

Q

欺负 qīfu　　亲戚 qīnqi　　勤快 qínkuai　　清楚 qīngchu

R

饶头 ráotou　　热乎 rèhu　　热和 rèhuo　　热闹 rènao
人家 rénjia　　认得 rènde　　认识 rènshi　　软和 ruǎnhuo

【一起念童谣】

夏天真美妙

树上知了吱吱吱，

田里青蛙呱呱呱。

蜜蜂花丛去采蜜，

蜻蜓空中来画画。

rènao
蚊子成群凑热闹，

萤火虫提灯把舞跳。

bǎobao
宝宝树下来乘凉，

rénjia
也学人家把扇摇。

夏天真美妙

S

扫帚 sàozhou　　商量 shāngliang　　少爷 shàoye　　舌头 shétou
师父 shīfu　　　师傅 shīfu　　　　烧饼 shāobing　　生意 shēngyi
实在 shízai　　　石匠 shíjiang　　　石榴 shíliu　　　时候 shíhou
使唤 shǐhuan　　似的 shìde　　　　事情 shìqing　　收成 shōucheng
收拾 shōushi　　　首饰 shǒushi　　　舒服 shūfu　　　舒坦 shūtan
疏忽 shūhu　　　爽快 shuǎngkuai　　算计 suànji　　　岁数 suìshu

【一起念童谣】

shīfu　　túdi
师傅和徒弟

shīfu　　shuǎngkuai
师傅很　爽　快，
烧饼卖得快。

túdi　　shízai
徒弟很实在，
手艺学得快。

shēngyi
生意做得好，

shīfu
师傅很愉快。

sàozhou
扫帚用得多，

túdi
徒弟很勤快。

师傅和徒弟

T

提手 tíshou　　添补 tiānbu　　　挑剔 tiāoti　　调理 tiáoli
跳蚤 tiàozao　　铁匠 tiějiang　　停当 tíngdang　　唾沫 tuòmo
妥当 tuǒdang　　头发 tóufa　　　透亮 tòuliang　　套近乎 tàojìnhu

【一起念童谣】

tiějiang
铁匠剃头

tiějiang　　tóufa
铁匠老李头发长，

tóufa
头发长，到肩膀，

tiàozao
生出跳蚤实在脏。

出门剃头找老张，

找老张，手艺棒，

gōngfu　　tuǒdang
一会儿工夫全妥当。

铁匠剃头

W

挖苦 wāku　　　　晚上 wǎnshang　　　尾巴 wěiba　　　委屈 wěiqu

为了 wèile　　　　围裙 wéiqun　　　　位置 wèizhi　　　稳当 wěndang

【一起念童谣】

小　壁　虎

一只小壁虎，

墙上爬呀爬，

wèi le　　wénzi
为 了 捉 蚊子，

wǎnshang
　晚　上 不睡觉。

一个不小心，

wěiba
尾 巴 被咬掉，

　　wěiqu
壁虎很委屈，

　　māma
回家找妈妈。

māma gàosu
妈 妈 告诉他，

不用太害怕。

只要一个月，

　　wěiba
长出新尾巴。

小壁虎

X

稀罕 xīhan　　　　小气 xiǎoqi　　　喜欢 xǐhuan　　　虾米 xiāmi

吓唬 xiàhu　　　　下巴 xiàba　　　先生 xiānsheng　乡下 xiāngxia

相声 xiàngsheng　消息 xiāoxi　　　媳妇 xífu　　　　笑话 xiàohua

谢谢 xièxie　　　　心思 xīnsi　　　行李 xíngli　　　兄弟 xiōngdi

休息 xiūxi　　　　秀气 xiùqi　　　学生 xuésheng　学问 xuéwen

【一起念童谣】

xiānsheng　xiàngsheng
牛 先 生 说 相 声

xiānsheng　xuéwen
牛 先 生 有 学 问，

　　xǐhuan　xiàngsheng
平时喜 欢 说 相 声。

xiàngsheng
相 声 说得好，

迷住了小花猫。

juéde
花猫觉得很奇妙，

牛先生说相声

79

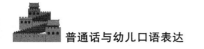

xiānsheng
送给牛先 生 一束花。

xiānsheng
牛先 生 看了笑哈哈，

xièxie
弯下腰来谢谢他。

Y

丫头 yātou	哑巴 yǎba	眼睛 yǎnjing	养活 yǎnghuo
吆喝 yāohe	妖精 yāojing	钥匙 yàoshi	衣服 yīfu
衣裳 yīshang	意思 yìsi	应酬 yìngchou	冤枉 yuānwang
月饼 yuèbing	月亮 yuèliang	云彩 yúncai	运气 yùnqi

【一起念童谣】

齐天大圣孙悟空

jiānshang
肩 上 扛着金箍棒，

yǎnjing
眼 睛 时常冒金光。

只要悟空一出手，

yāojing
妖 精 全部消灭光。

shīfu
他的师父唐三藏，

经常说他太鲁莽。

yuānwang
悟空总是喊 冤 枉 ，

shīfu dīfang
苦劝师父要提防 。

西天取经道路长，

多亏悟空来护航。

历劫九九八十一，

修成正果名远扬。

齐天大圣
孙悟空

Z

在乎 zàihu	早上 zǎoshang	扎实 zhāshi	眨巴 zhǎba
栅栏 zhàlan	张罗 zhāngluo	招呼 zhāohu	招牌 zhāopai
转悠 zhuànyou	折腾 zhēteng	枕头 zhěntou	芝麻 zhīma
知识 zhīshi	嘴巴 zuǐba	指甲 zhǐjia	指头 zhǐtou
主意 zhǔyi	庄稼 zhuāngjia	壮实 zhuàngshi	自在 zìzai
琢磨 zuómo	状元 zhuàngyuan	祖宗 zǔzong	帐篷 zhàngpeng

【一起念童谣】

小黑马和小老鼠

小黑马种 ^(zhuāngjia) 庄 稼，

种了一大片芝 ^(zhīma) 麻。

^(zhīma) 芝 麻 熟了去榨油，

榨出香油十几斗。

老鼠天天来 ^(zhuànyou) 转 悠，

^(zuómo) 琢 磨要把油偷走。

鼠老弟有主 ^(zhǔyi) 意，

合力搬来一把梯。

爬上梯子脚底 ^(tī zi) 滑，

摔了一跤喊妈 ^(māma) 妈。

叫声惊动小黑马，

老鼠赶紧捂嘴 ^(zuǐba) 巴。

黑马见了却不恼，

送给老鼠一大勺。

老鼠收下连声谢，

弯腰道歉再告别。

小黑马和
小老鼠

第四节　普通话与方言词语对照

说明：

1. 本节仅收录日常口语中的部分词语，选取对照的方言点为：上海、苏州、淮安、郑州、合肥、成都、南昌、福州、广州、长沙、太原。

2. 即使是同一方言点，其内部仍然可能因为地域和年龄导致词汇使用上的差异。作为通俗读物，本表并未求全，而是旨在让读者了解普通话与方言除语音差别外，在词汇上也有差别。

3. 本节词条按名词、动词、形容词、代词、量词、副词、介词的顺序排列，每一词类下再按意义粗略分成若干小类，各小类内部按词条首字音序排列。

4. 表格所列是各方言与普通话词汇相异的词语，与普通话词汇相同的方言词语或者某个方言里没有该词汇的，省略留空。

5. 词语有方言字或训读字的，尽量采用方言字和训读字的书写形式；不明本字的，用方言中习用的同音字或音近字代替。

一、名词

1. 动物类

普通话	上海	苏州	淮安	郑州	合肥	成都	南昌	福州	广州	长沙	太原
壁虎	四脚蛇	壁虎子	壁虎子	蝎虎	①蝎虎子 ②四脚蛇	①爬壁虎儿 ②四脚蛇	壁蛇子	蝘	檐蛇	①巴壁虎 ②壁虎(子)	壁虎儿
蝙蝠		蝙蝠子	壁蝠子	檐蝙虎	①壁蝠子 ②檐老鼠	檐老鼠儿	檐老鼠	①野燕 ②蝙蝠	①蝙鼠 ②飞鼠	檐老鼠	夜壁蝠
苍蝇	野乌子			蝇		苍蝇儿		苦蝇	乌蝇	①(饭)蚊子 ②青头蚊	蝇子
蝉		①知了 ②阳师大	唧溜	麦知了	遮溜	蝉子	借洛子	阿野	(沙)蝉	蝉蛉子	①秋蝉 ②蝉(儿)
翅膀		肌胖	翅膀子		翅膀子	翅膀儿	翼胛	(翼)翼	翼	翼胛	
乌龟	白乌龟	白乌龟									
鸽子		鹁鸽		鹁鸽				白鸽	白鸽		(木)鸽子
狗						毛狗		犬			狗儿
猴子	猢狲	猢狲		猴儿		猴孙儿		猴	马骝	巴尾股	(毛)猴儿
蝴蝶			蝴蝶子	蝴蝶儿		蛾蛾儿				蝴蝶(子)	蝴蝶(儿)
狐狸			①狐溜子 ②狐大仙子								狐子
鲫鱼	(河)鲫鱼		鲫鱼		金鱼						
蝌蚪	拿摩温	行乌	癞乌子	蛤蟆蛇蚪	蛤蟆咕嘟	蟆儿背朵儿	蛤蟆仁子	拨浪鼓坠	蝌蚪	蛤蟆拜子	圪蚪儿

（续表）

普通话	上海	苏州	淮安	郑州	合肥	成都	南昌	福州	广州	长沙	太原
狼									豺狗	山马	
老虎										老虫	
老鼠	老虫	老虫		耗子	老鼠子	耗子	财神	尖尖嘴		①老鼠子 ②高客（子）	耗子
鲤鱼	元宝鱼		红鱼		红尾子						
麻雀		麻鸟	麻雀子	小小虫儿	麻雀子	①（家）麻雀 ②麻雀子	①麻雀子 ②奸麻雀	隻隻		麻雀（子）	（家）雀儿
蚂蚁 mǎ yǐ		蚂米	蚂印			①蚂蚁儿 ②蚂蚁子	蚂印子	红蚁	蚁	蚂蚁子	蚂虮蜉子
猫	猫（咪）					猫儿	猫（儿）	猫（囝）			猫儿
蜜蜂			马蜂子			蜂子				蜜蜂（子）	
牛		牛哞哞								宝耕	牛（儿）
螃蟹	蟹	蟹			爬蟹			①蟳 ②蟛	蟹		
蜻蜓			马道鹰子	虰虰	蜻蜻子	虰虰猫儿	虰虰	蚂蛐	塘尾	洋咪咪	儿蜻
青蛙	田鸡	田鸡	（青）歪子	蛤蟆	①蛤蟆 ②田鸡	①田鸡 ②切蟆儿	①蛤蟆 ②老蛤 ③田鸡	渊佩	①田鸡 ②蛤蟗	①蛤蟆（子） ②蛤	蛤蟆
蚯蚓	蛐蟝	蛐蟝	曲蟮	曲串	蛐蟝	蛐蟝儿	寒蟹（子）	①地龙 ②均蚓	黄䗚	蛐蟝子	蛐蟝

普通话与幼儿口语表达

（续表）

普通话	上海	苏州	淮安	郑州	合肥	成都	南昌	福州	广州	长沙	太原
蛇	(水)蛇			长虫		①长虫 ②梭老二		老蛇		溜子	
兔子				兔	跑山子	兔儿		兔	兔		兔儿
尾巴			尾(yǐ)巴			尾巴儿		尾	尾		
蚊子	蚊虫		蚊蚤	蚊			蚊虫	风蚊	蚊(虫)	(夜)蚊子	
乌鸦	老鸦	老鸦	老哇子	老鸹	老鸹子	老哇	老鸹	老鸦		老哇(子)	黑老哇
喜鹊				马尾鹊		鸦鹊		客鹊		喜鹊(子)	喜鹊子
小鸡			鸡子	鸡鹊		①小鸡(儿) ②鸡娃儿	鸡崽子	鸡囝	鸡仔	鸡崽子	①小鸡(儿) ②鸡娃子
鸭子	鸭(子)	鸭(连连)					鸭(子)	鸭	鸭	①鸭婆(子) ②鸭公(子)	
燕子			小燕子	小燕儿	小燕子			燕(鸟)			(小)燕儿
羊	羊咩咩	羊哔哔				羊子			羊(咩)		羊儿
萤火虫	游火虫	游火虫	火萤虫	萤火虫儿	火萤虫	亮火虫	夜火虫	蓝尾星		夜火虫	明牛牛
蜘蛛	①结蛛 ②蜘蜘	结蜘	蛛蛛	蛛蛛	蜘蛛子		折蛛子		蠄蟧	蜘蛛(子)	蛛蛛
猪	猪猡	猪(啰)啰				啰啰				宝楼	猪(儿)
爪子	脚爪	脚爪				爪爪		脚爪	爪	(脚)爪子	爪爪

2. 植物类

普通话	上海	苏州	淮安	郑州	合肥	成都	南昌	福州	广州	长沙	大原
白菜	黄芽菜		黄芽菜						黄芽白	（黄）芽白	
白薯	山芋	①山芋②山薯	山芋	红薯	①山芋②芋头	红苕	（萝卜）薯	番薯	番薯	红薯	红薯
荸荠	地梨	荸荠	蒲荠	地梨儿	蒲球	真瓜儿	才丁	尾梨	马蹄	蒲萁	荸荠
菠菜								菠薐（菜）		扯根菜	青菜
蚕豆	蚕豆					胡豆				豌豆	大豆
葱						①葱（子）②葱葱儿					
橄榄				青果	青果	青果	青果		（白）榄	青果	青果
甘蔗							甘菜	蔗	蔗		甜棒
桂花		木樨花		桂花儿							
荷花	芙蓉（花）	莲花	藕花	莲花儿		莲花	莲花	莲花	莲花	莲花	莲花
核桃	蒲桃	胡桃							合桃		
花生	长生果	长生果		（落）花生							
黄豆			豆子			黄豆儿	豆子	豆囝	白豆	黄豆（子）	
黄瓜								菜瓜	青瓜		
姜	（生）姜	（生）姜	生姜		生姜	（生）姜	生姜	姜母	生姜	（生）姜	（鲜）姜
橘子				米橘		橘柑儿		橘	橘		

（续表）

普通话	上海	苏州	淮安	郑州	合肥	成都	南昌	福州	广州	长沙	太原
辣椒		辣火	大椒	秦椒	大椒（子）	①海椒②辣子		番椒		辣椒（子）	①辣角角②辣角子
梨	生梨		梨子		梨子	①梨子②梨儿				梨子	梨儿
萝卜	老嫚		辣萝卜					菜头			
棉花	花		棉鸟	花				棉（花）			
蘑菇			菌子	毛菇			菇菇里	菇		菌子	
藕	（斜）塘藕			莲菜					（莲）藕		藕根
葡萄	孛萄	孛萄							菩提子		
茄子	落苏	落苏					茄里		①矮瓜②茄瓜		
芹菜	①药芹②白芹③西芹	药芹	药芹				袍菜	紫菜		富菜	胡芹
桑树							香公子树				
水果						果果		果子	生果		
桃	桃子	桃子	桃子		桃子	桃子	桃子			桃儿	桃儿
土豆	洋山芋	①洋芋艿②洋山芋	马铃薯	土豆儿	①马铃薯②洋山芋	洋芋	洋芋头	番囝薯	①薯仔②荷兰薯	①洋芋子②洋芋头	山药蛋
西红柿	番茄	番茄	洋柿子	番茄	①番茄②洋柿子	番茄	番茄	番柿	番茄	番茄	西番柿

普通话	上海	苏州	淮安	郑州	合肥	成都	南昌	福州	广州	长沙	大原
向日葵	葵花	葵花	照葵	照日葵	①朝花②长花	葵花	葵花		①向日葵②葵花	葵花	葵花
杏	杏子	杏子	杏子		杏子	杏子	杏子			杏子	杏儿
樱桃	昂桃					樱桃儿			①樱桃②车厘子		
枣	枣子	枣子	枣子		枣子	枣子	枣子			枣子	枣儿

3. 饮食类

普通话	上海	苏州	淮安	郑州	合肥	成都	南昌	福州	广州	长沙	大原
包子	馒头	馒头		包儿				包	包		
冰棍	棒冰	棒冰	冰棒	①冰棍儿②冰糕	冰棒	冰糕	冰棒	冰箸	雪条	冰棒	①冰糕②冰棍儿
茶	(茶叶)茶	(茶叶)茶	茶叶茶	茶叶茶			(茶叶)茶			(茶叶)茶	
大米	①秔稻②秔米	米	米		米	饭米	米	米	米	米	
豆腐							豆子	豆囝		水片子	
蜂蜜	蜜糖	蜜(糖)				蜂糖	蜜(糖)	(蜂)蜜	蜜糖	蜜糖	(蜂)蜜
黄豆	黄豆		豆子			黄豆儿	豆子	豆囝	白豆	黄豆(子)	

87

（续表）

普通话	上海	苏州	淮安	郑州	合肥	成都	南昌	福州	广州	长沙	大原
馄饨			猫耳朵		饺子	抄手（儿）	清汤	①扁食 ②扁肉	云吞		
鸡蛋	蛋	蛋						鸡卵	鸡春		
饺子	水饺		弯弯顺	扁食				饺			①角子 ②扁食
馒头			卷子	（蒸）馍	（大）馍		馒馍	馒馍		馍馍	①馍馍 ②蒸馍
米饭	白米饭	饭	干饭		（干）饭	干饭	饭	饭米	饭	饭	①稠粥 ②干粥
面条	面	面	挂面	面条儿	面（条）	面	面	面	面	面	①面 ②面条（子）
糯米	珍珠米			江米		酒米		秫米	秫米		①软大米 ②江米
玉米		御麦	棒头	玉蜀黍	六谷	①玉麦 ②包谷		油天炮	粟米	包谷	玉茭子
元宵	汤团	汤团	（汤）圆子	汤圆儿		汤圆儿	圆子		汤圆	元宵坨	
芝麻						黑芝麻		油麻			
粥	粥			汤	稀饭	稀饭		（饭）粥		稀饭	①稀粥 ②大米粥

4. 服饰类

普通话	上海	苏州	淮安	郑州	合肥	成都	南昌	福州	广州	长沙	太原
背心	马甲	马甲	背心子	背心儿	①背甲 ②甲子	①背心儿 ②架架儿	背褡子	①甲囝 ②背褡		①背搭子 ②背心子	坎肩
衬衫			小褂子	衬衣	衬衣	衬衣		裙	恤衫	①衬衣 ②里褂子	衬衣
大衣				大氅	大氅	外套		①外套 ②氅	(大)楼	外套	大氅
内裤	短裤	短裤	裤头子		裤头(子)	①摇裤 ②小衣	(短)裤头子	裤裙	底裤	①短裤(子) ②小衣	裤衩衩
夹袄			夹袄子	夹衣裳	夹衣	夹衫儿			①夹衫 ②夹衲	夹衣	夹袄儿
毛衣	①绒线衫 ②头绳衫	①绒线衫 ②头绳衫	毛线衣		①毛线衣 ②头绳褂子	毛(线)衣	①头绳褂子 ②毛线衣	羊毛裙	冷衫	①毛线衣 ②绳子衣	
帽子				帽				帽	帽		帽儿
棉衣	①棉袄 ②棉衣裳	①棉袄 ②棉衣裳	棉衣裳	棉衣裳			①棉袄 ②棉衣裳	棉袄	棉衲	棉袄	
裙子		裙		裙儿				裙	裙	裙(子)	裙裙
手套		手套子	手套子	手套儿	手套子	①手套(子) ②手笼子	手套子	手觳	手袜	手套(子)	手套儿
拖鞋			拖子	拖拉板儿	鞋鞁子	鞁片儿鞋		鞋拖			
袜子		(洋)袜	(洋)袜子					袜	袜		

（续表）

普通话	上海	苏州	淮安	郑州	合肥	成都	南昌	福州	广州	长沙	大原
围巾			①围巾子②围领子	围脖儿	围领	项巾	围领	领巾	颈巾		围脖
围裙	围身（头）	围身		围腰	围腰子	围腰		围身裙		①围裙（子）②腰围裙	
鞋	鞋子	鞋子	鞋子			鞋子	鞋子			鞋子	
袖子	袖子（管）	①衣裳管②袖子管	袖（头）子	袖儿			衫袖	手裷	衫袖	衣袖（子）	
衣服	衣裳	衣裳	衣裳	衣裳	衣裳	衣裳	衣裳	衣裳	衫（裤）	①衣（服）②衣裤	衣裳

5. 身体类

普通话	上海	苏州	淮安	郑州	合肥	成都	南昌	福州	广州	长沙	大原
鼻子	鼻头	鼻头					鼻公	鼻	鼻哥		
脖子	头颈	头颈			脑颈把把子	①颈项②颈子	颈	胆胳	颈	①颈根②颈镩	
肚子	肚皮	肚皮		肚皮		肚皮		腹老	肚		
耳朵			耳当		耳道			耳（囝）	耳仔		
胳膊	（手）臂把	臂把	膀子		胛子	①手杆②手膀子	胛膊子	①手臂②手腿	①手（臂）②手骨	手把子	
胡子	①胡苏②牙苏	牙苏		胡		胡胡儿	胡须	嘴须	胡须	胡须	胡才

普通话	上海	苏州	淮安	郑州	合肥	成都	南昌	福州	广州	长沙	太原
脚						脚板儿					
脸	①面孔 ②面颧	面孔	脸盘子					面	面		
眉毛			眼眉毛						眼眉(毛)		
舌头						舌头儿		嘴舌	脷	脷子	
手掌	①手心(底) ②手底心	手心	巴掌	巴掌	巴掌	①巴掌 ②手板儿(心)	巴掌	巴掌	手板	手板	
手指	手节头	手节头	手指头	手指头	①手爪子 ②爪爪头(子)	手指拇儿	①手职头 ②职头(子)	掌指		①手指佬 ②手指拇	指头儿
头	①骷郎头 ②头骷颅 ③脑袋	骷浪头	脑袋瓜子	脑袋		脑壳			头(壳)	脑壳	得老
头发			头乌								
腿	胸骹	骹			胯子	①腿杆 ②脚杆	胸胃子	胸腿	髀	①腿把子 ②胸把子	
膝盖	脚馒头	①膝馒头 ②脚馒头	磕头子	波老盖盖儿	①胳脑头(子) ②磕膝头	磕膝头儿	①膝头(盖子) ②磕膝(头子)	脚腹头	膝头(哥)	①膝头骨 ②磕膝骨	①圪膝盖 ②圪地跪
胸脯	胸膛头		胸脯子	胸脯儿	胸门口	①胸口儿 ②心口儿	胸	心肝(前)	①胸 ②心肝		脯子

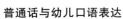

（续表）

普通话	上 海	苏 州	淮 安	郑 州	合 肥	成 都	南 昌	福 州	广 州	长 沙	太 原
牙齿	牙子	牙子	牙	牙	牙(齿)			牙	牙(齿)		牙
眼睛	眼乌珠	眼乌珠	眼	眼	眼			目(睭)	眼		眼(睛)
右手	顺手	顺手						①大边手②掏箸手			正手
指甲	节揩	①节揩子②手节揩	手指盖子	手指甲		①手指儿②指指盖盖	职甲篷(子)	掌甲	手(指)甲	指甲子	
嘴	嘴(巴)					嘴巴	嘴巴	喙	嘴、口	嘴巴(子)	
左手		济手						①小边手②掏碗手			

6.亲属类

普通话	上 海	苏 州	淮 安	郑 州	合 肥	成 都	南 昌	福 州	广 州	长 沙	太 原
伯父	①伯伯②大伯	(老)伯伯	大爷	大爷	伯伯	伯伯	伯爷	依伯	①伯爷②阿伯	伯伯	老老
伯母		姆姆	大妈	①大娘②大大	大大	伯娘	①伯娘②母娘	依姆	伯娘	①伯妈②伯伯	妈妈
弟弟	阿弟	兄弟	①兄兄②兄弟	兄弟	兄弟	①兄弟②弟娃儿	老弟	依弟	细佬	老弟	兄弟
儿子			男伢子	①小子②孩儿		儿(子)	崽	囝	仔	①崽(伢子)②伢子	小子

（续表）

普通话	上海	苏州	淮安	郑州	合肥	成都	南昌	福州	广州	长沙	大原
父亲	①爹爹 ②老爸 ③爷	①爹爹 ②爷	爷	①爹 ②伯	伯伯	爸（爸）	①爸爸 ②爷	①郎罢 ②依爹 ③依爸	①老窦 ②爸爸 ③阿爸	①爹爹 ②爷（爷） ③爷老倌	①爸爸 ②大（大） ③爹
哥哥	阿哥	阿哥				哥老倌儿	兄	依哥	①大佬 ②阿哥	老兄	哥（哥）
姑父		①夫夫 ②阿夫	姑爷		姑爷	①姑爷 ②姑爹	①姑爷 ②姑爹	①姑丈 ②姑爹	姑丈	①姑爷（子） ②姑爹 ③大爷	
姑母	嬢嬢	①娘娘 ②嬢嬢	①布 ②乌	姑姑	①姑姥 ②（佬）佬	①姑妈 ②娘（娘）	①姑娘 ②姑姑	①姑妈 ②依姑	①姑妈 ②姑姐	①姑妈 ②姑子	①姑姑 ②姑妈
姐姐	阿姐	阿姐		姐			姊	依姐	家姐		
舅父	①舅舅 ②娘舅	①舅舅 ②娘舅	①舅舅 ②大舅	舅	舅舅	舅舅	①舅舅 ②母舅	①娘奶 ②依舅		①舅舅 ②老舅	舅舅
舅母	舅妈	舅姆		妗	舅娘	舅母儿	舅母	①娘妗 ②依妗	妗母	①舅妈 ②舅母 ③舅母基	①舅母 ②妗妗
妹妹	阿妹	妹子			丫头	妹儿	妹子	依妹	（细）妹	老妹	
母亲	①娘 ②姆妈 ③老妈	①娘 ②姆妈	妈	娘	妈（爷）	妈（妈）	①娘 ②姆妈	①娘奶 ②依妈 ③依奶	①妈妈 ②老母 ③阿妈	①妈妈 ②姆妈 ③娘（老子）	妈（妈）
女儿		囡五	闺娘	①闺女 ②妮子		①女（儿） ②姑娘儿	女	诸娘囝	女	①女 ②妹子	①闺女 ②妮子

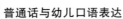
（续表）

普通话	上海	苏州	淮安	郑州	合肥	成都	南昌	福州	广州	长沙	太原
婶母	①婶婶 ②婶娘 ③婶妈	①婶婶 ②阿婶 ③婶婶	①婶子 ②二妈	婶儿	婶娘	婶婶	①婶婶 ②婶娘	①家婶 ②依婶	阿婶	①婶婶 ②婶子	婶婶
叔父	叔叔	①叔叔 ②好叔 ③阿叔	①叔叔 ②二爷	叔	叔爷	①叔叔 ②伯儿	叔	①家叔 ②依家	①叔叔 ②阿叔	叔叔	①叔叔 ②老老
外祖父	外爷	外公（阿爹）	舅爷	姥爷	外爹爹	①外爷 ②家公	阿公	外公	①公公 ②阿公	外公	老爷
外祖母	外婆	外婆	舅奶	①姥姥 ②姥娘	外奶奶	①外婆 ②家婆	阿婆	外妈	①婆婆 ②阿婆	外婆	①娘娘 ②老娘
祖父	①爷爷 ②老爹	阿爹	爹	爷（爷）	爹爹	爷爷	①爷爷 ②公公	（依）公	①爷爷 ②阿爷	①爹爹 ②公公	爷爷
祖母	①乐奶 ②阿奶	①好（亲）婆 ②亲婆	奶	奶（奶）	奶奶	①奶奶 ②婆婆	①奶奶 ②婆婆	依妈	①嫲嫲 ②阿嫲	娭毑	奶奶

7. 物品类

普通话	上海	苏州	淮安	郑州	合肥	成都	南昌	福州	广州	长沙	太原
杯子			茶杯子		①（茶）杯子 ②盏子	杯杯	①盅子 ②匝子	杯杯	杯	盅子	茶杯
被子	被头	被头		盖的	①被单 ②被窝	铺盖	被窝	被	被	被窝	被儿
抽屉	抽斗		抽屉子	抽斗		抽抽		屉	柜桶	屉子	

（续表）

普通话	上海	苏州	淮安	郑州	合肥	成都	南昌	福州	广州	长沙	大原
床						（床）铺		眠床		（床）铺	
床单		橱单	床单子	①村单 ②卧单	橱单	霸单	床单里	被单		垫单	
窗帘			窗户帘子	窗帘儿		窗帘儿	窗帘子	坎门帘		①窗帘子 ②窗檐子 ③亮窗布	窗户帘子
电池		电	电池子	（干）电池			电油	电涂		电药	
肥皂			胰子	①胰子 ②洋碱	洋胰子	洋碱	洋碱	胰皂	（番）枧	胰子油	（洋）胰子
钢笔		自来水笔					自来水笔	自来水笔	①（自来）水笔 ②墨水笔	自来水笔	（自来）水笔
柜子	橱	橱			柜（子）	柜柜	橱	橱	柜		
筷子	筷	筷五		筷儿				箸			
脸盆	面盆	①面盆 ②面桶	①洗脸盆 ②磁盆	洗脸盆儿		（洗）脸盆	面盆	①面盆 ②罗盆	面盆	（洗）脸盆	（洗）脸盆
毛巾	手巾	手巾	（洗脸）手巾	洗脸手巾	手巾	洗脸帕	手巾	①面巾 ②面布	①面巾 ②手巾	洗脸手巾	手巾
瓶子		瓶		瓶		瓶瓶儿		瓶瓶	樽		
伞	（洋）伞		（洋）伞		撑杆子				遮		伞（儿）
扇子				扇				（蒲）扇	扇		

（续表）

普通话	上海	苏州	淮安	郑州	合肥	成都	南昌	福州	广州	长沙	太原
手绢	绢头	绢头	手巾方子	小手巾儿	小手巾	①手帕子②帕帕儿③手巾儿	手捏子	①手巾②汗巾	手巾仔	小手巾	①绢绢②手绢儿
梳子	木梳	木梳	木梳	木梳		木梳		头梳	梳		木梳
蚊帐	帐子	帐子	帐子	帐	帐子	罩子	帐子	帐		帐子	帐子
席	席子		席子		席子	席子	①席子②簟子			①席子②簟子	席子
钥匙							锁匙	(锁)匙	锁匙		
椅子	①靠背椅子②矮凳	靠背					交椅	椅	(挨屏)椅		
桌子	台子	桌子						桌	枱		

8. 自然类

普通话	上海	苏州	淮安	郑州	合肥	成都	南昌	福州	广州	长沙	太原
冰			冻		冰冻	(凌)冰	冰(凌)		雪	凌(冰)	冰(凌)
冰雹				琉璃蛋儿	冷子	雪弹子	雹子	雹	雹	冰雹(子)	冷弹子
河	(河)浜	(河)浜						①溪②浦		港(子)	
虹	鲎	鲎									

（续表）

普通话	上海	苏州	淮安	郑州	合肥	成都	南昌	福州	广州	长沙	太原
雷		雷响						雷公			（忽）雷
晴天	①天好 ②好天（气） ③晴日头	好天	好天	好天	好天			好天	好天		好天气
闪电	忽闪	霍险	闪	闪	闪	火闪	霍闪	亮线	①闪电 ②打闪	闪（子）	闪
天气			天（气）				天色	天时	天时		
太阳	日头	日头		日头	热头		日头	日头	①热头 ②日头	日头	阴婆（爷）
雾	迷雾	迷露	露水帐子			①雾（罩） ②雾气		雾		罩子	雾
星星	星	星	星	星（星）	星	①星星儿 ②星宿儿	星子	星	星	星子	星宿
银河	天河	天河			天河	天河	天河	①天河 ②河溪	天河	天河	天河
阴天	阴势天	阴子天		赖天				阴乌天		阴天（子）	
月亮			亮月	月奶奶			月光	月	月光		①月亮（爷） ②月明（爷）
云	①云头 ②云彩		云彩	云彩							云（彩）

9. 时令类

普通话	上海	苏州	淮安	郑州	合肥	成都	南昌	福州	广州	长沙	大原
白天	①大白天亮 ②日里(头) ③日里(向)	日里	日里	白儿	日里(头)	白天(家)	日上	日中	日头	日里	白日
傍晚	①挨夜快 ②齐夜快 ③夜快点 ④黄昏头	①夜快(点) ②垂夜快	①天傍晚 ②晚半天	擦黑儿	晚末西	擦黑	断夜边子	半晡	挨晚	①断黑 ②煞黑 ③晚边子	①擦黑 ②黑将来
重阳	重阳(节)			九月九	重阳节	①重阳节 ②九月九		九月九	重九	九月九	
除夕	①大年夜 ②(大)年三十 ③年三十夜	大年夜	①大年三十 ②三十晚	三十儿晚上	年三十	①(大)年三十 ②三十晚上	三十夜晚	三十暝晡	年三十晚	(大)年三十	①小年 ②年除下
春天			寒里天	春上	春上		春上	春(天)			春期
冬天	冷天	冷天					一冬	①冬 ②激天	冷天	冷天	
端午	端午(节)	端午(节)	五月端	五月端午儿	①端午节 ②五月节	①端午(节) ②端阳		①五月节 ②五月五	五月节	①端阳 ②五月节	(五月)端午
刚才	刚刚	①刚刚 ②将将	将才	①将将 ②将才	将才	①才将 ②将才 ③先头	将脚	头先(早)	①头先 ②啱先	①将才 ②才将	将才
后天	①后日(仔) ②后(日)天 ③后天仔	后日	后个	后儿(个)	后个	后日	后日	后日	后日	后日(子)	后日

（续表）

普通话	上海	苏州	淮安	郑州	合肥	成都	南昌	福州	广州	长沙	大原
今年	今年(仔)	今年	今年(子)		今年(子)	今年(子)		今年(旮)		今年(子)	
今天	今朝(仔)	今朝	今个	今儿(个)	①今个 ②衡个		今日	今旦	今日	①今日(子) ②今朝(子)	今日
明年	①明年(仔) ②开年(仔)	开年	明年(子)	①来年 ②过年	明年(子)	明年子		明年(旮)	出年	明年(子)	
明天	①今朝(仔) ②明朝(仔)	明朝	明个	明儿(个)	①明个 ②麻天 ③麻个		明日	明日	听日	①明日(子) ②明朝(子)	明日
前年	前年(仔)	前年(子)		前年(个)	前年(子)	前年(子)		昨年(旮)		①前年(子) ②前去年	
前天	①前日(仔) ②前天(仔)	前日	前个	前儿(个)	前个		前日	昨日	前日	①前日(子) ②前去日	前日
秋天							交秋	秋(天)			
去年	①去年(仔) ②旧年(仔)	旧年	去年(子)	①年时个 ②年时年	去年(子)	去年(子)	旧年	去年(旮)	旧年	去年(子)	年时
上午	①上半日 ②上昼	①上半日 ②上梅昼	①早饭后 ②中饭前	前半晌儿		上半天	上昼	上昼	上昼	①上昼 ②上半日	前晌
晚上	①夜到 ②夜(点)头	①夜里 ②夜头		黑家		黑啰	夜晚	旮晡	①(夜)晚黑 ②夜晚	①夜黑子 ②夜里	①黑夜 ②黑了
夏天	热天							热天	热天	热天(子)	夏(景)天

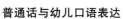

（续表）

普通话	上海	苏州	淮安	郑州	合肥	成都	南昌	福州	广州	长沙	大原
下午	①下半日 ②下半天 ③后半日 ④下昼	①下半日 ②下梅昼	中饭后	后半晌儿		下半天	下昼	下昼	下昼	①下昼 ②下半日	后晌
早晨	①早浪(向) ②早晨(头)	早浪	①早上 ②一早清	清早起来	早上	清早	①清早 ②早上	早(起)头	①朝(头)早	①早上 ②早晨头	①打早 ②清早 ③(打)早起
中秋	①八月半 ②中秋节	八月半	八月半	八月十五	八月节	八月十五		①八月中秋 ②八月十五	①中秋节 ②八月十五	①八月节 ②八月十五	八月十五
中午	①中浪(向) ②日中心(里)	中浪	①天中 ②中晌心	晌午	中晌	晌午	当昼	①中昼 ②日(头)昼	①晏昼	中时候	晌午
昨天	昨日(子)	昨日	昨个	夜儿(个)	昨个		昨日	昨晡	①寻日 ②琴日	昨日(子)	①夜来 ②夜天

10. 方位类

普通话	上海	苏州	淮安	郑州	合肥	成都	南昌	福州	广州	长沙	大原
后面	①后头 ②后底(头)	后头	后头	①后头 ②后面儿 ③后边儿	后头	后头	后头	后斗	后便	①后头 ②后背 ③背后	后头
里边	①里头 ②里向(头)	里向	里头	①里头 ②里面儿 ③里边儿	里头	①后头 ②里头	①里头 ②肚里	里势	①里头 ②里便 ③入便	①里头 ②肚里	①里头 ②里面

（续表）

普通话	上海	苏州	淮安	郑州	合肥	成都	南昌	福州	广州	长沙	大原
旁边	①旁边（头）②边（横）头	①边浪 ②半边		旁边儿	边上	侧边	①侧边 ②边上	①边斗 ②边兜	①侧边 ②侧便 ③隔篱	①侧边 ②边头 ③边上	半切
前面	前头	前头	前头	①前头 ②前面儿 ③前边儿	前头	前头	前头	前斗	前便	①前头 ②头前	前头
上面	①上头 ②高头	上头	上头	①上头 ②上面儿 ③上边儿	①上头 ②高头	①上头 ②高上 ③高头	①上头 ②上底	悬顶	①上高 ②上便	①上头 ②高头	上头
外边	外（底）头	①外头 ②外势	外头	①外头 ②外面儿 ③外边儿	外头	①外头 ②外前	外头	外斗	①外便 ②出便	外头	外头
下面	①下头 ②下底（头）	①下头 ②底下	下头	①下头 ②下面儿 ③下边儿	①下头 ②底下	①下头 ②底下	①下头 ②底下 ③下底	下底	①下便 ②下底 ③下低	①下头 ②脚下 ③底下	①下头 ②底下
右边	①右面 ②右半爿	右面	右界	①右面儿 ②右边儿		右手（边）	右手	大边	右（手）便		右半切
中间	当中（横里）	当中	①当中间 ②中间间	当间儿	当中	当中	当中	台中		中家	当中
左边	①左面 ②左半爿	①左面 ②济面	左界	①左面儿 ②左边儿		左手（边）	左手	小边	左（手）便		左半切

11. 交通类

普通话	上海	苏州	淮安	郑州	合肥	成都	南昌	福州	广州	长沙	太原
车	车子		车子							汽车	
船							刘子			刘子	
飞机								飞船			飞艇
路				马路	马路	马路		①汽车路②马路	路		马路
轮船	火轮船			火轮船	①洋船②小火轮		①洋船②小火轮	车船	①火船②电船	洋船	
轮子	轮盘	轮盘	车轱辘	车轱轮儿	钻轱辘子	滚滚	砣	轮轮	辘	①轮盘②滚盘	钻咙子
摩托车			摩达卡					咔咔车	摩的	摩的	
铁路		轨道	铁道	铁道						①铁轨②路轨	
自行车	脚踏车	脚踏车	脚踏车	①自行车儿②洋车儿	脚踏车	洋马儿	脚踏车	脚踏车	单车	①脚踏车②单车③线车	车子

三　动词

1. 一般动作类

普通话	上海	苏州	淮安	郑州	合肥	成都	南昌	福州	广州	长沙	太原
吃饭								食饭	食饭		
点头	得（得）头			骨堆		点脑壳	①搓头 ②镇头	磬头	㩦头	镇脑壳	
蹲		步				跍	跍	跍	跍	跍	圪蹴
扶		挡		搂着							
鼓掌	拍手	拍手		拍手	拍手	拍巴巴掌	拍巴掌	拍掌	拍手	拍手	拍手
喝		①呼 ②呷 ③吃				吃	喫	啜	①饮 ②呷	吃	
喝茶	吃茶	吃茶	吃茶			吃茶	喫茶	食茶	饮茶	吃茶	
回头			掉头	扭脸儿		车转脑壳		回转头	返转头	颟头	
靠		挨	①顺着 ②奔	贴着		凭	凭	在	①挨 ②凭		
理发	剃头（发）	剃头	剃头		剃头	剃头	剃头	剃头	飞发	①剃头 ②剃脑壳	剃头
跑	奔	奔	跑步	跑步				蹺	走	打飞脚	
蜷腿	盘腿	圈盘仔脚			蜷着腿	蜷起脚杆	盘腿	骹盘起	盘脚	钩起脚	圪蜷腿
刷牙	刷牙齿	①唰嘴 ②刷牙子			糙嘴	漱口	漱口	洗牙	漱口	漱口	

(续表)

普通话	上海	苏州	淮安	郑州	合肥	成都	南昌	福州	广州	长沙	大原
摔倒	摔跤	跌(倒)	①掼跟头 ②掼倒了	绊倒啦	跌交	绊倒了	栽	跋(倒)	跌(亲)	①绊跤子 ②绊蹚	卜烂倒了
抬头				仰头		扬起脑壳		昂	①抬头 ②岳页(高头)	睨起脑壳	抬(起)头
躺		睏	睡下来	条那儿	睡	睡	睏	倒	睏	瞓	睡
跳		趴			蹦	蹦	①蹦 ②趴	趖	蹦	蹦	
挑选	拣	拣	拣	①挑 ②拣	①拣 ②选	①挑 ②选	拣	①挑 ②拣(选)	①挑 ②拣	①挑 ②选	①挑 ②拣
洗脸	揩面	①揩面 ②婆面						洗面	洗面	洗面	
洗澡	①澡浴 ②汏浴	澡浴			抹澡			①洗身 ②洗汤	①洗身 ②冲凉		
站	立	立	站着	站着		立	企	企	企	企	

2. 娱乐文化类

普通话	上海	苏州	淮安	郑州	合肥	成都	南昌	福州	广州	长沙	大原
讲故事	讲故事					摆龙门阵	讲古	讲古事	讲古(仔)	讲古	①捆故事 ②捆笑话
上课								上堂	上堂		

（续表）

普通话	上海	苏州	淮安	郑州	合肥	成都	南昌	福州	广州	长沙	太原
上学	去学堂		①上书房②上学堂					去读书	返学		
玩	白相	白相				耍	曛	卡溜			耍
下课								落堂	①落课②落堂		
下棋	着棋子	着棋					走棋	行棋	捉棋	①走棋②动棋	
游泳		游水	洗澡		①洗澡②划水	①洗澡②凫水	玩水	①洗水②泅水	游水	洗冷水澡	耍水
照相	拍照（片）	拍照	照相片					映相	映相		
捉迷藏	盘躐猫猫	眚盲盲	躲蒙蒙		藏猫（子）	①逮猫儿②藏猫儿	蒙蒙躲躲	①别别捏②咪咪扣扣	①捉儿人②伏匿匿③摸盲盲	①捉摸子②躲摸子	①藏蒙蒙②藏猫猫

3. 心理感受类

普通话	上海	苏州	淮安	郑州	合肥	成都	南昌	福州	广州	长沙	太原
猜				猜测		谙		准	估	估	
留心		睬心			留意			①留意②留神		留神	
怕	吓		害怕	（害）怕		（害）怕		惊	①惊②慌		（害）怕

（续表）

普通话	上海	苏州	淮安	郑州	合肥	成都	南昌	福州	广州	长沙	大原
认识	认得	认得	认得	认哩	认得	认得	认得	①人 ②认	识(得)	认得	认得
讨厌				烦	格厌	①见不得 ②嫌	(讨)嫌	①嫌 ②颟 ③怒	①憎 ②殟	①讨嫌 ②厌眼	
忘记			忘得	忘	忘失	①忘(记) ②记不倒	不记得	㤞记	唔记得	不记得	忘(记)
喜欢	欢喜	欢喜	欢喜			爱	欢喜	①欢喜 ②爱	①欢喜 ②中意		待见
知道	晓得	晓得	晓得		晓得	晓得	晓得	①晓 ②人(传)	知(道)	晓得	

4. 生理病理类

普通话	上海	苏州	淮安	郑州	合肥	成都	南昌	福州	广州	长沙	大原
打喷嚏			打嚏喷		打嚏喷		打嚏啾	喝市		打乞嚏	打喷啾	
发烧	①发热 ②发寒热	发寒热	发热		发热		(发)烧	发热	①身热 ②身煲		
放屁						打屁	打屁	放肠风	屙屁	打屁	
咳嗽	出污	呛	咳				咳(嗽)	(空)嗽	咳	咳(嗽)	
大便		①出屎 ②惹屎	屙屎	①屙屎 ②解大手儿	屙屎	屙屎	屙屎	拉屎	屙屎	屙屎	屙屎

（续表）

普通话	上海	苏州	淮安	郑州	合肥	成都	南昌	福州	广州	长沙	太原
挠痒		搔痒			抓痒	抠痒	抠痒	扒痒	搞痕	抠痒	①抓痒痒 ②挠痒痒
小便	①出尿 ②小溲 ③小解	①出尿 ②惹尿	①尿尿 ②解手	①尿尿 ②解小手儿	①尿尿 ②撒尿	屙尿	屙尿	拉尿	屙尿	屙尿	尿尿
生病	①勿适意 ②生（毛）病	勿适宜	①得病唡 ②有病唡	①病啦 ②不得劲啦	①害病 ②病了 ③不伸坦	①害病 ②病罗 ③不好	①病了 ②不好过	①破病 ②病去 ③姅瘵快	①病 ②唔精神	①得病 ②病哒 ③不好过	①害病 ②闹病 ③难活
摸鼻涕			搌鼻子	搌鼻子	搌鼻子	搌鼻子		敁鼻		①搌鼻子 ②搌鼻头	
休息	歇歇	歇	歇歇	歇歇	歇	歇（气）	歇	歇	咇	歇气	歇
做梦							眠梦		（发）梦	做南柯子	①作梦 ②梦梦

三 形容词

1. 性质、情状类

普通话	上海	苏州	淮安	郑州	合肥	成都	南昌	福州	广州	长沙	太原
矮										低	低
肮脏	①龌龊 ②邋遢	①龌龊 ②邋遢	①脏 ②邋遢	腌臜	①脏 ②脓糟	①脏 ②龌龊	腌臜	①烂拌 ②拉叉	①邋遢 ②污糟	邋遢	（日）脏
薄			消		消						

（续表）

普通话	上海	苏州	淮安	郑州	合肥	成都	南昌	福州	广州	长沙	太原
长	①大 ②粗		夹		夹	夹	胀	郭	大		
粗											
低			矮		矮	矮	矮	①矮 ②下		①矮 ②下	
多	①赞 ②哆							秾			赖
好		嫩			嫩				嫩		
坏	①标 ②休	休	孬	孬	孬			①否 ②呆	①坏 ②挦 ③衰	拐	
干净	清爽	清爽		（干）净	清朗			澈洁			
高	长	长					胀	悬		上	
宽	阔	阔			阔		阔	阔	阔		
胖	①壮 ②胖	壮			富态	富态		肥	肥		①肉 ②富态
便宜	强	强	贱		巧	相因		贱	平		贱
清静							静小		静局		
热闹	①闹热 ②闹猛	①闹热 ②闹猛	严阔			闹热	①闹热 ②样	阔热	①热闹 ②旺		红火
容易		便当				撇脱		易	（容）易	易得	

（续表）

普通话	上海	苏州	淮安	郑州	合肥	成都	南昌	福州	广州	长沙	太原
软								软(软)	腍		
歪	㿜				瓢	㿜	㞎		咩	①宽②铰	
晚	晏	晏		迟	迟	晏	晏	迟	①晏②迟	①晏②迟	迟
稀		薄						疏	①稀②疏		
细							细	幼	幼		
小	旮	旮					细	①细②嫩	细	细	
斜	旮	旮						铰		铰	
要紧	紧要			①紧要②夹紧					紧要	紧要	
硬								有			
窄	狭	狭					狭	狭	狭	狭	

2. 颜色、感受类

普通话	上海	苏州	淮安	郑州	合肥	成都	南昌	福州	广州	长沙	太原
饿				饥啦				①空②枵		膪	
粉红	水红	水红					水红				

（续表）

普通话	上海	苏州	淮安	郑州	合肥	成都	南昌	福州	广州	长沙	太原
困	瞌	瞌乃		瞌睡	瞌睡		瞌	睹	眼瞓	坠	①瞌 ②瞌睡
凉快	①荫凉 ②风凉	风凉	凉阴					凉	凉爽		
墨绿			深绿					①绿彭彭 ②鸭屎色	深绿		
涩			涩嘴			①涩(嘴) ②夹嘴					
舒服	①适意 ②写意 ③称心 ④好过	①适意 ②写意	好过	①好受 ②舒坦 ③得劲儿	①好过 ②调和 ③伸坦	安逸	好过	①舒畅 ②爽快	自在	好过	
疼	痛	痛				痛	痛		痛	痛	
痒	痒	肉痒	痒痒			咬			痕		咬

四 代词

1. 人称类

普通话	上海	苏州	淮安	郑州	合肥	成都	南昌	福州	广州	长沙	太原
别人	①旁人 ②别人家	①人家 ②别人(家)	旁人	旁哩	①人家 ②旁人	①人家 ②别个	①人家 ②别个	伊人	人哋	①人家 ②别个	①人家 ②旁人
大家			大家伙	大伙儿				①大家人 ②各人			大家(伙儿)

（续表）

普通话	上海	苏州	淮安	郑州	合肥	成都	南昌	福州	广州	长沙	太原
你	侬	倷						汝		你郎家	㑚
你们	㑚	唔笃					你个里	汝各人	你哋		㑚们
你们的	㑚个	唔笃格					①你们个 ②你个里个	汝各人其	你哋嘅		①你的 ②㑚(的)
他	伊	①俚(倷) ②唔倷					佢	伊	佢		
他的	伊个	①俚(倷)格 ②唔倷格		他家			佢个	伊其	佢嘅		
他们	伊拉	①俚笃 ②唔笃					①佢们 ②佢个里	伊各人	佢哋		
他们的	伊拉个	①唔笃格 ②俚笃格					①佢们个 ②佢个里个	伊各人其	佢哋嘅		
我	阿拉	奴		俺			我个	奴	我嘅		俺
我的	我个	我格					我个里	①奴其 ②我其	我哋		俺(的)
我们	①阿拉 ②(我)伲	伲		俺		①自家 ②各人	我个里	我各人	我哋		俺们
我们的	阿拉个	伲格			自家		①我们个 ②我个里个	①依家其 ②我各人其	我哋嘅		俺们的
自己	自家	自家	自个	自个儿			自简	自家		自家	自家

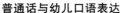

2. 指示类

普通话	上海	苏州	淮安	郑州	合肥	成都	南昌	福州	广州	长沙	太原
那个	①埃个 ②伊个	归个					咯个	许个	嗰个	那只	兀个
那里	①埃面（搭） ②伊搭（里）	归搭	那块	那儿	①那块 ②那蒿子 ③那格子	那儿	咯里	许里	①嗰度 ②嗰处	①咯里 ②那块子	兀里
那些	①伊（面）眼 ②那（面）点	归星	那些子				咯些	许些	嗰啲		兀些
这个	①箇个 ②迭个	①该个 ②箇个					杂个	个个	呢个	咯只	
这里	①箇搭（里） ②迭面（搭）	①该搭 ②箇搭	这块	这儿	①这块 ②这蒿子	这儿	杂里	介里	①呢度 ②呢处	①咯里 ②咯块子	
这些	①箇眼 ②箇点	①该星 ②箇星	这些子				杂些	介些	呢啲	咯些	

3. 疑问类

普通话	上海	苏州	淮安	郑州	合肥	成都	南昌	福州	广州	长沙	太原
哪里	①啥地方 ②阿里得 ③啥（个）场化	①啥场化 ②搭（里）搭	哪块	哪儿	①哪格子 ②哪蒿子 ③哪块（子）	哪儿		底里	①边度 ②边处	①哪块子 ②何至	

（续表）

普通话	上海	苏州	淮安	郑州	合肥	成都	南昌	福州	广州	长沙	太原
谁	①啥(个)人 ②啥人个	①啥人 ②搭个	哪个		①哪个 ②啥个	①哪个 ②啥子人	哪个	底人	边个	哪个	谁们
什么	啥(个)	啥	什么子	啥	哄个	啥(子)	什哩	什乇	乜(嘢)	么子	甚
为什么	为啥	①为啥 ②作啥 ③(为)啥体	怎干地	为啥	①怎搞的 ②讲搞(的)	①为啥子 ②做啥子	①为什哩 ②做什哩	①快世 ②干乜世 ③做什乇 ④怎讲	①点解 ②做乜(嘢)	何解	①(因)为甚 ②干甚
怎么	哪能	搭亭	怎干	咋	怎(样)	①咋个 ②哪个	哪(样)	①怎怎 ②怎其	点	何什	咋(底)
怎样	①哪能(个) ②哪能(样子)	搭亭	咋样	咋样儿		①咋个样(子) ②哪个样(子)	哪(样)	①怎怎 ②怎其	点样	何什	咋(底)

▶五 量词◀

普通话	上海	苏州	淮安	郑州	合肥	成都	南昌	福州	广州	长沙	太原
一把刀									一张刀		一把刀子
一顿饭							一餐饭		一餐饭	一餐饭	
一朵花	一朵花			一朵儿花				一蕊花			
一副手套	一双手套				一双手套	一双手套	一双手套子	一副手羰	一对手袜	一双手套	

（续表）

普通话	上海	苏州	淮安	郑州	合肥	成都	南昌	福州	广州	长沙	太原
一个人	一家头						一只人	一只人		一只人	
一间房间	一只房间		一间房子		①一间房子 ②一间房屋	①一间房子 ②一间房圈儿		一堵房里	①一间房 ②一个房	①一间房 ②一间屋	①一间房子 ②一个家
一件事	一桩事体	一桩事体		一桩事件	①一桩事 ②一样事	一个事	①一样事 ②一场事	一件事计			一件事（情）
一件衣裳				一件儿衣裳					一件衫		
一棵树						①一根树子 ②一窝树子	一兜树	一兜树	一颗树	一只树	一机树
一辆车	一部车子	一部车子	一挂车子		①一挂车子 ②一架车子	①一挂车子 ②一架车子	①一只车 ②一部车	一架车	①一部车 ②一架车	①一部车 ②一张车 ③一把车	一挂车
一双鞋	一双鞋子	一双鞋子	一双鞋子			一双鞋子	一双鞋子		一对鞋	一双鞋子	一对鞋
一条路						一根路				一只路	①一条路儿 ②一根道儿
一头牛	一只牛	一只牛			一条牛	①一条牛 ②一根牛	①一条牛 ②一只牛		一只牛	一条牛	
一只鸡			一只鸡子			一个鸡		一头鸡			
一座桥	一顶桥	一顶桥			一道桥	一道桥	一道桥	一条桥	一度桥	一只桥	

六　**副词**

普通话	上海	苏州	淮安	郑州	合肥	成都	南昌	福州	广州	长沙	太原
不	勿	勿							①不 ②唔		
刚	刚(刚)	刚(刚)	将才	①将才 ②才 ③将将儿	将(将)	将(将)	①刚刚 ②将脚		①正话 ②啱	①严将才至 ②才至	
恐怕	恐防	触爬	就怕	怕	(恐)怕	①(害)怕 ②耽怕	只怕	惊其	怕	①只怕 ②怕莫	(害)怕
马上	①随即 ②即刻			随当		跟倒	仰上	此刻	①即刻 ②登时		跟手
稍微	稍为	稍为	①稍微 ②稍微微	少				①稍为 ②过幼	稍为		
幸亏	亏得	亏得	得亏	①亏得 ②幸好儿		①幸(得)好 ②幸喜 ③喜得好	①幸得 ②得亏	①侥幸 ②固好 ③好得	①好得 ②好彩	①得亏 ②喜得 ③搭帮	亏得
一共	①总共 ②共总 ③拢总	总共	拢共	共满	①总共 ②拢共	①总共 ②一下	总共	①共总 ②拢总		①总共 ②牢总 ③牢共	①总共 ②满共
一起	一道	一道	一块堆	①一路儿 ②一齐儿	①一阵 ②一块	一堆	一下	①一堆 ②齐	一齐	一路	

七　介词

普通话	上海	苏州	淮安	郑州	合肥	成都	南昌	福州	广州	长沙	太原
把	拿	拿		给	帮			①将②共	将		
被	拨	拨	挨	叫	①给②教	①着②教③拿跟④拿给	①让②等	乞	畀	①听②让③捞	①教②让
从			走	①打②由③顺	①打②走		打	①由②趁	由	打	跟
到			顶(到)			①走②齐					
和	搭	搭	跟	跟	跟	①跟②给	①跟②同	共	同	跟	跟
替	代	搭	代	给	①代②帮	①帮②给③跟	①跟②帮	共	①帮②同	①帮②跟③代	给
向		同	①跟②往	跟	朝	①问②跟③给	跟	共	同	①问②跟	①问②跟
在	辣辣	勒	蹲	盖				①着②夹	①喺②响		

第三章　普通话语法

Dì sān zhāng　　pǔ tōng huà yǔ fǎ

第一节　普通话语法概述

一　什么是语法

如果说词汇是一颗颗珍珠,那么语法就是将这些珍珠串连起来使之成为一根完整项链的绳。如果没有这根绳,再多的珍珠也只能是散乱无序的。

语法单位包括语素、词、短语、句子。语法是这些语言单位相互组合的结构规律。同样的词语按照不同的排列组合顺序就会产生不同的意义。以"吃、饭、我"三个词为例,不同的组合顺序可以表达不同的意思,有的组合方式甚至是不能成句的,如:

① 我吃饭。

② ＊饭吃我。

③ 吃饭,我。

在常规的语境中,"我"和"饭"之间构成的是主动与被动的关系,即"我"占据主动地位,而"饭"是在被"我"吃的这样一个位置,所以第二句按照一般的语境来说是不恰当的。但需要注意的是,这样的词序并不一定都是错的。对于幼儿来说,这样的句子有时在童话、寓言中是存在的。例如在"如果小朋友不把碗里的饭吃完,到了晚上,碗里的剩饭就会来咬嘴巴"这样的教育性故事中就存在此类句子,并且具有合理性。幼儿早期往往将这此类句子代入到现实生活中。随着年龄的增长,这种表达方式会从幼儿的语言中分离出来。

二　普通话口语语法的特点

汉语在语音、词汇和语法这三大要素中,语法是各方言之间差别最小的,但这并不意味着对语法知识的学习是可有可无的。不了解普通话语法的运作规则及变化规律,就算掌握了所有的词汇也难以达到正确交流的目的,而且了解普通话口语语法的特点对于幼儿口语教育也是具有重要意义的。

普通话口语语法的主要特点包括语序灵活、成分省略和使用短句。

1.语序灵活

口语交际具有临时性,语序有时候容易随着说话人的表达目的、心理变化等因素变化,但是这并不影响听者对语言的理解,而且这种变化可以增强句子的语用色彩,对反映说话人的心理也有作用。例如:

① 我们还是去郊游吧。　　→还是去郊游吧我们。

② 你们同不同意?　　　　→同不同意你们?

③ 我给放哪呢?　　　　　→放哪呢我给?

以上箭头左侧为常规语序,右侧为倒装语序。如果说话人希望把重要的信息放在前头先说,并且保留剩余的信息,就会使用箭头右侧的倒装句。

2. 成分省略

成分省略是指在一定的语言环境下,句子中的某些成分可以不出现,并且不影响对话双方互相理解。它具有可还原性,即省略的部分可以被补充还原。以上三个例句在更为具体、清晰的语境下经常只保留前面的重要信息。如下所示:

① 还是去郊游吧我们!   →还是去郊游吧!
② 同不同意你们?   →同不同意?
③ 放哪呢我给?   →放哪呢?

省略符合语言的经济原则,它在保留应有信息的前提下让说话变得轻松省力。

3. 使用短句

著名语言学家吕叔湘先生曾说:"说话总是语汇不大,句子比较短,结构比较简单甚至不完整,有重复,有脱节,有补充,有插说,有填空的'呃、呃这个、这个',而写文章就不然,语汇常常广泛得多,句子常常比较复杂,前后比较连贯,层次比较清楚,废话比较少。"[①]这段话生动地诠释了口语与书面语的区别。

口语一般不会使用长句子。这是因为口语在交际时,对象很明确,并且有特定的语言环境,还可以依靠动作、表情、手势等辅助交流,提高信息交换的效率。同时,口语交际具有临时性、短暂性等特点,说话双方在较短的时间内进行信息交流,当有任何疑问时说话双方都可以反复交流,所以口语的句子一般较短。例如:

① 今天晚上你想吃什么?   →晚上想吃什么?
② 我们去吃火锅吧。   →吃火锅吧。
③ 我们去哪儿吃火锅呢?   →去哪儿吃呢?
④ 我们去纪念碑那里的×××火锅店。   →去纪念碑那家。

以上箭头右侧的句子都比较简短,前三句是成分省略造成的短句,最后一句"就去纪念碑那家"除了成分的省略,还有信息上的代指,说明"那"所指的对象在对话双方心中都是明确的,不需要具体说明。

第二节　成人与幼儿语法对比

幼儿最开始学会说话是从对成人语言的模仿而来的。尽管如此,幼儿使用的语法与成人仍然是有区别的。幼儿的语言发展处于多变的阶段,其发展是不稳定的,是伴随着思维的不断发展而发展的,所以幼儿的语言学习是一个渐进的过程,有着自身独特的规律。将成人语法与幼儿语法进行对比,在与孩子交流的过程中考虑到幼儿语法的特点,将提升幼儿学习语言的效率。

一　对语言的理解能力

幼儿对语言的理解早于对语言的输出。幼儿先有对语言的理解,在此基础之上才有语言的表达。幼儿的语言理解能力与成人的语言理解能力是不同的,幼儿对语言的理解能力

---

① 吕叔湘,《书太多了》第 114 页,东方出版社,2009 年。

一直处于发展的过程,是不稳定的。成人与幼儿在语言理解方面的不同主要体现在理解手段和理解程度上。

1.理解语言的手段

在理解语言的初期,幼儿一般是通过语气、停顿、韵律等直观的因素对语言进行直观的判断。8~9个月的时候,婴幼儿已经能听懂成人的一些语言,表现为能对语言做出相应的反应。在这个阶段,引起幼儿反应的主要是语调和整个情境(如说话人的动作表情等),而不是词的意义。[1] 也就是说,幼儿最开始理解语言并不是通过对语句意义的把握,而是通过语言的一些外在表现来把握的,比如说话人的表情、语调和语境。

有人做过这样一个实验:给9个月大的幼儿看狼和羊的照片。每当出现"羊"时,就用温柔的声音说"羊,羊,这是小羊";出示"狼"时,就用凶狠的声音说"狼,狼,这是老狼"。若干次后,当实验者用温柔的声音说:"羊呢? 羊在哪里?"幼儿就会指画着羊的图片,反之亦然。这时,实验者突然改变说话的语调,用凶狠的声音说:"羊呢? 羊在哪里?"婴儿就毫不犹豫地指向画着狼的图片。这就说明,这时幼儿用来区别词语的标准不是词本身的意义,而是说话者使用的语调或语气,幼儿是通过句子外在的因素来理解语句而不是通过词语本身的意义。实际上,这时幼儿还不能准确地掌握词语本身的内涵。到11个月左右的时候,幼儿才能将词语从语境中分离出来,判断一个词的意义不再依靠语调或者语气这些外在的因素了。这就说明,早期幼儿的语言理解能力是与语调、语气、停顿、韵律等因素联系在一起的,而成人在理解大多数词语的时候,已经不再需要依靠这些外在的手段了。

这从另一个方面也可以告诉我们,在幼儿早期学习词语的时候,我们可以使用语调、语气、韵律等语言外在的形式来帮助他们理解。

2.对语言的理解程度

成人与幼儿对于语言的理解程度是不同的,这可以从以下两个方面进行说明。

一方面是对话语本身的理解。幼儿在2~3岁能说出一个完整的句子;在4~5岁能说出简单的句子;6岁时能够说出复杂的句子,句子之间已经基本具有了逻辑关系,只是还不能够运用有效的关联词语连接。纵观整个幼儿阶段,孩子的思维也已经从具象思维阶段发展到抽象思维阶段了,但是思维仍然不成熟。如,3岁多的幼儿把"老师,我要出去"说成"老师出"等。可见,孩子的语言理解能力依然处于发展的阶段。同时,虽然4~5岁的孩子已经能够自由地与成人交流,但是他们仍然不能理解一些复杂的句子结构,比如说"小老鼠在遇到大花猫的时候不得不逃跑"或者"没有一只小老鼠不怕大花猫的"等表示双重否定的句子,孩子就可能会理解成"小老鼠遇见大花猫不逃跑"或者"小老鼠不怕大花猫"。但是,成人在多年丰富的生活经验基础上,就算没有接受过很多教育,也能够毫无困难地理解生活中的句子,并且表达出符合规范的句子。同时,以丰富的生活经验为支撑,只要给成人进行系统的语言教育,成人也基本能够掌握一些语言理论,理解语言的产生、发展、原理和规则等,使其对语言的理解达到一个更加抽象的层次。

另一方面,在对语言"言外之意"的理解上,成人更加成熟。众所周知,中国是礼仪之邦,礼貌和含蓄是中国人较普遍的性格特征,出于礼貌或者环境等的要求,成人有时不会直接表达自己的情感,所以在成人的言语中会存在一些"言外之意"。为了尽可能地获取信息,成人在理解语言时考虑的因素更多。成人不仅可以通过语境来获取信息、理解说话者的真正意

---

① 罗秋英主编,《学前儿童心理学》第92页,复旦大学出版社,2017年。

图,还可以通过已有的经验、对说话者的性格方面的了解等推测说话者的意图。正是由于对语言理解能力的提高,成人的世界才会有"话外之音"的存在。这对于初步掌握语言理解能力和表达能力的幼儿来说是难以达到的,幼儿的语言推测能力还没有成熟,所以我们才会有"孩子的话是不会骗人的"这种说法。当与孩子发生言语冲突时,大人说"你再说一句",实际意图是想要孩子不要再说话或者顶嘴,但是当孩子听到这句话之后可能不会理解大人的真正意图,并且认为是真的要求再说一遍,从而造成更大的冲突。

二 对语言的模仿能力

"模仿"是幼儿进行语言学习的重要方式,父母一般也会通过这种方式来引导自己的孩子进行语言学习。但我们需要注意的是,幼儿与成人的语言模仿能力是有区别的。幼儿的语言模仿能力是伴随在思维发展的过程中的,有特定的规律。如果违反了幼儿的思维发展规律,句子较短,就无法起到促进语言发展的作用;但如果句子过长,幼儿尚且不能理解,又怎么能够完整地表达呢? 反倒会揠苗助长,适得其反。

3 岁幼儿的平均话语长度在 3～4 个词,如"我吃饭""我玩娃娃"等;4～5 岁幼儿的平均话语长度在 4.5～7 个词;5～6 岁时幼儿的平均话语长度为 6～8 个词。[①] 目前,社会上对于不同年龄阶段孩子的平均话语长度这一论题还存在一定争议,但是大家公认的是,年龄小的孩子平均话语长度没有年龄大的孩子那样长。简单来说,就是在一般情况下,孩子年龄越大,他所能掌握和使用的句子长度就越长。因此在引导孩子说话的时候,需要根据孩子的语言发展规律,不能使用大量超过该年龄阶段所能接受的平均话语长度的句子。如果对一个3～4 岁的幼儿说"在去上学之前,我们先要准备好一个本子、一支笔和一个书包"此类长句子,幼儿反应不过来,强行进行模仿的话就会不自觉地省略句子当中的一些成分,说成"准备书包"等,这并没有达到我们对幼儿进行语言训练的目的。

与幼儿相比,成人对语言的模仿能力明显更高。一般情况下,成人可以模仿任意长度的句子,即使句子比较长,成人也能够通过较成熟的记忆能力、理解能力成功的模仿。甚至,有的文艺项目的实质就是语言模仿,比如说相声中的数来宝、报菜名等,都是通过大量的练习来快速地进行语言输出。

三 语言表达的能力

1 岁～1 岁半的孩子已经能够开始使用词语进行自我表达了。由于思维发展的顺序,幼儿在表达的过程中会遇到一些影响表达效果的因素,比如说由于生理上发展的不成熟导致的语音不准;由于把握不好词语意义而造成的停顿不当、语序错误;由于思维发展阶段的限制不能使用或者不能正确地使用关联词语,等等。

1. 停顿

根据产生的原因,停顿可分为三类,分别是生理停顿、逻辑停顿和强调停顿。[②] 由于幼儿思维发展的限制,3 岁前的幼儿说话时的停顿多是不自觉的,是生理上的停顿,即一句话或一个较长的语段,一口气说不完,中间就需要稍作停顿,以便换气。如"我不/想吃西瓜"

---

① 〔美〕琼·伯科·格利森,〔美〕娜恩·伯恩斯坦·拉特纳,夏梦颖译,《语言的发展》第 155 页,人民邮电出版社,2021 年。

② 齐沪扬,《现代汉语》第 94 页,商务印书馆,2007 年。

"我想去西/山公园"（斜线表示换气）。同时，由于幼儿掌握不好停顿的节奏，有时会导致成人或者一些现代的语音科技的错误理解。比如说，一名幼儿对天猫精灵说"请给我讲关于春节的故事"，由于掌握不好停顿的节点，把这个句子说成"请给我讲关于春/节的故事"（斜线表示停顿），这就会引起天猫精灵的误解。如果把天猫精灵换为成人，成人能够在短暂的思考之后做出相应的反应，但天猫精灵是智能语音助手，对信息做出整合处理的程度有限，所以在这种情况下，孩子与天猫精灵的沟通就是无效的，而这主要是因为幼儿对语句的停顿把握不准造成的。3～6岁的孩子基本上已经能够把握词语的意义，加之对成人语言行为模仿的能力加强，所以基本能够根据句子的意义停顿，如"我不喜欢卡车，我喜欢玩具熊"等。

成人的语言停顿包含所有的种类，如生理停顿："星期六早上，我们先在西山脚下集合，然后再一起去春游。"说话者会根据自己的现场反应做出停顿。换句话说，就是根据自己一口气能说多少决定的。

逻辑停顿是指为了更好地表达意思做出的停顿。不同的停顿可能会造成不同的意义。为了避免误解，有时候就可以利用停顿来区别意义。例如：

① 咬死了猎人的/狗。（狗把猎人咬死了）

② 咬死了/猎人的狗。（被咬死的狗是猎人的）

强调停顿是指为了强调某一事物或突出某种思想情感而采用的、突破逻辑停顿常规的变式停顿。① 简单来说，强调停顿就是说话者根据自己表达的重点做出的停顿，比如说下面三个句子：（'在哪个词语前面表示该词语重读）

① '我明天去上海。

② 我'明天去上海。

③ 我明天去'上海。

上面三个句子的词语和顺序都一致，但是①的重点在于强调是"我"而不是别人；②的重点在于强调是"明天"而不是其他时间；③的重点在于强调地点是"上海"而不是北京、成都等其他地方。三个句子各有侧重，突出的重点不同。

2. 语序

造成幼儿语序错误的原因有很多。从内部讲，幼儿的思维正处于发展阶段，具有不稳定性，这时幼儿还没有形成自己独立的语言表达系统和说话习惯，所以易于受周围环境的影响；从外部来讲，临时的语言环境也会造成幼儿的语序错误。如幼儿在紧张的情况下就容易口齿不清，错误地使用词语，甚至会造成语序混乱；此外，有的幼儿在说普通话的时候很容易受到家乡方言的影响，这也会造成语序混乱，如普通话"今天家里要来客人，你把房间收拾下"，温州方言是"今天家里要来人客，你把房间收拾下"，出现了词序颠倒。又如普通话"我给你一本书"，上海方言说成"我拨一本书侬"，不仅动词改变了，还改变了语序。如上所述，每个方言区与普通话有着不同的差异性，部分幼儿在开始学习普通话时，易于受到来自成人表达中方言的影响，这样也会造成语序混乱。

3. 语言的逻辑性

孩子掌握语言具有顺序性，掌握句式的先后顺序在一定程度上也能够代表幼儿思维和语言的发展顺序。但是纵观整个幼儿时期，孩子的语言逻辑都还在发展阶段，不像成人的语言那样具有较强的逻辑性。

---

① 齐沪扬，《现代汉语》第94页，北京：商务印书馆，2007年。

陈述句是孩子最开始掌握的句型,如"我想吃苹果""我们去玩"等。慢慢地,幼儿也学会了其他句型,如疑问句:"这个裙子好看吗?"祈使句:"我们去玩滑滑梯吧。"感叹句:"这个糖真好吃!"对这些句型的掌握说明幼儿的思维在逐渐发展,语言的逻辑性在逐渐增强。

1岁半~2岁婴儿开始说出结构完整但无修饰语的单句;2岁半婴儿开始使用一定数量的简单修饰语;3岁婴儿的词汇量大幅增加,句子中的修饰语明显增多,并具有一定的语法规则;3岁半幼儿使用有复杂修饰语的句子的数量增长最快;6岁幼儿在句子中基本都能使用修饰语。从单句到复句,从句子中没有修饰语到学会使用修饰语,这说明幼儿的语言逻辑性在逐步增强。

孩子在2岁半左右,已经能够使用一些有逻辑性的句子,但是还不会使用关联词语,如"我吃糖糖,甜""我不想吃药,药苦"等,这说明幼儿这时已经具有了初步的逻辑思维能力。但是,思维上的逻辑性还没有在语言上表现出来,如表达不了"我吃糖,因为糖甜"。有时候幼儿在思维上已经理解了自己所要表达的内容,但是在语言上仍然会出现混乱,如"我最喜欢李老师了,我长大后想当李老师",孩子想表达自己将来想成为一名老师,但是却将"老师"具体化到"李老师",这是在语言上出现的混乱。因此在培养孩子语言能力的时候,还需注意培养孩子的逻辑思维能力,以此促进两者的共同发展。

第三节　普通话与方言常见语法差异

普通话与方言常见的语法差异可以分为两个部分:一个是词法,就是构词方法上的差异;还有一个是句法,就是构成词组、句子方法上的差异。词法和句法之间的关系十分紧密,共同构成了一种语言的语法。

就普通话与方言的区别来说,语音的差别最大,其次是词汇,语法的差别是最小的,但是我们也不能忽视两者在语法上的差别。方言中有一些句式,似乎和普通话一样,比如广西方言说"我不比他好",意思是"我没有他好"。单独来看,这句话并没有语法错误,因为普通话中也有这样的句式。但是普通话中"我不比他好"包含两层意思:一是"我没有他好",二是"我和他差不多"。广西话"我不比他好"只能表达前一层意思,如果要表达的是后一层意思,这种说法就错了。[①]

就词法来说,各个方言之间的差别不大,构词方式和构形方式都存在很多共同点。比如各个方言中都会使用"重叠"这种构词方式。常见的重叠有形容词的重叠和动词的重叠。形容词的重叠一般有"AA"式、"AA+儿"式、"AA+子"式、"AA+得"式等,这些形容词重叠以后就获得了名词的形式,如:

"AA"式　　　　憨憨(四川成都):呆萌的人

矮矮(广西玉田):矮子或者对小孩的爱称

拐拐(甘肃):拐角

短短(贵州贵阳):可以被人用来进行要挟的过失和错误

"AA+儿"式　　尖尖儿(重庆):事物的顶部

"AA+子"式　　尖尖子(湖北丹阳):事物的顶部

焦焦子(陕西安康):焦了的食物

---

① 国家语言文字工作委员会普通话培训测试中心编制,《普通话水平测试实施纲要》第290页,商务印书馆,2004年。

如上可见,尽管在不同的方言里都会使用形容词的重叠形式来表示名词,但是不同方言区重叠的具体形式可能不同。

词缀是现代汉语常用的一种构词方式,被广泛地应用于各个方言区和普通话之中。普通话与各方言都有一些词缀,如前缀"老""阿""第",后缀"子""头""儿"等,但是使用方式存在并不完全相同。以后缀"头"为例,研究者发现,在客家方言中,身体部位与"头"组合多表示部位上方或旁边,如"脑盖头",而吴方言中身体部位与"头"组合多表示身体的一部分,如"鼻头"。这些词中,只有少数保留在了现代汉语普通话之中,但是在客家方言和吴方言中,"身体部位+头"用法比较活跃。[①]

句法分析包括词组、句子的规则和结构模式。就句法来说,各方言之间的差异比词法大得多。以普通话"你先去"为例,不同的方言会使用不同的语序。即使是同一方言,不同的地区也会有不同的说法。大多数方言区都是使用"你先去"的语序,如四川、云南、陕西等地。但是在粤语区却使用"你去先"的语序,这说明不同的地区对于同一个句子会有不同的说法。进一步看,这种方言的差别在同一个区域内也会有所体现。在浙江建德、金华、丽水等地,是按照语序"你去先"表达,但是在永嘉、乐清、瑞安等地既可以使用"你去先"又可以使用"你先去",在开化、常山、衢江、龙游等地使用的是"你去先"或者"你先去先",在淳安、寿昌旧、宣平旧、遂昌等地则有三种表达方式,包括"你去先""你先去先"和"你先去"。

下面列表说明普通话与部分方言的常见语法差异。

 **上海话**

语法项目		上 海 话	普 通 话	说　　明
语气词	~哦	侬晓得哦?	你知道吗?	上海话"哦"相当于普通话的"吗",表示疑问的语气。
		伊是学生子哦?	你是学生吗?	
	~啦	侬去勿啦?	你去不去呢?	上海话"啦"相当于普通话的"呢",表示疑问的语气。
		伊想勿想晓得啦?	他想不想知道呢?	
量词	只	一只苹果	一把苹果	上海话量词"只"的使用范围比普通话大得多。
		一只皮球	一个皮球	
		一只炸弹	一颗炸弹	
		一只徽章	一枚徽章	
前缀	阿	阿大、阿腻、阿三头	老大、老二、老三	
		阿李、阿晓、阿明	小李、晓明	
		阿哥、表阿姐、堂阿弟	哥哥、表姐、堂弟	

---

① 刘小莉,《汉语方言"X头"及与普通话"X头"比较》,上海师范大学硕士学位论文,2011年。

(续表)

语法项目		上 海 话	普 通 话	说 明
后缀	～头	纸头	纸	普通话没有词尾,上海话用词尾"头"。
		门口头	门口	
		竹头	竹子	普通话用词尾"子、儿",上海话用词尾"头"。
		绢头	手绢儿	
	～子	车子	车	普通话没有词尾,上海话用词尾"子"。
		学生子	学生	
		心子	馅儿	普通话用词尾"儿",上海话用词尾"子"。
		皮夹子	钱包儿	
动词重叠	AA+补语	吹吹干	吹干	普通话没有这类重叠形式。
		烧烧酥	煮烂	
		送送拨张三	送给张三	
		打扫打扫清爽	打扫干净	
形容词重叠	AA叫	偷偷叫	偷偷(地)	普通话没有这类重叠形式,一般对应为"AA"式。
		慢慢叫	慢慢(地)	
	AAB	蜡蜡黄	蜡黄	普通话没有这类重叠形式。
		笔笔直	笔直	
		邦邦硬	硬邦邦	普通话说成"ABB",即"硬邦邦、冷冰冰"。
		冰冰冷	冷冰冰	
句子	阿+动词	我勿晓得伊阿去勿去。	我不晓得他去不去。	"阿"的作用是显示疑问焦点。
		伊阿去勿去我勿晓得。	他去不去我不晓得。	
	A勿A	伊是勿是新闻记者。	他是不是新闻记者。	相当于普通话的"V不V""V没V"。
		小张有勿有来过。	小张来没来过。	
	宾语+动词	大家酒先吃起来。	大家先喝起酒来。	上海话的句子中,宾语前置于动词前的情况比较多。
		侬回信收到了?	你收到回信了吗?	
		阿拉大家饭侪吃好了。	我们大家都吃好了饭。	
		侬钞票今朝拿,生活明朝做。	你今天拿钱,明天干活。	

（续表）

语法项目		上海话	普通话	说　明
句子	双宾语	发我脾气	对我发脾气	这类句子里普通话往往要加个"对"字。
		开侬大兴。	对你说大话	
		嘴巴干煞了，拨一杯茶我。	口渴得很，给我一杯茶。	这类句子里普通话往往要加个"给"字。
		我每月贴伊钞票用。	我每月贴钱给他用。	
	比较	市中心帮郊区比比是好得多了。	市中心跟郊区比是好得多了。	普通话常用"A 比 B""A 比得上 B""A 比不上 B"等句式。
		打乒乓阿拉队比是比得过伊拉队个。	打乒乓球我们队是比得上他们队的。	
		我勿比侬。	我比不上你。	
		伊打了之后勿及小辰光好看。	他大了比不上小时候好看。	
		我个成绩及勿过伊个。	我的成绩比不上他的。	
		伊个毛病一日重过一日了。	他的病一天比一天重了。	
	被动	小高拨伊拉娘拍了一记。	小高被他妈妈拍了一下。	普通话用"被"，上海话用"拨"。
		一块圆台玻璃拨敲碎脱了。	一块圆桌玻璃被打碎了。	
	处置	伊拿难做个生活掼拨我。	他把难做的活儿丢给我。	普通话用"把"，上海话用"拿"。
		我拿月历挂好辣墙头浪。	我把月历在墙上挂好。	

二　合肥话

语法项目		安徽话	普通话	说　明
重叠	ABB	黄刮刮	黄黄的	
		轻袅袅	轻轻的	
		烂脓脓	烂烂的	
		能刮刮	很能干	
	A打A	明打明	明明	去掉"打"后与普通话的表达形式基本一致。
		稳打稳	稳稳	
		险打险	差点儿	
		白打白	白白	

（续表）

语法项目		安　徽　话	普　通　话	说　　明
后缀	～子	核子	核	去掉"子"后与普通话的表达形式基本一致。
		芽子	芽	
		老鼠子	老鼠	
		蛐蛐子	蛐蛐	
		一会子	一会儿	"子"替换为普通话的"儿"。
		门坎子	门坎儿	
		起子	螺丝刀	
		顶顶子	做针线活的工具	
		冷子	冰雹	
		出板子	倒霉、差劲或生意不景气	
	～头	肩膀头	肩膀	使用范围比普通话广泛。
		屁股头	屁股	
		额脑头	额头	
		磕勒头	膝盖	
		因头	由头	
		号头	号码	
		觉头	觉	
		瘾头	瘾	
		搞头	可搞的	普通话这种表达很少。
		玩头	可玩的	
		讲究头	讲究	
		商量头	商量	
	～不拉基	白不拉基	太白了	替换为普通话"太……了"
		丑不拉基	太丑了	
		酸不拉基	太酸了	
		水不拉基	水分太多了	

（续表）

语法项目		安 徽 话	普 通 话	说　　明
句子	程度	好烈哦！	好厉害！	"烈"大致相当于普通话的"厉害"。
		那伢学习烈。	那个孩子学习很棒。	
		我丫头嘴辣。	我丫头嘴厉害，什么都敢吃。	"辣"也大致相当于普通话的"厉害"。
		老爷脾气辣燥，霞们都怕他。	叔叔脾气大，孩子们都怕他。	
		两个伢都听讲很的。	两个孩子都听话得很。	程度补语"A很"可以替换为"A得很"或者"很A"
		那件裙子好看很。	那件裙子很好看。	
		介个真是丑很了。	今天真是出丑得很。	
		能很的了，连你妈都敢冲。	本事大得很，连你妈都敢训斥。	
	疑问	他可聪明？	他聪明不聪明？	"可……"替换为"A不A"。
		你可晓得第个事？	你知道不知道这件事？	
		你可讲过那句话来？	你说没说过那句话？	
		昨个你可去来？	昨天你去没去？	
	处置	待家里头一扫	把家里扫一遍	"待"替换为"把"。
		洗洗都待它叠起来。	洗洗都把它叠起来。	
		你再讲，我待你嘴撕烂得着。	你再说，我把你的嘴撕烂掉。	
		我待那鸡送给三姥家。	我把那只鸡送给三姑家。	
	比较	小王跟小李不样高。	小王跟小李不一样高。	"不样"替换为"不一样"。
		她属虎，跟二爷俩同龄的。	她属虎，跟二叔两个同龄。	
		我丫头有我长了。	我女儿和我一样高了。	"有我"替换为"和我一样"。
	被动	小张人不照，不到小李。	小张人不怎么样，不如小李。	"不到"替换为"不如"。
		他出门给人家一车待他撞得了/着。	他出门被人家一车把他撞了。	"给"替换为"被"。
		手机给小偷偷得了/着。	手机被小偷偷了。	
		剩饭吃得了/着。	剩饭被吃完了。	
		树丫巴拖走得了/着。	树枝被拖走了。	
	ABAB	伢直跑直跑跑过去。	孩子一路跑过去。	

(续表)

语法项目		安 徽 话	普 通 话	说 明
句子	ABAB	他在捞直讲直讲。	他在那儿一个劲地说。	
	连A是A	车子来了,他连跑是跑,生怕搞脱得着。	车子来了,他忙不迭地跑,生怕误了车。	
		爬蟹连爬是爬,一钻到水里去了。	螃蟹快速地爬,一下钻到水里了。	
	带X带Y	带走带蹦地走得着。	蹦蹦跳跳地走了。	
		她带讲带哭,伤心死了。	她一边说一边哭,伤心极了。	
	反复	他讲一不得歇,烦死得了/着。	他一直说个不停,真烦人。	
		他霞们在刁子蹦一得不歇,搞一身灰。	他孩子在这里一直蹦个不停,弄了一身灰。	
		哎哟,小李在家讲起来讲。	哎哟,小李在家里翻来覆去地说。	
		霞们在房里头看电视,跳起来跳。	小孩子在房里看电视,跳来跳去。	

三 南昌话

语法项目		南 昌 话	普 通 话	说 明
前缀	驮～	驮娘	姨妈/姨母	
		驮爷	姨夫/姨丈	
	乜～	乜暗	暗	
		乜黑	黑	
	哒～	哒重	重	
		哒胖	胖	
后缀	～子	麻雀子	麻雀	使用范围比普通话广泛。
		驼背子	驼背	
		崽哩子	男孩子	
		细人子	小孩子	

128

（续表）

语法项目		南　昌　话	普　通　话	说　　明
后缀	～子	毛毛子	婴儿	相当于普通话中的"AA地"
		渣渣子	渣子	
		轻轻子	轻轻地	
		缓缓子	缓缓地	
	～里	胳膊里	胳膊	
		脚股里	腿脚	
		屋里	家	
		鞋里	鞋	
	～个	城里个	城里的	相当于普通话中的"的"。
		政府个	政府的	
		红个	红的	
		冷个	冷的	
名词重叠	AA式	坑坑	沟	
		秆秆	甘蔗	
		构构	冰	
		索索	绳子	
		山坡坡	山坡	
		树干干	树干	
		脚弯弯	脚踝	
		生嘎嘎	生鸡蛋	
	AAB式	阴阴天	阴天	
		搭搭毛	刘海	
动词重叠	AA式	擦擦	橡皮	
		吸吸	母乳	
形容词重叠	AA式	哑哑	哑巴	
		哈哈	傻子	
	AAB式	点点大	很小	
		梆梆硬	很硬	

（续表）

语法项目		南 昌 话	普 通 话	说　　明
形容词重叠	ABB 里	呆板板里	呆板	
		光倜倜里	光秃秃	
		鬼祟祟里	鬼鬼祟祟	
		好哩哩里	好好地	
句子	副词"起"	饭还冒熟，吃杯酒起。	饭还没熟，先喝杯酒。	普通话删"起"，动词前加"先"。
		先吃杯酒起。	先喝杯酒。	
	副词"凑"	添碗饭凑。	再盛一碗饭。	普通话删"凑"，动词前加"再"。
		搁滴子盐凑。	再放一点儿盐。	
	副词"伤"	太多伤了。	太多了。	普通话删"伤"即可。
		太辣伤了。	太辣了。	
	副词"过"	看都看不清，写过。	看都看不清，重新写。	"过"替换为"重"或"重新"，放在动词前。
		个块些子冒洗干净，洗过一下。	这里没洗干净，重洗一下。	
	处置	快滴拿门打开。	快点把门打开。	"拿"替换为"把"。
		拿个些菜拣一下。	把这些菜拣一下。	
		看你捉得我郎样。	看你把我怎么样。	"捉得"替换为"把"。
		我捉得你冒有办法。	我把你没办法。	
	被动	书等/驮/让妹子舞腌臜了。	书被妹妹弄脏了。	"等、驮、让"替换为"被"，或者"让"不变。
		许只女崽子等/驮/让阿婆接走了。	那个女孩被外婆接走了。	
		小张等/驮骂了一餐，气得走泼了。	小张被骂了一顿，气得走了。	
		衣裳都等/驮涿湿了。	衣服都被淋湿了。	
	可能（肯定）	吃得。	可以吃。	
		做得。	可以做。	
		开得车啵？	可以开车吗？	
		吃得进饭。	能吃下饭。	
	可能（否定）	吃不得。	不可以吃。	

四 长沙话

语法项目		长 沙 话	普 通 话	说 明
后缀	~子	麻雀子	麻雀	普通话删"子"。
		穷人子	穷人	
		笔尖子	笔尖	
		米虫子	米虫	
		今朝子	今天	
		今年子	今年	
	~头	边头	边上	
		高头	上面	
		早晨头	早上	
		后背头	背后	
名词重叠	ABB	印巴巴	印章	普通话不重叠。
		零巴巴	零分	
		锅盖盖	锅盖	
		线头头	线头	
	ABCC	月亮巴巴	月亮	
		桑叶坨坨	桑葚	
		玻璃杯杯	玻璃杯	
		老虎崽崽	小老虎	
形容词重叠	ABAC	武高武大	高高大大	普通话可以用 AABB。
		四方四印	四四方方	
		大皮大脑	大大咧咧	
		摆明摆白	明明白白	
	ABCB	雷急火急	急急忙忙	
		挤密研密	密密麻麻	

（续表）

语法项目		长 沙 话	普 通 话	说 明
形容词重叠	ABCB	茄多粒多	磨磨蹭蹭	普通话可以用 AABB
		掉动搭动	轻轻飘飘	
	A里A气	乡里乡气	很土气	
		草里草气	傻乎乎	
		宝里宝气	自作聪明	
		小里小气	很小气	
	AB子B	酸甜子甜	酸甜酸甜的	
		苦咸子咸	很咸	
		干冷子冷	干冷干冷的	
		闷热子热	太闷热了	
句子	动词＋哒	桌上放哒一杯茶。	桌上放着一杯茶。	"静态动词＋哒"，普通话是"哒"替换为"着"。
		门口站哒一群人。	门口站着一群人。	
		买哒一本书。	买了一本书。	"动态动词＋哒"，普通话是"哒"替换为"了"。
		在街上吃哒饭。	在街上吃了饭。	
	动词＋起	挺起（个）肚子。	挺着肚子。	"起"替换为"着"。
		鼓起（个）眼睛。	鼓着眼睛。	
	动词＋餐	讲餐讲餐笑起来哒。	说着说着笑起来了。	"餐"替换为"着"。
		走餐走餐天黑咖哒。	走着走着天黑了。	
	动词＋咖	做咖作业再去玩。	做了作业再去玩。	"咖"替换为"了"。
		把门关咖。	把门关了。	
	动词＋咖哒	吃咖哒饭。	吃了饭。	"咖哒"替换为"了"。
		洗咖哒澡。	洗了澡。	
	动词＋咖＋宾语＋哒	吃咖饭哒。	吃了饭了。	普通话为"动词＋了……了"。
		做咖作业哒。	做了作业了。	
	尝试	让我骑下着。	让我骑下试试。	普通话用"……试试"。
		让他做几天着。	让他做几天试试。	

（续表）

语法项目		长 沙 话	普 通 话	说　　明
句子	双宾语	把本书我。	给我一本书。	普通话是"动词＋人＋物"。
		送支笔他。	送他一支笔。	
	状语后置	睡咖一觉好的。	好好地睡了一觉。	普通话状语在动词前。
		玩咖几天痛快的。	痛快地玩了几天。	
		吃净菜。	净吃菜。	
		只晓得玩净的。	光知道玩。	
		你走头，我走后。	你先走，我后走。	
		我看头，你看二，他看末。	我第一个看，你第二个看，他最后看。	
	省略	多哒人。	人太多了。	普通话不可以省略
		咯碗菜淡哒盐	这碗菜盐少了。	
		咯碗汤咸得。	这碗汤咸极了。	
		街上的人多得。	街上的人多极了。	
	比较	小李比小张有高的。	小李比小张高。	普通话常用"A比/没有B＋形容词"。
		小张比小李有得高的。	小张没有小李高	
		小李比哥哥还高得一公分。	小李比哥哥还高一公分。	
		他比我重得两公斤。	他比我重两公斤。	
	否定	不听见。	听不见。	普通话的否定词在中间。
		不看见。	看不见。	
		连不做一点事。	连一点事也不做。	普通话使用"（连）……也/都……"句式。
		连不讲一句话。	一句话都不说。	
		不细致一点。	一点儿都不细致。	普通话使用"一点儿也/都不……"句式。
		不干净一点。	一点儿也不干净。	
	疑问	屋里有不有人？	屋里有没有人？	"有不有"替换为"有没有"。
		咯条鱼有不有三斤？	咯条鱼有没有三斤？	
		你想去啊是？	你是想去吧？	

（续表）

语法项目		长 沙 话	普 通 话	说 明
句子	疑问	他姓张啊是？	他是姓张吧？	
		你来哒好久哒？	你来了多久了？	"好久"替换为"多久"，"好多"替换为"多少"。
		你带哒好多钱？	你带了多少钱？	
		做不得。	不可以做。	
		开不得车！	不可以开车！	
		吃不进饭。	吃不下饭。	

五 太原话

语法项目		太 原 话	普 通 话	说 明
前缀	圪～	圪洞	洞	构成名词
		圪都	拳头	
		亲圪蛋	宝贝（对孩子的爱称）	
		圪钻	躲起来	构成动词
		圪躺	休息	
		圪料	古怪	构成形容词
		圪戳	窄小拥挤	
	忽～	忽摇	不停地摇摆	
		忽甩	甩动	
		忽抖	抖动	
		忽眨	眨眼睛	
后缀	～达	蹦达	蹦跳	
		溜达	闲逛	
		磕达	磕碰	
	～子	纸片子	纸片	双音节词后面加上后缀"子"，当去掉后与普通话的表达方式一致。
		脸蛋子	脸蛋	

（续表）

语法项目		太原话	普通话	说明
后缀	~子	眼眶子	眼眶	双音节词后面加上后缀"子"，当去掉后与普通话的表达方式一致。
		苍蝇拍子	苍蝇拍	
		票子	钱	
		墓子	墓穴	
		狐子	狐狸	
		缸子	水杯	
		虎子	（老）虎	
		大林子	大林	
名词重叠	AA	牛牛	小虫子	使用范围比普通话广泛。
		骨骨	果核	
		兜兜	小袋子	
		垫垫	小垫子	
	ABB	鞋盒盒	鞋盒	
		坎肩肩	坎肩	
		酒盅盅	小酒杯	
		笑窝窝	酒窝	
动词重叠	AA	剪剪	剪刀	普通话动词重叠AA是A一A的意思，表示短暂轻松。
		盖盖	瓶盖	
		锁锁	锁	
		卡卡	发卡	
	圪A圪A	圪坐圪坐	稍微坐一坐	
		圪转圪转	稍微转一转	
形容词重叠	AA	尖尖	尖儿	普通话形容词重叠AA是程度较深的意思。
		方方	药方	
		响响	响声	
		黄黄	蛋黄	

（续表）

语法项目		太原话	普通话	说　明
句子	A＋补 ＋了	拿动了。	拿得动。	
		搬走了。	搬得走。	
		吃完了。	吃得完。	
		做完了。	做得完。	
	能＋ A＋补	能搬走。	搬得走。	
		能吃完。	吃得完。	
		能写完。	写得完。	
		能做完。	做得完。	
	A＋咾/ 能＋咾	一人两碗面,吃咾吃不咾?	一人两碗面,吃得了吃不了?	
		我饭量大,吃咾。	我饭量大,吃得了。	
	…… 得太	美得太。	好得很。	
		美得太太。	好极了。	
		冷得太。	冷得很。	
		冷得太太。	冷极了。	
	……了 个厉害	杏儿酸了个厉害。	杏儿酸得很。	
		山里有些地方还穷了个厉害。	山里有些地方还穷得很。	
	A了 个A	好了个好。	好极了。	
		亮了个亮。	亮极了。	
	…… 得哩	那座楼高得哩。	那座楼很高。	
		那朵花香得哩。	那朵花很香。	
	见	觉见。	感觉到。	
		探见。	碰到。	
		思谋见。	想到。	
	着	凉着了。	感冒了。	

（续表）

语法项目		太原话	普通话	说　明
句子	着	吃着了。	吃多了。	
		风着了。	中风了。	
	转	鸡子飞转了。	鸡飞走了。	
		把桌子搬转哇。	把桌子搬走哇。	
		我把他骂转了。	我把他骂走了。	
	A将＋来/去	取将来/去。	取来/去。	
		拉将来/去。	拉来/去。	
		开将来/去。	开来/去。	
	起去	你坐起去。	你坐上来。	"起去"山西话常用，但是普通话不说。
		把椅子扶起去。	把椅子扶起来。	
	A得A	热得热/热了个热	热得很。	普通话"热的热,冷的冷"意思是"有的热有的冷"。
		冷得冷/冷了个冷	冷极了。	
		酸得酸/酸了个酸	酸得很。	
	A＋动儿	来动儿。	来的时候。	普通话说成"动词＋的时候"。
		走动儿。	走的时候。	
		说动儿。	说的时候。	
		吃动儿。	吃的时候。	
	给把	我给把饭做下再走。	我把饭做好再走。	
		我给把书柜收拾咾收拾。	我把书柜收拾下。	
	无动"把"	你把我的作业哩？	你把我的作业放哪了？	普通话必须加动词。
		你把锁子咧？	你把锁放哪了？	
	比较	一年老一年。	一年比一年老。	普通话常用"A 比B＋形容词"句式。
		一回少一回。	一回比一回少。	
		他的口才不胜你。	他的口才不如你。	普通话常用"A 不如B＋形容词"句式。
		我不敌你跑得快。	我不如你跑得快。	

★六★ 成都话

语法项目		成 都 话	普 通 话	说 明
前缀	老～	老汉儿	爸爸	
		老幺	排行最小的	
		老坎	乡下人	
		老弯	对农民的贬称	
后缀	～子	坝子	广场	使用范围比普通话广泛。
		菌子	菌类	
		蜂子	蜜蜂	
		锭子	拳头	
	～儿	裤儿	裤子	
		肚儿	肚子	
		样儿	样子	
		缝缝儿	缝	
	～伙/～些	兄弟伙/些	兄弟们	"伙"或"些"替换为普通话的"们"。
		先生伙/些	先生们	
		妯娌伙/些	妯娌们	
		娃儿伙/些	孩子们	
名词重叠	AA	碗碗	碗	使用范围比普通话广泛。
		葱葱	葱	
		桥桥儿	桥	
		巷巷儿	巷	
	ABB	雨兮兮	雨纷纷	
		沙革革	牙碜	
动词重叠	ABB	打偏偏	站不稳	
		泡酥酥	酥酥脆脆	
		搓夹夹	洗澡	
		打闪闪	没力气	

（续表）

语法项目		成 都 话	普 通 话	说 明
动词重叠	两A两A	两擦两擦	随便擦擦	常可替换为"随便AA"。
		两看两看	随便看看	
	几A几A	几搞几搞	随便搞搞	替换为"快速/随便AA/A几下"。
		几拐几拐	快速拐几下	
	要A要A的	要倒要倒的	快倒了	替换为"快A了"。
		要熟要熟的	快熟了	
	要A不A的	要笑不笑的	似笑非笑的	
		要说不说的	吞吞吐吐的	
	A倒A倒	哭倒哭倒	哭着哭着	替换为"A着A着"。
		看倒看倒	看着看着	
	A起A起	哭起哭起	哭个不停	常可替换为"A个不停"。
		跳起跳起	跳个不停	
	A兮A兮	哭兮哭兮	哭个不停	
		笑兮笑兮	笑个不停	
形容词重叠	ABB	瓜兮兮	傻乎乎	
		冷兮兮	冷飕飕	
		神壳壳	神经质	
		直杠杠	直来直去	
句子	过＋动词	菜过不过炒？	菜用不用炒？	"过"表示方式，普通话说成"用……"，有的"过"可以直接删除。
		孩子是过疼的。	孩子是用来疼爱的。	
		你为什么过乱骂人？	你为什么乱骂人？	
		再不听话我要过打了。	再不听话我要打了。	
	很了	调皮很了。	调皮得很。	替换为"形容词＋得很"。
		大方很了。	大方得很。	
		走很了脚要痛。	走多了脚会疼。	替换为"动词＋多了/得厉害"等。
		怄很了要得病。	气得厉害会生病。	

（续表）

语法项目		成 都 话	普 通 话	说 明
句子	A 不 A＋得 ＋来	写不写得来？	会不会写？	替换为"会不会"。
		唱不唱得来？	会不会唱？	
		说不说得来普通话？	会不会说普通话？	
		穿不穿得来高跟鞋？	会不会穿高跟鞋？	
	起（倒 或倒起） ＋在	挂起在。	挂着呢。	替换为"着呢"或其 变式。
		穿起在。	穿着呢。	
		坐倒板凳上在。	坐在板凳上呢。	
		装倒起米在。	装着米呢。	
	咋个（或 啷个） ＋动＋ 起＋在	咋个搞起在？	怎么搞的呢？	替换为"怎么……的 呢"。
		啷个带起路在？	怎么带路的呢？	
		啷个检查起在？	怎么检查的呢？	
	得不得	他得不得来？	他会不会来？	替换为"会不会、不 会"。
		他得不得不张视我？	他会不会不理我？	
		他不得来。	他不会来。	
		他不得张视我。	他不会理我。	
	得有	你带得有手机莫得？	你带了手机没有？	
		书上写得有字。	书上写了字。	
		锅头还煮得有三个蛋。	锅里还煮着三个蛋。	
		水果头含得有多种维生素。	水果里含有多种维生素。	
	A 到注	辣到注。	辣极了/得受不了。	常可替换为"A极了"。
		饿到注。	饿极了。	
	A 惨了	乖惨了。	乖极了。	
		好听惨了。	好听极了。	
	了嘞嘛	他走了嘞嘛。	他已经走了呀。	普通话用"已经……" 或者反问句式"不是 已经……了嘛"。
		我写了嘞嘛。	我已经写了呀。	
		扫都扫过了嘞嘛。	不是已经扫过了嘛。	
		唱都唱过了嘞嘛。	不是已经唱过了嘛。	

七 福州话

语法项目		福 州 话	普 通 话	说 明
数词	蜀	蜀、两、三/一、二、三	一、二、三	福州话用来表示数字1的，包括"一"和"蜀"两个词，普通话不用"蜀"表数。
		蜀百零一	一百零一	
		蜀斤	一斤	
		蜀只人	一个人	
前缀	依～	依公	爷爷	福州话前缀"依"用在亲属名词前面，带有亲昵的情感色彩，相当于闽南话中的"阿"。
		依爸	爸爸	
		依舅	舅舅	
		依哥	哥哥	
后缀	～团	牛团	牛犊	"团"表示"小"，相当于普通话中的"子"或"儿"。
		摊团	小贩	
		儿团	小孩儿	
		茄团	茄子	
	～头	日头	太阳	后缀"头"的意义不像"团"那样实在，意义基本虚化了。
		腰头	腰围	
		肩头	肩膀	
		饭头	刚开饭的时候	
	～母	老虎母	大老虎	专用在动物名词后面，"母"表示雌性，"角"表示雄性，但是并不是一一对应，如母羊叫作"羊母"，公羊却叫作"羊牯"。
		石头母	大石头	
		牛母	母牛	
		鸡母	母鸡	
	～角	猪角	公猪	
		鸡角	公鸡	
名词重叠	AAB	酒酒气	酒气	
		圆圆圈	圆圈	
	ABB	四角角	四角	
	AABB	四四角角	四角	

普通话与幼儿口语表达

（续表）

语法项目		福 州 话	普 通 话	说　明
动词重叠	AA	钩钩	钩儿/钩一钩	福州话动词重叠之后不仅可以表示动作的短暂，还可以将动词变成名词。
		扒扒	扒子/扒一扒	
		塞塞	塞子/塞一塞	
		凿凿	凿子/凿一凿	
	AAB	敢敢做	很敢干	
		会会食	很能吃	
形容词重叠	AAB	朴朴素	朴素	
		生生动	生动	
	ABB	舒畅畅	舒畅	
		妥当当	妥当	
词序	名词	钱纸	纸钱	
		巴哑	哑巴	
	动词	弃嫌	嫌弃	
		起早	早起	
	形容词	闹热	热闹	
		强勉	勉强	
数量表达	相连十进制	操场有百一人。	操场上有一百一十人。	注意普通话不可以省略。
		我俗有万一银的存款。	我还有一万一千元的存款。	
	量词+数词	鱼我买斤二。	鱼我买一斤二两。	
		即块布有丈六长。	这块布有一丈六尺长。	
句子	倒置	即碗饭我食无了。	这碗饭我没吃完。	
		即本册我野看未了。	这本书我还没看完。	
		厝里拼无清气。	屋里没打扫干净。	
		物件则多,我食会饱。	东西这么多,我可以吃得饱。	
	动补	看有食无。	看得见可吃不上。	
		下昼我食无饭。	中午我吃不上饭。	

(续表)

语法项目		福州话	普通话	说　明
句子	动补	下昏食有饱。	晚上吃饱了。	
		碗著洗无清气。	碗筷没洗干净。/碗筷洗不干净。	
	有/无	涂骹扫其（伊）清气。	地板扫干净点。	普通话谓语动词前不用"有/无"。
		伊有来。	他来了。/他来过。/他已经来了。	
		你无来上课。	你没来上课。	
		即款布做衫真有穿。	这种布做的衣服很耐穿。	"有/无"表程度，普通话没有这种表达。
		秫米真无煮。	糯米煮的饭出饭量少。	
	比较	我勇你。	我比你健康。	普通话常用"A比B＋形容词"句式。
		即领水迄领。	这件（衣服）比那件（衣服）漂亮。	
		一个较好一个。	一个比一个好。	
		坐飞机较紧坐火车。	乘飞机比乘火车快。	
	处置	伊将大门关起来。	他把大门关起来。	
		伊将大门共伊关起来。	他把大门关起来。/他将大门关起来。	
		小王将即本册共伊拆破。	小王把这本书撕破。	
		你将即碗饭共伊食了好怀。	你把这碗饭吃完好吗？	
	被动	鱼互猫仔食去。	鱼被猫儿吃光了。	"互"相当于普通话里的"被"字。
		钱互剪纽仔偷去咯。	钱被小偷偷走了。	
		鱼猫仔食去。	鱼被猫儿吃光了。	
		钱剪纽仔偷去咯。	钱被小偷偷走了。	
	一＋半＋量（名）	你佫一半日则来。	你过两三天再来。	
		册架伸一半本册。	书架上剩下两三本书了。	
		操场野有一半个人咧运动。	操场上还有两三个人在运动。	

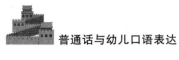

八 广州话

语法项目		广 州 话	普 通 话	说 明
量词	啖	一啖水	一口水	
		一啖饭	一口饭	
	笃	一笃痰	一泡痰	
		一笃屎	一泡屎	
	旧	一旧猪肉	一块猪肉	
		一旧石头	一块石头	
	执	一执毛	一撮毛	
		一执米	一撮米	
	辘	一辘棍	一节/段棍	
		一辘竹	一节/段/支竹	
	单	一单生意	一起/桩生意	
		一单事故	一起/桩事故	
	眼	一眼钉	一根/个钉	
		一眼针	一根/个针	
	班	一班人	一伙/帮人	
		一班牲口	一伙/帮牲口	
前缀	阿	阿大、阿二、阿三	老大、老二、老三	表示年龄排行。
		阿红、阿华、阿强	(小)红、(小)华、(小)强	例如普通话称"林宝强"为"宝强"。
		阿爷、阿嫲、阿公、阿婆	爷爷、奶奶、外公、外婆	
		阿伯、阿婆	老爷爷、老奶奶	对老年男性和女性的尊称。
后缀	～仔	靓仔	帅哥	"仔"本义是儿子,作为后缀相当于"小的、年轻的人和物",如"刀仔"是小刀、"艇仔"是小船。
		傻仔	傻瓜	
		华仔	(小)华	
		杰仔	(小)杰	

（续表）

语法项目		广　州　话	普　通　话	说　　　明
后缀	～佬	飞发佬	理发师	
		收买佬	收破烂的人	
		乞食佬	乞丐	
		拐子佬	人贩子	
	～婆	煮饭婆	做饭的妇女	广州话使用范围比普通话大得多。
		卖菜婆	卖菜的妇女	
		黄脸婆	黄脸婆	
		媒婆	媒婆	
	～妹	高妹	高个子女生	
		肥妹	胖女孩	
		靓妹	美女	
		学生妹	女学生	
	～女	靓女	美女	
		好女	好女孩	
		衰女	坏女孩	
		傻女	傻姑娘	
名词重叠	ABB	头光光	光秃秃	广州话中重叠词的使用范围比普通话大得多。
		眼碌碌	大眼瞪小眼	
		声大大	唱高调	
		骨杉杉	皮包骨	
		顶呱呱	顶呱呱	
动词重叠	AA下	谂谂下	想着想着	相当于普通话中的"A着A着"。
		讲讲下	说着说着	
		做做下	做着做着	
	AA贡	跳跳贡	跳来跳去	相当于普通话中的"A来A去"。
		郁郁贡	动来动去	
		行行贡	走来走去	

（续表）

语法项目		广 州 话	普 通 话	说　　明
动词重叠	AAB	加加热	加热	普通话基本没有这类表达。
		剁剁碎	剁碎	
		洗洗净	洗净	
	A下A下	跛下跛下	一瘸一瘸的	普通话没有这类重叠形式。
		跳下跳下	一蹦一跳的	
		行下行下	走着走着	
形容词重叠	AA哋	肥肥哋	胖胖的	
		怪怪哋	怪怪的	
		懵懵哋	稀里糊涂的	
	AAB	湿湿碎	小意思	
		禽禽青	匆匆忙忙	
		立立乱	乱糟糟	
句子	副词"先"	你行先。	你先走。	
		我去先。	我先去。	
	比较	我高过你。	我比你高。	普通话常用"A比B＋形容词"句式。
		我快过你。	我比你快。	
		我高（过）你一个头。	我比你高一个头。	
		我快（过）你三秒钟。	我比你快三秒钟。	
	是非问	太阳出来未？	太阳出来没有？	
		你想走咩？	你想走吗？	
		你有冇哥哥？	你有没有哥哥？	
	特指问	边个系医生？	谁是医生？	广州话与普通话疑问词不同。
		乜嘢事？	什么事？	
		点解你会迟到？	为什么你会迟到？	
		苹果几（多）钱一斤？	苹果多少钱一斤？	
	被动	我个钱包畀人偷咗。	我的钱包被偷了。	"畀"相当于普通话里的"被"字。
		苹果畀我吃咗。	苹果被我吃了。	

（续表）

语法项目		广 州 话	普 通 话	说 明
句子	处置	我将本书还畀老师啦。	我把书还给老师了。	"将"相当于普通话里的"把"字。
		风将树枝吹断咗。	风把树枝吹断了。	
		麻烦你打开个箱吓。	麻烦你把箱子打开。	
		我打烂咗佢个碗。	我把他的碗打破了。	
	双宾语	畀支笔我。	给我支笔。	广州话指物宾语在前,指人宾语在后,普通话相反。
		递对筷子畀我。	给我递双筷子。	
	有/冇	我有去过桂林。	我去过桂林。	"有冇"相当于普通话里的"有没有"。
		我冇去过桂林。	我没去过桂林。	
		你有冇去过桂林?	你有没有/去没去过桂林?	
	选择问	你去定系唔去?	你去还是不去?	"唔""定系"分别相当于普通话的"不"和"还是"。
		你识唔识佢?	你认不认识他?	

第四章　普通话表达

Dì sì zhāng　pǔ tōng huà biǎo dá

第一节　朗　诵

有一句戏曲谚语叫"千斤白，四两唱"，"白"是指戏曲表演中念白的部分，这个谚语强调了念白在整个戏曲表演中的重要性。在话剧表演现场，无需字幕，观众也能凭借演员字正腔圆、情绪饱满、传神有力的台词来理解剧情。和戏曲、话剧一样，朗诵也是一门语言表演艺术。语言的轻重缓急、高低快慢、错落有致、一张一弛影响着情感的传递和最终交际的效果。学习朗诵有助于体会语言的韵律感、节奏感，感受语言表达的魅力。

一　区分朗诵和朗读

朗诵实质上是一种语音形式的表演，因此朗诵者的身份定位为表演者，而不是日常生活中的故事讲述者，需要结合手势、眼神等体态语描述故事画面，帮助观众理解作品的情感世界。朗诵多用于参加比赛、文艺汇演、晚会等正式场合，甚至对着装礼仪有较高要求，风格偏向戏剧化，情感饱满且有一定夸张。朗诵的要求要高于朗读，是一种特定场合下对语言、着装和流程均有要求的艺术表现形式，在语言上尤其要注意规范表达。下面以表格的形式说明朗诵和朗读的区别。

表 1　朗诵与朗读的区别

	朗　诵	朗　读
体　裁	以诗歌、散文为主	体裁不限
声　音	风格化、个性化、戏剧化	自然化、本色化、生活化
语　言	标准普通话，不允许方言	普通话，允许方言
体态语	站姿，有手势、表情的配合	无明确要求
应用范围	文艺表演、比赛等	语文教学等
表达形式	背出来	读出来
小　结	朗诵的要求高于朗读	

二　走近朗诵

从字面上可将朗诵一分为二的理解为："朗"要求声音清晰、响亮；"诵"要求脱离文本背

148

出来。朗诵就是用清晰、响亮的声音,结合各种语言、神态、手势等手段来完整地表达作品思想感情的一种语言表演艺术。成为小小朗诵家的引路人,首先要求表达规范,字正腔圆;其次,除了语音标准外,还需要一定的技巧和方法,把平铺在纸上的文字勾勒出画面,即需要声情并茂、绘声绘色,通过语言带领观众遨游在作者的情感世界;第三,需要在日常生活中和幼儿经常一起练习,不断积累提升朗诵能力。

走近朗诵,一方面要感同身受、用心读文,另一方面要做文字的形象"画匠",以情发声。下面以余光中《乡愁》这首诗为例,在反复诵读中体会作者的感情。

正文示范	**乡　愁** 余光中 小时候 乡愁是一枚小小的邮票 我在这头 母亲在那头 长大后 乡愁是一张窄窄的船票 我在这头 新娘在那头 后来啊 乡愁是一方矮矮的坟墓 我在外头 母亲在里头 而现在 乡愁是一湾浅浅的海峡 我在这头 大陆在那头 一九七二年一月二十一日	幼年时,"儿子"与"母亲"——读寄宿学校时的思母之情。 成年时,"丈夫"与"新娘"——赴美留学时的思妻之情。 老年时,"生"与"死"——对母亲离世的怀念之情。 现今,"游子"与"祖国"——对祖国大陆的思乡之情。
作品赏析	诗的结构为四段,16句,分别有四个时间点:"小时候""长大后""后来""现在"。"邮票""船票""坟墓""海峡"分别对应作者的幼年、成年、老年、现今对家乡的思念之情。诗歌的排比句式,也使得朗诵具有节奏感和韵律感,在朗诵时用和缓低沉的语气表达思乡之情,用前后降升的语调突出相隔两岸的离别之愁。明确诗歌的段落与节奏,有利于进行停顿、轻重音、语调语速的选择,在不同时期表达其相应的思乡之情。	
作品延伸	《乡愁》不仅有着结构和韵律上的艺术之美,更因其对故乡恋恋不舍的情怀和对中华民族早日统一的期待而有着情感之美。《乡愁》有四段,但大多数人不知道的是,2011年12月11日余光中先生在大学讲学时,曾在千余学生面前亲自朗读了自己为《乡愁》续写的第5段。 而未来 乡愁是一道长长的桥梁 你来这头 我去那头 这一段描绘出了乡愁化作往来的桥梁,将海峡两岸紧密联系在一起、共同繁荣发展的愿景,诗人对两岸统一的心愿和信心,在这一段得到了表达。	

149

　　再以下面这首诗歌为例,体会语言表达的技巧与艺术,做文字的"画匠",体会赛里木湖之美。

| 正文示范 | 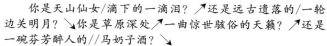

赛 里 木 湖
逸 野
　　你是天山仙女/滴下的一滴泪?↗还是远古遗落的/一轮边关明月?↘你是草原深处/一曲惊世骇俗的天籁?↗还是一碗芬芳醉人的//马奶子酒?
　　赛里木,万里湛蓝的碧空下,逶迤连绵的群山中,面对茫茫苍穹,↗巍巍雪山,你就那样静静地,静静地微笑;用你的澄澈,映衬/高山流云,森林山脉;用你的甘露,滋养/大地鲜花,牧人牛羊。
　　赛里木,哈萨克人说那是"祝愿",蒙古人说那是"山脊上的湖"。第一次听到你的名字,我却是浑然不知;连忙查阅你的出处,这/才了解:你是新疆海拔最高,面积最大的高山湖,多少年来一直深藏在/天山西部。
　　我,曾经走过很多地方,见过很多湖泊,却没有哪一个,能比得上你的蓝。你的蓝是纯粹的、纤尘不染。你蓝得令人宁静,令人沸腾;你蓝得令人幸福,令人忧伤!
　　"西来之异境,↗世外之灵壤↘","四山吞浩森,↗一碧拭空明↘"。赛里木,无数的文人墨客,为你写下了无数赞美的诗行,但当我真正站在你面前的时候,却忽然觉得:所有的赞美/都是那样的苍白无力。
　　赛里木,在你的面前,天空雪山/是干净的,草原骏马/是干净的,天鹅的羽毛/是干净的,我的泪水是干净的。
　　赛里木,你是静静的惊心动魄的美,你是深深的万古不变的蓝!赛里木,//你是梦里的湖,你是天上的湖啊! | hài
惊世骇俗
·
lài
天籁
·
zi
马奶子酒
·
zhàn
湛 蓝
·
wēiyí
逶 迤连绵
· ·
jǐ
山脊
·
xiān
纤 尘不染
·
rǎng
灵 壤
·
miǎo
浩 森
·
jùn
骏马
· |
| 作品赏析 | 《赛里木湖》的句式特点是多使用排比句,且句子内部有相对的修饰词,可以分别用重读和轻读的方式体现节奏感,传递出赛里木湖的恢弘气势和娴静柔美之感,在朗读时在对比之处可重读与轻读交错使用。在文中可在非标点符号停顿处使用强调停顿。文中连续的疑问句可使用升调,最后的选择句读降调,突出高低错落之感。 | |

⭐ 三　朗诵的技巧

　　一位吝啬的财主想给他的孩子请一位私塾先生,当问到私塾先生的伙食要求时,先生只写了这样一句话:"无鸡鸭也可无鱼肉也可青菜一盘足矣。"财主理解为:"无鸡鸭也可,无鱼肉也可,青菜一盘足矣。"于是他就聘请了这位先生。第二天,当先生看到桌上只有一盘青菜时勃然大怒,他拿了文书去找财主理论。财主说:"明明你说的是没有鸡鸭可以,没有鱼肉也可以,只要一盘青菜就足够了。现在你怎么不守诺言呢?"读了上面的笑话,想一想:私塾先生的原意是什么呢,该如何停顿呢?

　　私塾先生的原意是:"无鸡,鸭也可;无鱼,肉也可;青菜一盘。足矣。"在日常交流中,语速过缓,没有起伏,会让人觉得乏味甚至想打瞌睡,以致漏掉了重要信息。停顿不当、重音不当还会造成像以上私塾先生和财主之间的误会,可见在语言表达中停顿的重要性。在朗诵中,停连、语速、语气、重音就如同是朗诵表演的催化剂,起到强化感情、正确表达语意的作用,让平淡的语句活跃起来。

1. 什么是胸腹式呼吸法?

人的呼吸方式主要有三种:胸式呼吸、腹式呼吸、胸腹式呼吸。胸腹式呼吸方式,指的是胸腹部联合呼吸,全面扩张胸腔和腹腔的容积,吸气量大,也具有一定的厚度,容易产生坚实明亮的音色。这种呼吸方式较前两种有明显的优势,经过一定的控制训练,可以产生比较充足的气流,使朗诵达到较为理想的声音状态。常用训练方式如:

(1)闻花式:在面前放一束香味浓郁的鲜花,集中注意力,用鼻子慢慢地吸入香气,感受气体从鼻腔经过胸腔到腹部的过程,然后再缓缓呼出。注意"吸—控—呼"的节奏。

(2)吹蜡烛:练习使气息平稳,观察如何保持火苗稳定不动,体会说话时呼气的过程。

(3)吹纸:准备一张面巾纸,平铺放在墙上,保持能够让纸张贴在墙上的气息力度,均匀呼气,每次持续10秒钟。

(4)练习发长音"嘶—",给自己定一个小目标,尝试每日延长一秒。

2. "丹田"在哪儿?

俗话所说的"底气"就是丹田气。丹田在肚脐下方三指的位置,只有让小腹、两肋、后腰那一圈充足了气息,将横膈膜下沉,使两肋和小腹撑起来,让后背、后腰全部撑开,才能实现加大肺活量、底气充足的目的。注意下面这段话,体会气从丹田的发声。

雷声轰响,波浪在愤怒的飞沫中呼啸着,跟狂风争鸣。看吧,狂风紧紧抱起一堆巨浪,恶狠狠地扔到峭崖上,把这大块的翡翠摔成尘雾和水沫。

3. 如何理解"人本身是乐器,同时也是乐器的演奏者"?

人在发声时,声带发出的声音只占5%,共鸣腔会将声音放大与美化,好比喇叭等乐器,会把声音扩大至几倍。人的共鸣腔是更为复杂的"乐器"。同时,人本身就是这个复杂乐器的演奏者,表达出的声音更加多元动听。共鸣腔的重要性不言而喻。在朗诵时,涉及对话中不同人物的切换,或者不同的主题选取不同的语气、语调、节奏、音量都需要共鸣器的协调。

表 2　不同部位的发音技巧

类别	位　置	发音特点	发　音　方　法	例　句
头腔	头颅上半部	明亮、高亢,有穿透力	气息冲击眉心的点,用哼鸣来感受。	像是孙悟空的声音:"吃俺老孙一棒!"
口腔	舌部、咽喉部	圆润、饱满	类似"半打哈欠"的状态,不要 V 式张嘴,要 O 式张嘴。	像是猪八戒的声音:"师父是草灯做的,风一刮就跑了。"
鼻腔	鼻子	鼻音,柔、亮,不费力	用拇指和食指轻轻捏住鼻腔后说话,感受气流从鼻腔通过时受阻的情形。	王后经常问魔镜:"魔镜啊魔镜,快告诉我,谁是这个世界上最美丽的女人?"
胸腔	胸部肋骨内	浑厚、宽广、深沉	使气息在胸腔内环绕冲击,双手放在胸前,用较低的声音发出"a"音,感受声音的振动。	像是如来佛的声音:"第一是灵明石猴,通变化,识天时,知地利,移星换斗。"

练习体会《海燕》中共鸣腔的运用。

<table>
<tr><td>

海 燕
高尔基

海燕

　　在苍茫的大海上，狂风卷集着乌云。在乌云和大海之间，海燕像黑色的闪电，在高傲地飞翔。

　　一会儿翅膀碰着海浪，一会儿箭一般地直冲向乌云，它叫喊着，——就在这鸟儿勇敢的叫喊声里，乌云听出了欢乐。

　　在这叫喊声里——充满着对暴风雨的渴望！在这叫喊声里，乌云听出了愤怒的力量、热情的火焰和胜利的信心。

　　海鸥在暴风雨到来之前呻吟着，——呻吟着，它们在大海上飞窜，想把自己对暴风雨的恐惧，掩藏到大海深处。

　　海鸭也在呻吟着，——它们这些海鸭呀，享受不了生活的战斗的欢乐：轰隆隆的雷声就把它们吓坏了。

　　蠢笨的企鹅，胆怯地把肥胖的身体躲藏到悬崖底下……只有那高傲的海燕，勇敢地、自由自在地，在泛起白沫的大海上飞翔！

　　乌云越来越暗，越来越低，向海面直压下来，而波浪一边歌唱，一边冲向高空，去迎接那雷声。

　　雷声轰响，波浪在愤怒的飞沫中呼啸着，跟狂风争鸣。看吧，狂风紧紧抱起一堆巨浪，恶狠狠地扔到悬崖上，把这大块的翡翠摔成尘雾和碎末。

　　海燕叫喊着，飞翔着，像黑色的闪电，箭一般地穿过乌云，翅膀掠起波浪的飞沫。

　　看吧，它飞舞着像个精灵——高傲的、黑色的暴风雨的精灵。——它一边大笑，一边高叫……它笑那些乌云，它为欢乐而高叫！

　　这个敏感的精灵，从雷声的震怒里早就听出困乏，它深信乌云遮不住太阳，——是的，遮不住的！

　　风在狂吼……雷在轰鸣……

　　一堆堆的乌云像青色的火焰，在无底的大海上燃烧。大海抓住金箭似的闪电，把它熄灭在自己的深渊里。闪电的影子，像一条条火蛇，在大海里蜿蜒游动，一晃就消失了。

　　——暴风雨！暴风雨就要来啦！

　　这是勇敢的海燕，在闪电之间，在怒吼的大海上高傲地飞翔。这是胜利的预言家在叫喊：

　　——让暴风雨来得更猛烈些吧！

</td><td>

对海鸥、海鸭、企鹅的描写，读出蔑视、嘲讽的语气，使用鼻音共鸣。

情绪饱满，使用口腔共鸣。为后文胸腔共鸣做铺垫。

高亢，有穿透力，使用头腔共鸣。

深沉、宽广，使用胸腔共鸣。

</td></tr>
</table>

4. 你会发"枣核音"吗

　　有个人去买鸡排，对老板说："老板，鸡排别太辣哈！"十分钟之后，老板拿着鸡排对她说："来，你的变态辣鸡排！"

　　有些方言区的人"别太辣"和"变态辣"中"别 bié"和"变 biàn"的误读是韵腹不标准和归音不到位造成的。"吐字归音"是我国传统说唱理论中提及咬字方法时所用的一个术语。它经过几代人的实践、研究，从汉语音节结构特点出发，把汉语一个音节的发音过程分为字头、字腹、字尾三个阶段。诵读中要求出字清晰、立字饱满、归音到位。根据汉语音节的结构特点，对照传统说唱艺术中字头、字腹、字尾的分类规律，将普通话字音的声、韵母与字头、字腹、字尾相对应，以"电"字为例，如下所示：

　　字头——声母加韵头（介音）：di

　　字腹——韵腹，即韵母中的主要元音：à

　　字尾——韵尾：n

在朗诵中,一个音节的发音过程要有头有尾,形成一个完整的"枣核"形状,以此求得字正腔圆的效果。"枣核"形是以声母、韵尾各为一端,韵腹为核心,如上面"电"的发音过程。

其实,吐字归音的练习,就是通常说的磨炼"口齿",这里的口齿,最主要的就是"舌头和嘴唇"这两个发音部位。下面两个活动操可供练习。

(1)双唇活动操

喷——双唇紧闭,阻住气流,突然放开爆发 p 音。

撮——双唇紧闭,撮起,嘴角后拉交替进行。

撇——唇撮起用力向左、右歪,交替进行。

绕——双唇紧闭,左绕一圈,右绕一圈,交替进行。

(2)舌头活动操

弹——力量集中于舌尖,抵住上齿龈,阻住气流,突然打开,爆发 t 音。

咳——咧唇,舌根抵软硬腭交界处,阻住气流,突然打开,爆发 k 音。

顶——闭唇,用舌尖顶左右内颊,交替进行。

绕——闭唇,用舌尖在唇齿间左右环绕,交替进行。

【绕口令大挑战】

① 小冰爱吃苹果饼,小平爱吃冰淇淋。(p、b)

② 这是蚕,那是蝉,蚕常在叶里藏,蝉常在林里唱。(c、ch)

③ 四和十,十和四,十四和四十,四十和十四。(s、sh)

④ 刘奶奶卖牛奶,牛奶奶想喝牛奶,牛奶奶拦下刘奶奶买牛奶。(n、l)

⑤ 红饭碗,黄饭碗。红饭碗盛满饭碗,黄饭碗盛半饭碗。黄饭碗添半饭碗,就像红饭碗一样满饭碗。(f、h)

⑥ 树上一只鸟,地上一只猫。地上的猫想咬树上的鸟,树上的鸟想啄猫的毛。(ao、iao)

5.重音、停连、语速——朗诵表演的催化剂

重音。朗诵作品在表露某种思想感情、达到某种具体目的的时候,不可能是同等重要的,总有重要些的,有次要些的。那些重要的词语,可以通过声音显出它的重要性。我们把这些在诵读时需要强调的或突出的词语叫作重音。重音有三种类型:语法重音、逻辑重音和感情重音。

一句话在不表示什么特殊的思想感情的情况下,根据语法结构的特点,诵读时把其中某些音节的声音稍稍加重,这就是语法重音。一般来讲,语法重音是有规律可循的。如:

(1)一句话中主语和谓语相比较,习惯上谓语是重音。例如:

秋天来了,天气凉了。

(2)当疑问代词做主语时,习惯上主语为重音。例如:

要说跑步,谁也跑不过然然。

(3)一句话中谓语和宾语相比,习惯上宾语是重音。例如:

弟弟爱吃冰淇淋。

(4)当代词做宾语时,习惯上谓语是重音。例如:

我讨厌你。

(5)一句话的附加成分定语、状语、补语与基本成分主语、谓语、宾语比较,习惯上附加成分为重音。例如:

我特别喜欢扎小辫儿的你。

语法重音不必特别强调,只要与其他部分相比,显得稍微重一点就可以了。那些不受语法限制,而由句子的潜在含义所确定的必须强调的词语,就需要逻辑重音。例如下面同一句话,四个不同的重音,表达的意思就完全不同了。

① 我请你看电影。(谁请你看电影)

② 我请你看电影。(不用你出钱,我请客)

③ 我请你看电影。(我请谁看电影)

④ 我请你看电影。(我请你干什么)

由于朗诵时表达感情的需要,对语句中某些字词加以富有感情色彩的强调,这就是感情重音。感情重音赋予作品感染力和表现力,它使语言色彩丰富,起伏跌宕、真切感人。感情重音大多出现在表现内心节奏强烈、情绪激动的地方。

"奶奶,"小女孩叫道,"噢,你把我带走吧;我知道火柴一点完您就要离开;您将和温暖的火炉、烧鹅、辉煌的大圣诞树一样消失不见。"

停连。"停连"中的"停"指停顿,"连"指连续。停和连是有声语言的"标点符号",它不仅是朗读者、听众心理及生理上的自然要求,也是语义表达的重要手段。常用停连方式有按标点符号停连和在非标点符号处停连。

(1)按标点符号停连。顿号急停紧连;逗号间歇长于顿号;分号、冒号停顿较长;句号、问号、叹号停顿最长。破折号、省略号随语言环境变化伸缩性较大。例如:

大家就随着女教师的手指,齐声轻轻地念起来:"我们——是——中国人;我们——爱——我们的——祖国。"(破折号后停顿的时间最长)

(2)根据语气和表意的需要停连。在没有标点符号的地方,主谓之间、述宾之间、修饰语与中心词之间等,都可以停顿。例如下面这句话,表意停连比标点停顿的时间稍短些,有时甚至是极短暂的。

从前/有个可爱的/小姑娘,谁见了/都喜欢,但最喜欢她的/是她的奶奶,简直是/她要什么/就给她什么。

(3)节拍停连。节拍停连是为了显示语流节奏而处理的停连。在朗诵诗歌时常常运用。例如:

月落/乌啼/霜满天,江枫/渔火/对愁眠。

(4)强调性停连。强调性停连是为了突出语句的重点。例如:

第二天清晨,这个小女孩坐在墙角里,两腮通红,嘴角上带着微笑。她/死了,在旧年的大年夜冻/死了。

上述两处停顿,一字一顿,表达了对小女孩的无比同情,"冻"字后感情延续的停顿,更把作者对不平等社会制度的强烈愤恨之情表现得淋漓尽致,可谓是"此处无声胜有声"。

(5)领属性停连。在并列关系之前,往往有领属性词语;在并列关系之后,往往有总括性词语。在领属性词语之后或总括性词语之前,都有较长时间的停顿,比并列关系之间的停顿要长。例如下面这句话,"他"后停顿比逗号更长。

他/当过营业员,在报社干过记者,做过电工。

语速的快慢是由内容表达的需要决定的,它直接影响表达的效果。语速太快,会导致大脑皮层由兴奋转向抑制;语速太慢,会导致听者的注意力分散。所以,朗诵时要正确地表现各种不同的生活现象和人物不同的思想感情,就必须采取与之相适应的不同的速度。

(1)不同的场面。平静、严肃的场面宜慢读;急剧变化发展的场面宜快读。例如:

慢读：海在我们的脚下沉吟着，诗人一般。那声音仿佛是朦胧的月光和玫瑰的晨雾一般。又像是情人的密语那样芳醇；低低地，轻轻地，像微风拂过琴弦；像落花飘零在水上。海睡熟了。大小的岛拥抱着，偎依着，也静静地恍惚入了梦乡。星星在头上眨着慵懒的眼睑，也像要睡了。

　　快读：海终于愤怒了。它咆哮着，猛烈地冲向岸边袭击过来，冲进了岩石的罅隙里，又拨刺着岩石的壁垒。音响就越大了。战鼓声，金锣声，呐喊声，叫号声，啼哭声，马蹄声，车轮声，机翼声，掺杂在一起，像千军万马混战了起来。

　　（2）不同的心情。沉重、悲痛、缅怀、悼念、失望的心情宜慢读；紧张、焦急、慌乱、热烈、欢畅的心情宜快读。例如：

　　快读：看到奶奶家的屋门敞开着，她感到很奇怪。她一走进屋子就有一种异样的感觉，心中便想："天哪！平常我那么喜欢来奶奶家，今天怎么这样害怕？"她大声叫道："早上好！"，可是没有听到回答。她走到床前拉开帘子，只见奶奶躺在床上，帽子拉得低低的，把脸都遮住了，样子非常奇怪。

　　慢读：第二天清晨，这个小女孩坐在墙角里，两腮通红，嘴上带着微笑。她死了，在旧年的大年夜冻死了。新年的太阳升起来了，照在她小小的尸体上。小女孩坐在那儿，手里还捏着一把烧过了的火柴梗。

　　（3）不同的谈话方式。辩论、吵闹，针锋相对宜快读；闲谈细语，娓娓道来宜慢读。例如：

　　白雪公主把头从窗户里探出来说道："（慢读）我不敢让人进来，因为小矮人们告诫我，任何人来了都不要开门。""（慢读）就随你吧，可是这苹果实在是太漂亮可爱了，我就当作礼物送给你吧。"白雪公主说道："（快读）不，我可不敢要。"老农妇急了："（快读）你这傻孩子，你担心什么？难道这苹果有毒吗？来！你吃一半，我吃一半。"

　　（4）不同的叙述方式。抨击、斥责、控诉、雄辩，宜快读；一般的记叙、说明、追忆，宜慢读。例如：

　　快读：你一定是发疯了！去问问猫吧，他是我所知道的最聪明的动物，你问问他喜不喜欢在水里游泳或者潜到水下面去，因为我不想发表我自己的意见；要不然你就去问问我们的女主人，那位老太太——世界上没有比她更聪明的人了。你想她会喜欢游水，或者让水淹没她的头吗？

　　慢读：年迈的海王有六个美丽的人鱼女儿，最小的那个是她们当中最美丽的，小人鱼公主的皮肤像玫瑰花瓣一样光滑娇嫩，那双蔚蓝色的眼睛就像是最深的湖水。

　　（5）不同的人物性格。年轻、机警、泼辣的人物的言语、动作宜快读；年老、稳重、迟钝的人物的言语、动作宜慢读。例如：

　　快读："但是在水里游泳太快活了，"小鸭子说，"潜到水底，感觉到水淹没你的头，那太舒服了。"

　　慢读："你们吵什么呀？"老太太环顾着房间说，但是她眼睛不大好；因此她看到小鸭子，以为一定是只迷路的肥鸭。"噢，多大的意外收获啊！"她说，"我希望那不是一只公鸭，那么我就有鸭蛋了。我必须等着看看。"

　　朗诵任何一篇文章，都不能自始至终采用一成不变的速度。要根据作者感情的起伏和事件发展变化随时调整诵读速度。在朗诵过程中实现速度的转换是取得朗诵成功的重要一环。

上将与下士		叙述：中速
华盛顿是美国第一任总统。是他领导美国人民为了自由和独立浴血奋战,赶走了统治者。 　　华盛顿是个伟人,但并非后来人所想象的,他专做伟大的事,把不伟大的事留给不伟大的人去做。实际上,他若在你面前,你会觉得他普通得就和你一样,一样的诚实、一样的热情、一样的与人为善。	 上将与下士	叙述加议论：稍快
有一天,他身穿没膝的大衣,独自走出营房。它所遇到的士兵,没一个认出他。在一处,他看到一个下士领着手下的士兵们筑街垒。		叙述：稍慢
"加油!"那个下士对抬着巨大水泥块的士兵们喊着:"一、二,加油!"但是,那下士自己的双手连石块都不碰一下。因为石块很重,士兵们一直没能把它放到位置上。下士又喊:"一、二,加油!"但是士兵们还是不能把石块放到位置上。他们的力气几乎用尽,石块就要滚落下来。		场景描述：快速,稍快
这时,华盛顿已经疾步跑到跟前,用他强劲的臂膀,顶住石块。这一援助很及时,石块终于放到了位置上。士兵们转过身,拥抱华盛顿,表示感谢。		叙述：依次快速、稍快、慢速 对话：稍慢
"你为什么光喊加油而把手插在衣袋里呢?"华盛顿问那下士。		对话：稍慢
"你问我? 难道你看不出我是这里的下士吗?"		对话：稍快
"哦,这倒是!"华盛顿说着,解开大衣纽扣,向这位鼻孔朝天,背着双手的下士露出他的军装。"按衣服看,我就是上将。不过,下次再抬重东西时,你就叫上我!"		对话：稍慢
可以想象,那位下士看到站在自己面前的是华盛顿本人,是多么羞愧,但至此他也才真正懂得:伟人之所以伟大,就在于他绝不做逼人尊重的人所做出的那种倒人胃口的蠢事。		议论、评述：慢速、稍慢

　　注意,读得快时,要特别注意吐字的清晰,不能为了读得快而含混不清,甚至"吃字";读得慢时,要特别注意声音的明朗实在,不能因为读得慢而显得疲疲沓沓,松松垮垮。总之,在掌握朗读的速度时要做到"快而不乱,慢而不拖"。

　　6.节奏——朗诵的生命

　　节奏是语言的一种重要属性,是语速的具体体现与运用,它是指诵读语流在抑扬顿挫、轻重缓急的声音运动中出现的时快时慢、时紧时松的方式。节奏的快慢造成语言的音乐性,增强语言的表达效果。节奏的成因在于思想感情的运动状态,没有运动着的思想感情,就不可能产生有声语言的节奏。因此,立足于作品的全篇和整体,是节奏的基本要求。

　　在诵读作品时,笼统和单一是最容易出现的毛病,也是运用节奏的大忌。因此,诵读时一定要注意节奏的过渡转换。节奏转换的方法是多种多样的,常见的转换方法有"欲扬先抑,欲抑先扬""欲快先慢,欲慢先快""欲重先轻,欲轻先重"三种形式。

　　(1)欲扬先抑,欲抑先扬。为了凸显主要部分的"扬",次要部分就要先"抑",反之亦然。例如:

　　(平起)三年前在南京我住的地方有一道后门,(抑)每晚我打开后门,便看见一个静寂的夜。(渐扬)下面是一片菜园,上面是星群密布的蓝天。(略抑)星光在我们的肉眼里虽然微小,(更扬)然而它使我们觉得光明无处不在。(平而略抑)那时候我正在读一些天文学的书,也认得一些星星,好像它们就是我的朋友,它们常常在和我谈话一样。(《繁星》)

　　(2)欲快先慢,欲慢先快。为了用较快的语速表现急促、紧张的情势或迫切的心情,前后次要的语句就应该处理得慢一些,舒缓一些。反之亦然。

(中速)等他们走后,我惊慌失措地发现,再也找不到回家的那条孤寂的小道了。(渐快)像只无头的苍蝇,我到处乱钻,衣裤上挂满了芒刺。(稍快)太阳已经落山,而此时此刻,家里一定开始吃晚餐了,双亲正盼着我回家……(渐慢)想着想着,我不由背靠着一棵树,伤心地呜呜大哭起来……《迷途笛音》)

(3)欲轻先重,欲重先轻。轻重变化,可以包括虚实变化。声音有轻重之分,轻到一定限度就会转化为半实半虚的声音。欲轻先重,欲重先轻,能够形成轻重相间、虚实相间的节奏感。

(平缓,略轻)由于濒临大海,大涨潮时,汹涌的海水便会排山倒海般地涌入洞中,形成一股湍湍的急流。(略重)据测,每天流入洞内的海水量达三万多吨。奇怪的是,如此大量的海水灌入洞中,却从来没有把洞灌满。(转轻)曾有人怀疑,这个"无底洞",会不会就像石灰岩地区的漏斗、竖井、落水洞一类的地形。(重)然而从 20 世纪 30 年代以来,人们就做了多种努力企图寻找它的出口,却都是(最重)枉费心机。(《神秘的"无底洞"》)

荷塘月色-
安塞腰鼓-
月光曲片段
对比

下面三个文本,可以对比练习。

月光如流水一般,静静地泻在这一片叶子和花上,薄薄的青雾浮起在荷塘里,叶子和花仿佛在牛乳中洗过一样;又像笼着轻纱的梦。虽然是满月,天上却有一层淡淡的云,所以不能朗照;但我以为这恰是到了好处——酣眠固不可少,小睡也别有一番风味的。 ——(《荷塘月色》)	舒缓型节奏,朗读时可采用缓慢而又十分柔和的语调与作品所描绘的意境融为一体。
看!——一捶起来就发狠了,忘情了,没命了!百十个斜背响声的后生,如百十块被强震不断击起的石头,狂舞在你的面前。骤雨一样,是急促的鼓点;旋风一样,是飞扬的流苏;乱蛙一样,是闪射的瞳仁;斗虎一样,是强健的风姿。黄土高原,爆出一场多么壮阔、多么豪放、多么火烈的舞蹈哇——安塞腰鼓! ——(《安塞腰鼓》)	高亢型节奏,语言的编织密不透风,一句紧接着一句,犹如大海的扬波,一浪高过一浪,来势之猛,不可阻挡。
他好像面对着大海,月亮正从水天相接的地方升起来。微波粼粼的海面上,霎时间洒遍了银光,月亮越升越高,穿过一缕一缕轻纱似的微云。忽然,海面上刮起了大风,卷起了巨浪,被月光照得雪亮的浪花一个连一个朝着岸边涌过来…… ——(《月光曲》)	注意节奏的过渡转换。前两句舒展、缓慢,第三句则急促、紧张。

7.体态语——朗诵的最佳拍档

上台是完整的朗诵表演必不可少的一环。可结合下面的上台礼仪顺口溜进行准备和练习。

上台礼仪不要忘,姿势表情和着装。

衣着整洁又得体,挺胸抬头走上场。

三分之一舞台处,鞠躬问候声洪亮,

上扬嘴角保持好,自信微笑显大方。

【表演大挑战】

请结合上台礼仪、站姿、面部表情和手势动作完成下面这首童谣的朗诵。

小　米　粒	
小丽丽不注意	摆手
掉了一粒小米粒	眼睛往下看,手指地下
小米粒生了气	皱眉叉腰
开口批评小丽丽	手指嘴巴,在身前从左到右挥手
农民伯伯为种我	手掌拍胸脯
汗水流了几万滴	双手从头往下抖动
工人叔叔带着我	双手拍胸脯
路上跑了几万里	上下跑步状
你别小看小米粒	摆手
全国娃娃有几亿	从胸前展开
一个娃娃掉一粒	伸右手食指表示"1"
大汽车也拉不起	摆手
丽丽听了脸发红	两根手指指向脸颊
急忙拾起小米粒	手指向下再捡起
小米粒真开心	手指摆八字放在下颌
开口夸奖小丽丽	给出两个大拇指

第二节　讲　故　事

一　讲故事不同于背诵

幼时父母为我们讲的故事,如《孙悟空大闹天宫》《孟母三迁》《司马光砸缸》……仿佛还在耳畔回响,经典故事历经时代也不褪色,仍是亲子阅读的主题。爱听故事是幼儿的天性,幼儿不能长时间集中注意力,他们的思维具有形象性、主观性的特点。讲"爱国"这一名词很抽象,通过讲岳飞精忠报国的故事就更容易让幼儿接受;想要教会幼儿"谦让"这个道理有些难,讲孔融让梨的故事就轻松多了。这些在幼儿阶段接触的美好故事会在长大后产生重要的影响。幼儿会讲故事是自身语言能力、理解能力、分析能力及口语表达的需要,也是提高情商,养成乐于分享、换位思考等好品质的需要。

讲故事是讲和演的结合,是指在理解故事文本的基础上,创造性地运用自己的语言,有重点、有条理地将故事内容叙述出来。它不同于背诵,不是机械地识字点读式地讲,也不是无序地、简单地将知识点串联,是学会用动作、面部表情,必要时还要借助舞台道具更好地表现故事,是一种综合的能力。讲故事和背诵的区别列表如下:

	讲　故　事	背　诵
体　裁	故事	体裁不限
身　份	把自己当作演员	接受检查或主动背诵
声　音	风格化、个性化、生活化	机械性、完整性
语　言	普通话,允许方言	普通话,不允许方言

（续表）

	讲　故　事	背　诵
体态语	站姿,有手势表情的配合	对手势、表情无明确要求
场　合	比赛、娱乐、亲子活动等	语文教学
形　式	表演,注重听众的反应	背出来

二　变声——一人多角

变声,
一人多角

一个故事里往往会出现多个角色,他们各有特点,个性鲜明。讲故事时根据角色个性和所处环境的需要,灵活运用变声可以讲得惟妙惟肖,更加精彩。

1.平声

适用于讲故事时的一般叙述。人物对话以外的部分往往用平声,它最接近故事讲述者的基础音色。练习下面的句子。

① 有一天,阳光火辣辣地照着大地,天气啊,真是热极了。

② 在美丽的小树林里,住着许多聪明机智的小动物,有小白兔、小刺猬、小白象,还有小山羊。

③ 有个老爷爷,开了一家小小的面包店。老爷爷做的面包又香又甜,是全城最好吃的面包。

2.粗声

适用于年迈的角色(如老爷爷),威严的角色(如国王、勇士),体型大、威武雄壮的动物(如狮子、老虎)等。音色特点是深沉、端庄、严肃。练习下面的句子。

① 树爷爷感激地说:"谢谢你,治好了我的感冒。"

② 皇帝:"这正是我最喜欢的衣服,我穿了这件衣服,就可以看出,我的王国里,哪些人是不称职的。"

③ 勇敢的保尔愤怒地说:"偷鸡贼,还我的鸡!"

④ 狮子:"滚开,你这只臭虫,别打扰我睡觉!"

3.细声

细声适用于弱小的或情感细腻的角色,或者用于表现忧郁伤心的状态。音色特点是微弱、细小、温柔的。练习下面的句子。

① 豌豆公主说:"天哪,我说为什么一夜都没有睡好,原来是因为这颗豌豆。"

② 刚出生的小猫柔弱地问:"喵喵,我的妈妈在哪呀?"

③ 月亮伤心地说:"我在天上,你在地下,怎么和我玩呢?"

④ 可怜的小鸡惊慌地说:"狐狸先生,可不可以别吃我呀?"

4.尖声

尖声适用于狐狸、巫婆等邪恶狡猾的人物。音色特点是明亮、高亢、刺耳的。声音位置比细声更靠前一些。练习下面的句子。

① 老巫婆:"公主,你看这个苹果多么娇艳欲滴呀,快吃了吧!"

② 王后说:"镜子镜子,告诉我,世上的女人谁最美丽?"

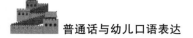

③ 狡猾的狐狸夸张地说："亲爱的乌鸦，您的羽毛真漂亮，麻雀比起您来，可就差远了！您的嗓子真好，谁要听您唱歌，您就唱几句吧！"

5. 鼻声

鼻声适用于特定人物或感冒时的鼻音状态。试着捏住鼻子，练习下面的句子。

① 胡图图："我叫胡图图，今年三岁，我爸爸叫胡英俊，我妈妈叫张小丽。"

② 感冒的小熊："感冒了，可真难受呀！"

6. 气声

气声适用于老婆婆、魔法师等角色。音色特点是微弱、细小、温柔。练习下面的句子。

① 魔法师说："不要害怕，魔法即将出现。"

② 瑟瑟发抖的小猪："那，那可怎么办呀？"

③ 老婆婆虚弱地说："哦，谢谢你们来看我。"

7. 憨声

憨声的适用角色是憨厚的人物，或者熊、猪等动物，具有憨厚、粗犷的音色特点。练习下面的句子。

① 猪八戒说："猴哥，师傅呢？"

② 傻傻的猪："好多好多好吃的呀！"

③ 呆呆的熊说："有那么多牙呢，怎么可能把所有的牙都刷到嘛？"

【演一演】

① 王后经常问魔镜："魔镜啊魔镜，快告诉我，谁是这个世界上最美丽的女人？"

② 狼在心中盘算着："这小东西细皮嫩肉的，味道肯定比那老太婆要好。我要讲究一下策略，让她俩都逃不出我的手心。"

③ 小熊正在得意，忽然叫了起来："哎哟，我的牙怎么这么疼哟？"

④ "人最怕我们老鼠偷吃他们的东西，怎么把个老鼠放在糖纸上？"小老鼠纳闷了。

⑤ 金鱼居然开口说话了，说："我并不是金鱼，我是海里的公主。只要你放我回去，有什么愿望我都会满足你。"

⑥ 巨人鄙夷地瞧了他一眼，说："你还想闯荡世界，快看看你的小个子！你这个可怜的家伙，风一吹就倒的小不点儿！"

⑦ 老大呼呼高兴地对嘟嘟说："盖草房虽然最省力，但是很不结实，以后我要多花力气盖砖房。"

⑧ "啊！原来是你呀，游泳健将。"小公主对青蛙说道，"我在这儿哭，是因为我的金球掉进水潭里去了。"

⑨ "祖母！"小姑娘叫起来，"啊！请把我带走吧！我知道，这火柴一灭掉，您就会不见了，就会像那个温暖的火炉、那只美丽的烤鹅和那棵幸福的圣诞树一样地不见了。"

三 体态语——锦上添花

讲故事时，单纯依靠有声语言不可能充分表达情感信息，这时就需要体态语加以补充、强调。体态语是以姿势、表情、动作等表达情感、传递信息的无声语言，一般作为有声语言的辅助手段，起到锦上添花的作用。当讲故事的听众对象是幼儿时，体态语更加显得重要，可以使幼儿在接受有声语言信息的同时，获取立体的、直观的信息，帮助他们更好地理解故事的内容。举个例子，故事中小白兔生病了，肚子疼。故事讲述者如果仅用语言表达"肚子疼",显然没有加上体态语更传神。如果讲故事时双眉紧皱,表情痛苦,弓起腰背,双手捂住肚子,会起到事半功倍的讲述效果。为幼儿设计体态语要做到以下几点:

1. 把握角色个性

我们要认真分析故事中各角色的个性特征,并启发幼儿理解,不能只是让他们做简单的模拟动作。在此基础上引导幼儿把动作与表情、语调融为一体,协调运用。如讲到"捡起来闻闻,嗯,喷喷香"时,应在讲"闻闻"后,不是边讲边做,双手作拿面包状,同时头略低深吸气作"闻"状,然后眼睛看着观众,夸张地赞叹"嗯,喷喷香"。讲好这句话、做好这个动作的基础就是要让幼儿明白主人公此时的陶醉。如果没有内在感情的驱使,是很难将语气、动作、表情完美地结合在一起的,所以要帮助幼儿尽量理解和掌握角色的个性。

2. 区别于舞台表演

舞蹈主要是通过形体动作去表情达意,戏曲则讲究唱念做打且人物众多,而讲故事是一个人通过有声语言塑造形象,体态语只是辅助手段,所以动作幅度不宜太大,走动范围不宜超过三步,更不能在讲述中跑起来,不要完全蹲下,不要旋转,动作要自然、大方、美观。

体态语既不同于舞台表演,也不是日常生活中的原始动作,是对原始动作进行概括、美化而形成的。如表现"红红的眼睛",可以将头稍向左前方倾斜一点,右手食指在面前约20厘米作指眼状,不要两手食指和拇指围成圈紧贴在眼睛前,这样既不雅观也不符合故事情节。

3. 动作不宜过多

做菜不能没有盐,但放多了也就不可口了,这就是"物极必反"的道理。讲故事时动作运用过多,效果也会适得其反。如有的幼儿讲"有两只小鸭子在水里游"这句话,一连做了三个动作:伸出右手的食指和中指表示两只;两手放在嘴边模仿鸭子嘴,两臂在体侧摆动作游泳状,这显然是太夸张了,失去了强调重点、渲染气氛的意义,反而增加了幼儿讲故事的难度。

总之,体态语的设计要遵循自然、得体、适度、和谐的原则,使其成为有声语言得力的辅助手段,使二者相得益彰。

【演一演】

我是一颗小种子	
我是一颗小种子, 睡在大地里, 大自然是我的家, 春风吹吹我, 春雨抱抱我, 太阳公公叫醒我, 大自然给我阳光、空气和水, 让我生根发芽, 让我长叶开花。	双手指向心口 手掌合十放在脸颊一侧 两个手臂向外伸展 左侧摆动表吹拂 双手交叉表拥抱 抬头向上看,伸懒腰 由低到高,手掌托住脸颊表花朵

【请和幼儿一起做】

1. 手势语的训练

练习一:面对镜子,用掌心向下、手掌与地面距离的远近来表示模拟物体高度。

练习二:面对镜子,两手掌相对并拉开一定的距离模拟物体的宽度、长度。

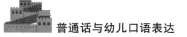

练习三：面对镜子,用两手环抱的样子来呈现模拟物体的粗细。

练习四：面对镜子,练习招手、挥手、摆手、鼓掌、握手、抱拳。

练习五：面对镜子,在胸前、体侧等不同方位练习竖起大拇指。

练习六：面对镜子,在头部侧方位举起食指和中指。

练习七：面对镜子,手掌呈喇叭状放于嘴边悄声说话。

练习八：面对镜子,练习拍桌子、拍脑门、搓手、抓耳挠腮、托腮、抱拳。

2.眼神的训练

在舞台上找到固定的点,逐一和假想的观众对视,扫视,练习用眼神和观众交流。

3.表情的训练

练习一：想象心爱的宠物走丢了,体会难过的心情。可以通过撇嘴、哭泣的方式感受动态变化。

练习二：想象爸妈突然送给你一件你最想要的礼物,表现看到礼物的样子。

四　改编——创新启蒙

幼儿正从模仿语言阶段向运用语言阶段迈进,在常规讲故事的基础上,可以适当鼓励幼儿在不改变故事原文大意的基础上,增删词句或段落,允许幼儿大胆替换词句;或者指导幼儿对故事进行续编,这些都是对幼儿想象力和创造力的启蒙训练。以下几点可以帮助更好的改编故事：

1.改环境：更换故事发生的时间、地点、天气等。环境有了变化,故事的内容就可以随之而改变。

2.改人物：更换故事里的人物,根据人物的特点改写人物的语言和行为。举例来说,男生和女生说话的方式、对待事件的反应可能不一样;大象和老鼠眼中的世界也大不一样。所以,当人物作了更换,故事的情节和内容就很容易有变化了。

3.改观点：故事里的人物所表达的观点影响了故事的情节发展,当某个人物的观点有了变化,整个故事的情节都会产生变化。

请比较《龟兔赛跑》,注意语言的变化。

龟兔赛跑（一）	龟兔赛跑（二）
兔子长着四条腿,一蹦一跳,跑得可快啦。 乌龟也长着四条腿,爬呀,爬呀,爬得真慢。 有一天,兔子碰见乌龟,笑眯眯地说:"小乌龟,咱们来赛跑,看谁先跑到前面那棵大树下,好吗?"乌龟知道兔子在跟他玩笑,没理他。 兔子知道乌龟不敢跟他赛跑,就编了个顺口溜笑话他:"小乌龟,爬爬爬,一早就出门,傍晚还在家。" 乌龟生气了,说:"比就比!" 比赛开始,兔子撒腿就跑,一会儿就跑得很远了。他回头一看,乌龟才爬了一小段路呢。 兔子心想:乌龟敢跟我赛跑,真是天大的笑话!我呀,在这儿睡上一大觉,就算他爬到我前面,我三蹦两跳也能追上他。	兔子长着四条腿,蹦蹦跳跳,跑得可快啦。 乌龟也长着四条腿,爬呀,爬呀,爬得可慢啦。 有一天,兔子碰见乌龟,他得意地说:"小乌龟,咱俩都是四条腿,你敢和我赛跑吗?"乌龟没理他。 兔子知道乌龟不敢跟他赛跑,就笑话他:"小乌龟,爬爬爬,一早就出门,傍晚还在家。" 乌龟一听生气了,说:"比就比,看谁先跑到前面那棵大树下!" 比赛开始了,兔子跑得可真快,一会儿就跑得很远了。他回头一看,都快看不见乌龟了。 兔子心想:乌龟敢跟兔子赛跑,真是天大的笑话!我在这儿美美地睡一觉,让他爬到这儿,不,让他爬到前面去吧,我三蹦两跳就能追上他。

（续表）

龟兔赛跑（一）	龟兔赛跑（二）
"啦啦啦，啦啦啦，胜利准是我的啦!"兔子往地上一躺，不一会儿，真的睡着了。 　　乌龟爬得可真慢，可是他一个劲儿地爬，等他爬到兔子身边，已经累坏了。兔子还在睡觉，乌龟也想休息一会儿，可他知道自己慢，只有坚持爬下去才有可能赢。 　　他不停地往前爬。大树越来越近了……终于到了大树下。 　　兔子还在睡觉呢!等他醒了往后面一看，咦，乌龟怎么不见了?再往前一看，哎呀，不好了!乌龟已经爬到大树底下了。乌龟赢了，兔子输了。	"啦啦啦，啦啦啦，胜利准是我的啦!"兔子把身子往地上一歪，合上眼皮，真的睡着了。 　　再说乌龟，爬得可真慢，可是他一个劲儿地爬，等他爬到兔子身边，已经累坏了。兔子还在睡觉，乌龟也想休息一会儿，可他知道自己跑得没有兔子快，只有坚持爬下去才有可能赢。 　　他不停地往前爬。离大树越来越近……终于到了。 　　兔子还在睡觉呢!等他醒来往后一看，唉，乌龟呢?再往前一看，哎呀，不得了了!乌龟已经爬到大树底下了。兔子急坏了，可他已经输了。

再请比较《新龟兔赛跑（一）》和《新龟兔赛跑（二）》，体会内容的变化。

新龟兔赛跑（一）	新龟兔赛跑（二）
上次比赛结束后，兔子很不服气，决心要和乌龟再比一场，乌龟答应了。 　　他们邀请了大象伯伯当裁判。终点是小河对面大象伯伯家。一声哨响，比赛开始了!兔子像箭一样冲了出去，乌龟跟在后面，努力地向前爬。 　　乌龟被兔子远远地甩在了后面。兔子一边跑一边想：这次我决不睡觉了，哼，哼，我赢定了。 　　兔子很快就跑到了小河边，他扑通一声跳下河。不好，兔子忘了自己不会游泳啦。"救命啊，救命啊!"他在河里直喊救命。幸好大象伯伯赶过来，用长鼻子把兔子救了上来。 　　兔子瘫倒在河边，没力气跑了。他眼睁睁看着乌龟游过了小河，爬到了大象伯伯家。这次比赛乌龟又赢了。	上次比赛后，兔子很不服气，决心要和乌龟再比一场，乌龟答应了。 　　他们邀请了大象伯伯当裁判。终点是小河对面大象伯伯家。一声哨响，比赛开始了!兔子像箭一样冲了出去，乌龟跟在后面，努力地向前爬。 　　乌龟被兔子远远地甩在了后面。兔子一边跑一边想：这次我决不睡觉了，哼，哼，我赢定了。 　　兔子很快跑到了小河边。"糟糕，我不会游泳。"兔子都快急哭了。过了好一会儿，乌龟终于爬到小河边，他对兔子说："我背你过河吧。"兔子红着脸，趴在乌龟背上过了河。 　　兔子不好意思一个人向前跑，他陪乌龟一齐到了终点。大象伯伯宣布，这次比赛兔子和乌龟都是第一名。

五 综合练习

母鸡萝丝去散步

母鸡萝丝去散步

主角	母鸡萝丝、狐狸	作者	［英］佩特・哈群斯
角色特点	安然自得、大摇大摆的母鸡萝丝;蹑手蹑脚、滑稽可笑的狐狸。		

(续表)

关键词	院子、池塘、草堆、磨坊、篱笆、蜂箱	
起因	狐狸想吃母鸡。	
情节	(1) 母鸡穿过农家院子，身后的狐狸扑了上来。可它一脚踩到了钉耙，钉耙一个反弹，狠狠地打到了它的脸上。 (2) 母鸡绕过池塘，狐狸扑了上来，可它扑了一个空，栽到了池塘里。 (3) 母鸡翻过干草垛，狐狸扑了上来，可它一头扎了进去。 (4) 母鸡经过磨坊时脚钩住了一根线，狐狸扑上来时，上头的一袋面粉正好浇了下来。 (5) 母鸡钻过篱笆，狐狸扑了上来，可它跌到了栅栏这边的手推车里。 (6) 母鸡从蜂箱下面走了过去，可那辆手推车载着狐狸撞翻了蜂箱，狐狸被蜜蜂追得抱头鼠窜。	
结局	母鸡安全回家吃晚饭，狐狸被蜜蜂蛰。	
选材原因	(1) 语言简洁，只有七句话，句式结构基本相似。 (2) 内容有趣，故事情节具有预测性。 (3) 可看图说话拓展细节，培养幼儿的想象力和词语组合能力。 (4) 可用于角色扮演，两人即可。	
正文示范	母鸡萝丝↗出门去散步，一只狐狸→发现了萝丝，悄悄→跟在她的身后。 　　萝丝走过院子→，身后的狐狸一跃↗而起↘，却恰好跳到了钉耙上，钉耙打到了狐狸的鼻子↗和脑袋↘。 　　萝丝绕过池塘→，狐狸扑了上来↗，却刚好掉进了池塘里↘。 　　萝丝绕过干草堆→，狐狸紧追不舍，却被埋在了↗草堆里↘。 　　萝丝经过磨坊→，牵引面粉的绳子↗缠绕到了她的腿上。萝丝的脚刚一抬起↗，狐狸就扑上去，面粉坠落，全部↗倒在狐狸的身上。 　　萝丝穿过篱笆→，身后的狐狸却刚好跳到了篱笆旁的拖车↗上。 　　萝丝钻过蜜蜂房→，拖车上的狐狸可就没那么幸运了，拖车撞向了蜜蜂房，一↗大群蜜蜂飞向了狐狸，狐狸吓得↘转身就跑↗。 　　母鸡萝丝安然无恙→，按时回到家吃晚饭↘。	(1) 语气。讲故事时注意母鸡部分的语气和缓，狐狸的语气急促。 (2) 动作。"一跃而起"：示范时双臂张开，向前方跳起。 "扑"：双臂张开，五指向内，向前。 "钻"：俯下身，弯腰。 (3) 表情。"吓得"：眼神向左右转动，再瞪大表示害怕。 "安然"：微笑，抬头，悠闲。
开放思考	(1) 萝丝散步的时候，狐狸始终跟在她的身后，萝丝知道吗？为什么？ (2) 最后狐狸有没有抓到母鸡萝丝？为什么？	

狐假虎威

狐假虎威

主　角	狐狸、老虎	作　者	[元] 黄玠
角色特点	狐狸狡猾、骄傲；老虎愚笨，有好奇心。		

（续表）

关键词	狐狸、老虎、森林、野兔。
起因	一只老虎正在深山老林里转悠,突然发现了一只狐狸,便迅速抓住了它,心想今天的午餐又可以美美地享受一顿了。
情节	(1) 老虎抓住狐狸想吃狐狸。 (2) 狐狸谎称自己是百兽之王。 (3) 老虎不相信,狐狸带老虎走进森林。 (4) 小动物们见到老虎害怕。 (5) 老虎走在后面,狐狸走在前面。 (6) 老虎误以为小动物们是害怕狐狸,而不是自己。
结局	老虎相信了狐狸是百兽之王。

正文示范	有一天,一只老虎正在深山老林里转悠,突然/发现了一只狐狸↗,便迅速抓住了它,心想今天的午餐又可以美美地享受一顿了↘。 　　狐狸生性狡猾,它知道今天被老虎逮住以后,一定不妙,于是/就编出了一个谎言,对老虎说:"我是天帝派到山林中来,当百兽之王的,你要是吃了我,天帝是不会饶恕你的。" 　　老虎对狐狸的话将信将疑,便问:"你说你是百兽之王,有什么证据?"↗ 　　狐狸赶紧说:"你如果不相信我的话,可以随我到山林中去走一走。我让你亲眼看看/百兽多么怕我。" 　　老虎想这倒也是个办法,于是就让狐狸在前面带路,自己跟在后面,一道向山林的深处走去。 　　森林中的野兔↗、山羊↗、花鹿↗、黑熊↘等,远远地看见老虎来了,一个个吓得转身就跑。 　　狐狸洋洋得意地对老虎说:"现在你该看到了,森林中的百兽,有谁不怕我?"老虎并不知道↗,百兽害怕的正是它自己↘,反而↗相信了狐狸的谎言。狐狸不仅没被吃↗,还在百兽面前威风了一回↘。	(1) 语气:狐狸尖声,狡猾高傲,老虎低沉疑惑。↗ ↘ → 表示语调。 (2) 动作。"抓住":左手或右手抬起,做抓住东西的动作。 　　一定不妙:双手在胸前摆手表示不妙。 (3) 表情。"美美地":嘴角上扬,眯眼表示喜悦。 　　"洋洋得意":眉毛上挑,嘴角上扬,摇头晃脑表示骄傲。 　　"威风":双臂张开,振动双臂。
开放思考	1. 你觉得老虎厉害还是狐狸厉害? 2. 动物到底是害怕老虎还是狐狸?	

第三节 复 述

　　随着幼儿教育的多样化,人们越来越重视对幼儿复述能力的培养。幼儿期有意识地培养复述能力,不仅能使幼儿进一步理解接收的内容、提高阅读的水平,还有助于发展幼儿的逻辑思维能力、社会交际能力,同时对于幼儿培养语感、熟悉语脉、积累词汇等都有着不可忽视的作用。

一 幼儿复述能力及特点

复述是指把自己看到的或是听到的,用自己的语言再重新描述一遍。复述需要一定的理解能力和思考能力,同时也需要一定的语言表达能力,要做到讲话清晰,逻辑性强。幼儿的复述能力发展会受到各种因素的影响。

1. 年龄

幼儿的复述能力会在不同的年龄阶段表现出不一样的速度与发展水平。复述能力可以通过图画、音频、视频等方式进行测试。无论哪种表达方式,复述能力在幼儿时期都表现出显著的年龄差异,存在着快速期、转折期和相对稳定期(见图1)。3—5岁是幼儿语言能力发展变化最显著的时期。

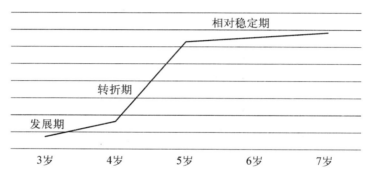

图1 幼儿复述能力发展速度

据国内外多项研究(以3—7岁幼儿为研究对象)发现,6岁幼儿的复述总词汇量显著高于5岁幼儿,5—6岁幼儿复述的故事结构比3—5岁更为完整,同时所包含的事件要素种类也更多。这些结果表明,随着年龄的增长,幼儿复述能力也在随之增长,但在不同的年龄阶段表现出不一样的增长幅度。

2. 性别

通常来说,男性重理性,惯用逻辑思维去对待事物,善于推理、分析、归纳;女性偏向感性思维,善于用直观去感受、理解。幼儿的复述能力也会由于性别的不同表现出差异(见图2)。

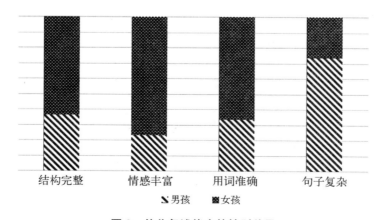

图2 幼儿复述能力的性别差异

第一，女孩所复述的故事结构比男孩更完整，包括了更多的故事结构要素。比如在一个故事中的时间、地点、人物、起因、经过、结果等要素，女孩能够复述出更多的种类，故事的内容更全面。

第二，女孩复述过程中能更好地感知内部情感，也就是说，与男孩相比，女孩的复述中包含了更多的人物身份信息以及人物所表达的情感、愿望等，女孩更容易通过描述去理解人物的职业或所处的环境等，也更容易理解人物的情感，与故事人物共情。

第三，女孩复述时说出的句子和词汇数量更多，而男孩则在句子复杂性上显著优于女孩。同一个故事的复述，女孩更偏于用几个句子、几个词汇来复述，提高复述的准确率；而男孩更偏于用复杂的句子，在一句话中完成复述。

第四，男孩在使用"而且""因为""然后"等连词时正确率高于女孩，这可能是因为男孩在使用复杂性句子时，在对这类词的使用上进行了更多尝试，这也说明女孩在复述时可能以牺牲连词的使用正确率为代价，以简单的句式保证表达的准确性。

以上表现提醒育儿者，在对幼儿进行复述能力训练时要考虑到各种个体差异，在不同的年龄阶段、对不同性别的幼儿进行差别化训练。

二 不同方式对幼儿复述能力的影响

在日常生活中，可以借助各类传媒，运用各种方式对幼儿的复述能力进行较为系统的训练，不同的训练方式也会给幼儿的复述能力带来不一样的影响。[①]

1. 图画

阅读图画的幼儿因为有画面的参照，所以容易在头脑里对画面有一个比较深刻的印象，在讲解故事时也可根据幼儿的反应进行速度的调整，比录音、视频更具灵活性，也更加方便，利于及时的沟通和讨论，因而幼儿对故事情节的把握也会比较准确。不足之处在于，育儿者在讲述时声音的表现性可能会比专业人员差一些，同时对画面的理解具有情感上的主观性，可能会给幼儿带来误导，或者阻碍幼儿更好地理解故事。

2. 录音

对于采用听录音复述故事的幼儿来说，他们可以安静地、集中精力地听取故事内容，没有动画或图像的干扰，可以更加充分发挥幼儿的想象力，在头脑中生成故事的画面；另外，幼儿在复述时也可以模仿录音中讲述故事的声调和表现方式。不足之处是，由于幼儿注意力发展的特点，他们可能比较容易在听取的过程中分散注意力，忽略其中讲述的内容，导致听取的故事不完整，影响复述的呈现。

3. 视频

观看视频的幼儿集合了图画和录音的优点，不仅有形象生动的图画可以参照，还有绘声绘色的配音讲解，观看过程中能够充分调动幼儿参与的积极性。不足之处是，太多的刺激也许会导致幼儿过于活跃，从而分散了吸收故事内容的注意力，更多地被视频的有趣点吸引，导致幼儿在复述故事时表现较差。

在选择幼儿复述的训练方式时，可从较为便利、幼儿更为感兴趣的传媒方式入手，但同时也要注意各个训练方式的优势和不足。例如在观看视频的同时，可以通过提问让孩子的注意力集中于内容之中，也可将以上训练方式相结合，这样不仅可以提高幼儿训练的趣味

---

① 高艳艳，《5～6岁幼儿故事复述能力的研究》，陕西师范大学硕士学位论文，2008年。

性,还能让幼儿适应各类训练,更有积极性。

接下来将以视频为例,并且结合图片与录音的方式,简单说明育儿者在训练幼儿复述能力过程中可进行的不同活动:

在选择复述材料时,可以选取一些篇幅较短、情节有趣并且故事结构完整的动画片,最好是一些幼儿熟悉的题材,同时又对幼儿具有启发性的故事短片,例如《雪孩子》《小猪佩奇》《猫和老鼠》等。或是一些具有故事情节的儿歌,如《小兔子乖乖》《白龙马》《拔萝卜》等。如果是一些较长的动画片,也可以分段让幼儿复述,降低难度。

在幼儿复述的过程中,育儿者也要参与其中,通过一些启发性的提问帮助幼儿建立故事框架。如果有记不起来的情节,还可以和幼儿重复观看视频。要注意倾听,不要随意打断幼儿的讲述。当有重要情节被遗忘或者用词错误时,再进行适当的提醒,引导幼儿顺利完成复述,再对幼儿的复述进行评价与鼓励。

在熟悉故事情节、了解人物形象之后,可以与幼儿一起对故事人物进行讨论:谁是好人?谁是坏人?他为什么是好人?坏人做了什么不好的事?由此给动画片里出现的人物分类。可以让幼儿用一个词来总结人物的特点;育儿者也可将人物形象打印出来制作成卡册,让幼儿在每张图片旁边说上一段话,列举正面人物有什么优点值得学习,或者说说反面人物有哪些缺点以及该如何改正,让幼儿在观看动画片的过程中也能学习人物的美好品质,分辨善恶。

在幼儿能够通顺地复述出故事的主要情节之后,可以提高练习的难度,让幼儿在其他工具的辅助下独立地完成整个故事的复述。例如通过一些人物形象或故事场景的图片提示,让幼儿将这些图画串联成一个完整的故事;或是让幼儿通过音频模仿动画片中故事讲述者的发音与语调,观看静音画面并依据动画片的画面提示给视频配音。这一活动幼儿可与育儿者一起完成,也可以和自己的小伙伴一起完成。将配音记录下来,让幼儿可以随时检查自己的成果,不断对照与改进。

也可以组织幼儿进行动画人物角色表演的游戏,模仿动画片中人物的对话、动作与表情,可以挑选自己喜欢的角色与小伙伴配合。这不仅要求幼儿能够熟记故事内容,还要理解动画人物的情感,使幼儿在游戏的过程中不仅能提高复述能力,也能提高表演技巧以及与他人配合的能力,让幼儿的语言、思维、想象力、记忆力都得到提升。

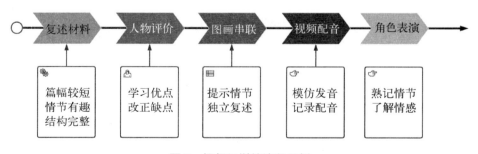

图3 视频组训练流程示例

三 如何更好地提高幼儿复述能力

初步了解幼儿复述训练的基本方式之后,接下来我们应当掌握的是如何提高幼儿复述能力的技巧。人们常说"兴趣是最好的老师",在任何学习的过程中都不应磨灭幼儿的热情与动力,因而掌握幼儿复述能力的训练技巧也是十分重要的,下面以故事复述的形式为例,列举一些提高幼儿复述能力的要点。

1. 系统化的故事

在给幼儿提供复述参考材料时,首先要注意到复述材料的完整性与系统性。故事要有头有尾,情节有逻辑,才能帮助幼儿在复述的过程中形成阅读与讲述的系统思维。因此在选取复述材料时,优先选取的应该是围绕一条主线展开,线索单一,情节或对话多次重复,同时故事的人物形象分明,结尾明快欢乐的故事类型,这样的复述材料才是最适于幼儿去复述的。

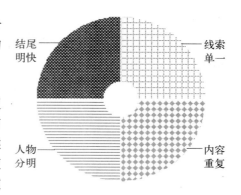

图4　适合幼儿阅读的复述材料

例如我们耳熟能详的《三只小猪》《龟兔赛跑》《乌鸦喝水》等,这类故事往往有三个或以上的角色,故事情节完整,对话重复,有助于幼儿在阅读的过程中对故事情节的记忆,对于复述的训练也更加有效。同样,育儿者也可以随着幼儿复述能力的提高,选择人物更加丰富、情节更为多变、对话更为复杂的故事,例如《丑小鸭》《青蛙王子》《卖火柴的小女孩》等,随着年龄的增加以及语言能力的提高,逐渐提高对幼儿复述训练的难度。

2. 提取故事结构

幼儿普遍喜欢听故事,而且在听过许多故事后,会自发地复述故事、模仿创作故事,这是因为幼儿在听、读、记的基础上,对故事的情节有了一定的了解,同时在脑海中对故事中的人物建立初步的关系结构,开始有意识地利用自己所吸收的结构去模仿并创作新故事,因此育儿者在这一过程中可以积极充当导向者的角色,帮助幼儿更好地理解、复述、再创故事。

在指导幼儿进行复述的初始阶段,可以先列出详细的复述提纲说给幼儿听,待幼儿能熟练借助提纲进行复述之后,逐渐放手让幼儿学会自己提炼故事纲要,从而帮助幼儿形成有条理、线索分明的复述思维。例如前文所提的《三只小猪》,可提取主要情节:三只小猪盖房——大哥草屋、二哥木屋、三弟砖屋——大野狼来了——三弟保护大哥、二哥。通过情节关键词的提示,帮助幼儿进行回忆与复述,后期再让幼儿寻找概括的规律,找到每个情节的关键词,如主要人物、时间起因、故事结果等,不但可以训练幼儿的故事概括能力,也能提高幼儿的故事复述能力。

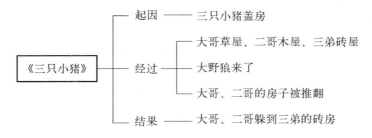

图5　《三只小猪》故事大纲

在幼儿逐渐熟悉故事结构之后,也可鼓励幼儿对所复述的故事进行续写或者改编,例如在《三只小猪》的故事中,假如三兄弟一开始像三弟那样不怕麻烦盖起砖屋,结果会怎么样呢?故事之后三兄弟生活在一起会遇到什么新的困难?这样的训练方式既能锻炼幼儿的讲述能力,同时也能激发幼儿思考;不仅有对故事情节的想象与猜测,同时也能反映出幼儿自身对待事物的态度以及解决问题的能力,对幼儿的复述能力以及创造性思维能力都能起到良好的促进作用。

3.逻辑性提问与开放性讨论

复述过程中,由于词汇的缺乏以及社会经验的缺少,幼儿的复述内容也会存在单调、空乏的特点。可以通过引导提问与开放讨论,让幼儿在复述简单内容时也能不断思考,更好地锻炼幼儿的表达能力。

正确、有理、合乎逻辑的提问方式对幼儿思考的指引起到很大作用,而不合理、不准确、不合乎逻辑的提问方式往往会对幼儿的思考方式起到负面的引导作用,因此在提问时必须要注意问题的逻辑关系。例如,如果提问:在《三只小猪》中大野狼来之后发生了什么事情?幼儿往往只是回答了三只小猪最后遭遇的不同结果,但如果育儿者提问:为什么三只小猪会有不一样的结果?盖砖屋的三弟为什么能够保护好自己?如此就可以引导幼儿去观察到底是什么导致了三只小猪不一样的遭遇,故事所想要传达的核心主题才能够被幼儿注意到,因此在训练过程中要考虑好提问的方式,指引幼儿发现故事的线索,让幼儿能够顺着线索,了解故事的结构,理解故事所传达的内容。

在幼儿完成故事复述之后,也可通过和幼儿的开放性讨论来加深对故事的印象,提高对复述训练的兴趣。可将故事内容与生活实际相结合,如《三只小猪》中为什么猪妈妈让三兄弟自己盖房子?""这件事情之后三兄弟会怎么想?""如果你是三兄弟你会盖什么样的房子?"等等。开放性的讨论能够让幼儿将注意力放在故事内容的重要部分,以此展开讨论能够让育儿者获得幼儿在故事活动中的感受以及幼儿对不同故事内容、不同人物的感知能力,同时也让幼儿有了更多开口表达自我想法的好机会。育儿者也可在故事讲述的过程中,到达某一关键情节或者转折情节时中断讲述,启发幼儿发挥自己的想象力,预想一下接下来的情节,提高幼儿在过程中的参与度和积极性。

幼儿在逻辑性提问和开放性讨论中能够根据育儿者所给的提示,深入了解故事内容,并且发挥自己的思考与想象去表达自己的想法,有利于提高幼儿复述内容的丰富性,同样也有助于幼儿表达能力的进一步提高。

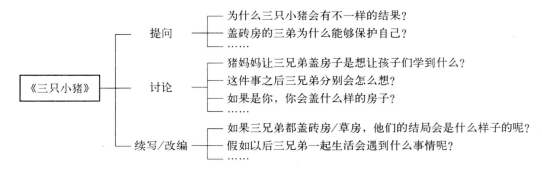

图6 提问与讨论示例

除此之外,育儿者也可通过其他技巧来提高幼儿的复述能力及兴趣,如在故事讲述过程中用有感情、高亢的声音去表现人物情感,也可与幼儿互动表演对话等,在这一表演形式下,能够提高幼儿的情绪,还能让幼儿在表演过程中去理解人物的不同情感,根据自己的认识去表现人物。

不仅是在故事复述中,日常生活中也可通过提问来锻炼幼儿的复述能力,例如:"刚才你跟爷爷聊了些什么?""你还记得昨晚睡觉前爸爸跟你说了什么话吗?""老师今天把你留下来都说了什么话呀?"等等。在幼儿讲述的过程中,育儿者要保持耐心,不打断幼儿的话,当幼儿不愿意继续讲述的时候也不强迫,让幼儿在活动过程中感受到被尊重,同时也能让幼儿保持表达的兴趣与热情,在日积月累中逐渐提高包括复述在内的表达能力。

第四节　交　际

幼儿时期是语言积累和学习表达的基础阶段,也是关键阶段。幼儿的语言是通过在生活中积极主动地运用而发展起来的。本节将以"交际"为主题,让育儿者了解幼儿交际的意义和内容,从而为幼儿创设丰富和谐的人际交往环境,在日常互动中有目的地培养幼儿的交际意愿、沟通和表达技能。

一　幼儿交际及特点

交际是社会生活中必不可少的一部分,在世界联系越来越紧密的今天,交际的重要性越来越显著。随着人们逐渐意识到启蒙教育的重要性,幼儿交际能力的培养也得到了更多的关注。虽说幼儿所处的交际圈较为单纯、范围较小,但尽早培养、提高交际能力能够为日后的学习和生活创造更加便利的条件。同时,提高幼儿的交际积极性,也能让幼儿获得更多机会锻炼表达能力,从而在交际中获得人际关系带来的快乐的同时,提高自己的语言能力。

由于年龄小,语言能力低,百科常识少,在交际的过程中幼儿的语言会有一些不成熟的特点,主要表现在:

1.语音方面

幼儿在表达时常常会出现发音不标准的情况,比如吞音、换音的现象,同时幼儿的音调也会较高,幼儿还会通过改变音高和音调等方式表达自己的交流意图,情绪激动时通过提高自己的音量来引起注意。

2.词汇方面

由于词汇量不足,幼儿在表达时语言简略,往往会选取简单的词汇,所使用的词汇中,具体、形象的词汇多,抽象词汇少,往往会出现近义词汇混淆的情况,比如有的幼儿"海、湖、河、池塘"不分,如果"大海"给他的印象深,看见"河、湖、池塘"等就会统统称为"大海"。再比如炎热的夏天,从外面走进空调房间,有的幼儿会说"冷",实际他想表达的是"凉快"。

3.语法方面

幼儿所掌握的语言知识较少,有许多句式都是无意识地从身边所听到的句子中模仿照搬过来的,所以经常会出现生搬硬套导致句子比较生硬甚至语法错误的情况,例如"房间打扫得很清洁",应当为"房间打扫得很整洁",这是对词性的运用不当所导致的。再如"玩具把哥哥拿走了",应该为"玩具被哥哥拿走了",这是"把/被"字句的混淆而造成的。此外,由于言不达意,幼儿表达时重复较多。有的幼儿在家里听惯了大人之间的日常表达,如"手机递给我""伞给我"这样的祈使句,在幼儿园会对老师说同样的句式,如"球给我""碗给我",就显得缺乏礼貌。

4. 非语言手段

由于语言表达能力低,在交际过程中幼儿经常使用手势或身体动作等非语言手段来传递信息。年龄越小的幼儿,这个特点越明显。比如当幼儿在与他人交际过程中,发现听话者未能理解自己的意思时,常常会一边说"这样……,这样……",一边不停地用手势表达自己的意图。

 ## 二 培养幼儿交际能力的常用方式

1. 日常观察

眼睛是心灵的窗户,特别是对于世间万物都处于好奇阶段的幼儿来说,眼睛更是他们与世界接触的重要途径,因此育儿者要善于在日常生活中为幼儿创造条件,引导幼儿观察日常生活中的百态,使幼儿能够更清晰、更完整地认识事物。

育儿者可以通过上下学等日常活动,引导幼儿观察自然。例如,让幼儿观察住所周围的环境,观察路边各种花草树木的季节变化、行人不同的步履神态等。要引导幼儿使用尽量完整、生动的句子进行表达,比如春天树木发出新芽,可以说"树枝上长出一个个绿芽,像一条条可爱的小毛毛虫";又或者,看到整齐的高楼大厦可以说"一栋栋高楼整齐地排着队",等等,让幼儿充分发挥想象与联想的能力,将日常生活中所观察的各种事物联系起来,提高幼儿口语表达的准确性、丰富性和生动性。

不仅仅是日常生活环境,育儿者还要勤于陪伴幼儿去感受特别的环境,增长见识,开阔视野。例如带幼儿参观植物园、动物园等,让幼儿切实感受到事物的多样性。在植物园时,可以引导幼儿观察植物的生长,让幼儿结合自己在幼儿园所学以及想象,说说不同植物的外形特征,植物的幼苗长大之后会是什么样子,等等;在动物园时,可以引导幼儿观察不同动物的体态及生活方式,比如他们爱吃的食物、生活的环境,等等,同时育儿者也要提供适当的帮助,对幼儿不了解的事物做简单的介绍,提高幼儿参与活动的积极性,并注意在这一过程中给幼儿输入新的词汇,提高幼儿的语言表达水平。

2. 集体活动

首先是社区集体活动。幼儿经常接触的交际对象除了朝夕相处的育儿者,还有年龄相仿的同伴,而他们的人际关系通常是维持在社区这一生活环境下。由于相似的生活环境,幼儿更容易建立起良好的人际关系,作为长辈的育儿者可以通过组织或参加社区各种活动,借此巩固幼儿与同伴之间的友谊,也能锻炼幼儿的交际能力。

育儿者可以在社区内开展各种以锻炼交际能力为目的的活动,让孩子完成"站出来说——和其他小伙伴一起说——独立说——大胆说"这一过程,最后使幼儿熟练掌握交际技巧,能够与他人大方交谈。例如"看谁说得对"比赛,让幼儿在众人面前分享一个自己知道、其他同伴可能不知道的百科小知识,又或者向同伴分享"我喜欢的动物",举行"我是小导游"等活动,这样不仅锻炼了幼儿的语言表达能力和表达自我的勇气,同时也能让幼儿将输入的知识得以输出,加深了对知识的印象,培养了幼儿的总结概括能力。还可以开展一些社区之间的互动活动,如"物物交换"小集市,让幼儿向同伴推销自己的产品,也可以用自己的闲置物品与同伴的闲置物品进行交换,这样不仅能让幼儿养成乐于分享的优秀品质,同时也能通过物品的交换,了解同伴的兴趣爱好,寻找与自己兴趣相投的小伙伴。

其次是联系幼儿关系好的校内同学、校外兴趣班同学,或是亲友同事之间年龄相仿的孩子,可以借助生日聚会、周末郊游等活动,尽量创造机会让他们充分沟通交流,大人还可以密切观察，了解自己孩子的交际愿望和交际能力，随时助推、协调孩子们的交际活动。

人们的生活离不开交际，幼儿的成长也离不开同伴的陪伴，即使有育儿者无微不至的照顾，拥有共同玩乐的同伴更能让幼儿保持幼年的童真，为成长过程增添许多趣味。

3. 角色扮演

游戏是幼儿活动交际最主要的形式，它能为幼儿营造一个和谐、轻松的交际氛围，搭建有效合作、探究的平台，其中角色扮演游戏因具有高度的自由性、趣味性和丰富想象性等特点受到幼儿的喜爱。在游戏活动中，幼儿按照自己的意愿，通过模仿和想象、角色扮演并借助语言、动作、表情，创造性地反映周围现实生活。进行角色扮演游戏除了可以提高幼儿的交际能力，还能帮助幼儿克服自我中心化，做到理解他人的情感和思想，发现自己与他人的不同，帮助幼儿建立良好的同伴关系。

现代家庭基本上都是独生子女，幼儿离校回家后缺少小伙伴，因此家庭应积极创造机会让幼儿参加同学之间、友邻同事子女之间的交往活动。在交往中可以让孩子模拟游戏，掌握同伴之间的交际技能。在游戏开始之前，幼儿通常要与同伴商量好背景条件、各自分配的角色以及游戏规则，这就要求幼儿与同伴进行沟通协商，分工合作，并且互相配合，共同完成任务。这样的交流可以让幼儿掌握一些人与人之间的交往规则，慢慢学会协调矛盾、相互谦让、礼貌待人等交际技能，加深同伴之间的友好关系。

例如在各种扮演交通场景的角色游戏中，幼儿们能够学会遵守交通规则以及帮助年老的爷爷奶奶过马路，在日常生活中遇到类似的情况也能同样遵守秩序、帮助有困难的人；又或者在医生与病人的角色扮演游戏中，幼儿能够学会医生的耐心以及对他人提问的礼貌回答，日后在相似的场景中也能机智、礼貌地应对。

由于幼儿尚小，在游戏过程中仍需要育儿者进行一定的引导与干预。育儿者可以在场外对幼儿的扮演行为适时给予一些合适的建议与评价，推动游戏情节的发展，让游戏内容更加丰富多彩。此外，还可以通过直接参与游戏的方式，扮演游戏中的一个角色与幼儿进行互动，对幼儿的具体游戏行为进行现场指导，有意识地引导幼儿走进自己所期盼的情节发展中。

还有一种特殊的角色扮演游戏，也是在育儿者和幼儿之间进行的。放学回家后，有经验的大人往往会隔三岔五地和幼儿玩上一场"我是老师"的小游戏，让孩子做老师，自己反过来扮演小朋友。在这样的游戏活动中，充当"老师"角色的孩子会不自觉地把幼儿园老师的言行举止模仿得惟妙惟肖，家长可以借机了解老师的教育态度和教育方式。有时，低年龄段幼儿在幼儿园与其他小朋友产生摩擦，回家后家长直接询问，孩子可能说不清楚细节，这时也不妨通过"我是某某某"这样的小游戏来"复盘"白天在幼儿园的事件经过。

三　影响幼儿交际能力的因素

随着语言能力、认知能力的发展，幼儿的交际范围越来越广，而外在的交际环境以及幼儿本身不同的性格，都会对幼儿的交际活动产生影响。育儿者应当根据幼儿发展的特点，把握影响幼儿交际能力的不同因素，让幼儿在成长过程中有良好的交际体验。

1. 丰富、愉悦的交际环境

环境是进行交际活动的重要因素，心理学家罗杰斯曾说"创设良好的教学情景，是保证有效进行教学的重要条件"，家庭教育也不例外。育儿者应当在日常生活中尽量创设幼儿交际活动的环境，让幼儿有更多表达自己的机会，在实践中潜移默化地提高交际能力。同时，育儿者在创设交际活动时也要营造良好的氛围,充分发挥幼儿的想象力,激发好奇心,增强幼儿参与交际活动的热情与兴趣。

比如可以组织幼儿熟悉的同伴一起开展交际活动,准备孩子们喜欢的零食与游戏,让幼儿对交际活动充满期待。在幼儿交际的过程中,育儿者不对幼儿的行为进行过多的干涉,或通过展示幼儿照片等进行互动,让幼儿们各自介绍照片情境以及自己当时的心情,既丰富了幼儿的交际活动,加深了与好友的情谊,也锻炼了幼儿的表达能力,同时增强了幼儿在他人面前表达自己的勇气与信心。

2. 与实际相结合

日常生活是培养幼儿交际能力的主要场景,教育始于生活,同时服务于生活,育儿者在创设交际活动时应当注意与实际生活的结合,才能更好地让幼儿参与其中,在交际活动中体验感更足,同时收获也更实在。

例如在角色扮演的游戏设计中,可以选取一些幼儿日常生活常见的场景,如去同伴家做客,让幼儿在游戏的过程中,练习拜访他人时所需要的交际语言,进而学习一些其他场合的礼貌问候用语以及招待客人的礼仪等。也可以让幼儿在做客时准备好送给同伴的礼物,学习送礼以及谢礼的交际语言,同时也能让幼儿体会到分享与被分享的乐趣,学会更好地在不同场合的交际中处理好自己与他人的关系。

通过各类与实际生活相结合的模拟小游戏,能够让幼儿在轻松、愉快的氛围中将平时所学到的交际知识运用于实际生活之中。通过不同角色的扮演,可以让幼儿了解不同处境、不同身份下不一样的交际技巧。

3. 扩大幼儿词汇量

幼儿能够进行交际最根本依靠的还是自身所掌握的词汇,当幼儿词汇量达到一定的规模,所对应的交际水平也会得到一定的提高,所以育儿者在日常交际中也要注意幼儿词汇量的积累,可以通过词汇游戏或者日常观察等活动达到目的。

首先,育儿者要帮助幼儿理解词义。在游戏或者日常观察中,当幼儿发现一个新事物或者新词汇,育儿者应当有效帮助幼儿正确理解词汇的具体含义,指导词汇所表达和指向的内容,在理解词义的基础上能够更加准确、恰当、生动地进行运用和表达,从而提高幼儿的交际能力。

例如在日常观察中,育儿者与幼儿一起在街上散步,幼儿发现红绿灯而不知道怎么表达,那么育儿者就可以解释一下红绿灯的用途,以及在日常生活中"红绿灯"这个词与其他词的搭配,比如说"等红绿灯""过红绿灯",等等,让幼儿在日常交流中就能慢慢积累词汇,并且结合实际扩展词汇的用法。

其次,育儿者也要有意识地帮助幼儿扩大所掌握的词类。在日常交际中,不仅要达到词汇在数量上的丰富,也要有意识地指导学习不同词类的运用,包括名词、动词、形容词、介词、数量词,等等,帮助幼儿掌握更多的词汇交际表达素材,在逐日积累中提高完整句表达的能力,在交际中做到所表达的句子更加准确、丰富、流畅。

例如幼儿在表达出一个不完整的句子时,育儿者可以将完整的句子填补出来复述给幼儿模仿,如果幼儿说"吃蛋糕",育儿者可以重复"你想吃冰箱里的草莓蛋糕,对吗?";又或者幼儿说"到家",育儿者可以复述为"到家了""爷爷和我到家了",让幼儿在日常生活的语言熏陶中,逐渐熟悉完整的句式,从而让幼儿在日积月累中提高输出完整句子的能力。

幼儿词汇量的增大,能够帮助幼儿在表达时运用更多恰当生动的词汇,同时也能让幼儿在交际中所使用的句子完整性更强,提高幼儿的交际效率,也起到促进幼儿语言交际能力和与人交往能力发展的作用。

4. 其他因素

除以上所提的三个影响因素外,幼儿与他人相处时也有不少其他因素影响着幼儿的交际活动质量,比如幼儿的性格、交际礼仪、仪态,等等。

首先,幼儿在交际中应当学会互相尊重。大多数幼儿在交际过程中都是以自我为中心的,常常会因他人与自己的想法不同而陷入争吵,只想要他人听从自己的观点,不懂得去尊重不一样的想法,因此交际过程中应当让幼儿感受到尊重是相互的,只有自己尊重他人的想法,对他人保持礼貌,才可以获得同样的回应。

育儿者可以设计角色游戏,让幼儿体验同一事件中相反的角色,比如让幼儿分别体验组长和组员这两个角色,育儿者充当另一角色,让幼儿在不同的情境下感受到情绪的不同,感受领导与听从领导之间的身份转化,学会换位思考。同时对幼儿在交际中好的表现及时给予鼓励与表扬,强化幼儿的礼貌行为,养成良好的行为习惯,切实感受到在交际中互相尊重的重要性。

其次,幼儿在交际中应当学会对集体规则的遵守。生活中处处有规则,社会有法规,学校有校规,家庭有家规,游戏也有规则,甚至幼儿与同伴之间的相处也常常会约法三章,因此育儿者应当教会幼儿遵守规则。当幼儿在交际中违背规则,育儿者不应当包庇,而应当让幼儿明白破坏规则的后果,否则幼儿将会越来越轻视规则,在日后的交际中也会无视规则,难以与他人友好相处。

同样,作为长辈的育儿者也应当给幼儿树立榜样。对于幼儿来说,生活中的任何一个人都有可能成为模仿的对象,与幼儿朝夕相处的育儿者就更应当给幼儿做好模范,带来正面的、积极的影响。比如说在做家务时,家人之间主动互帮互助;在言语交流时,要注意营造和谐的家庭氛围;许下的约定要严格遵守……这样就能在无形中为幼儿树立正面的行为榜样,幼儿也会在交际活动中模仿大人的行为去对待他人,从而形成良好的交际意识和交际习惯,获得良好的交际关系。

第五章 幼儿语言教育

第一节 幼儿语言特点与发展阶段

　　幼儿语言的发展水平体现了幼儿在认知、社会性等各方面的能力发展,培养幼儿的语言能力在学前教育阶段非常重要。除了在幼儿园进行语言能力的培养,在家庭中父母及其他养育者也要重视幼儿的语言教育。

　　学前幼儿的语言与交流能力的发展是循序渐进的,总体而言具有如下这些基本特点:

　　第一,发音不够清晰和规范。幼儿由于发音、词汇量、使用语言的习惯等问题,在进行语言表达时经常会出现发音错误,或者不够清晰、不够规范。这就会影响幼儿的语言沟通和交流,使他们不能清晰地表达自己的想法,通常只有熟悉的人才能明白他们的意思,其他人则需要反复倾听多次才能理解。以下是一名3岁幼儿在参观完动物园后所说的话:"我在动物园看到了小脑虎(小老虎)、大飞狼(大灰狼)、大熊喵(大熊猫)、南孔切(蓝孔雀),还有苍颈怒(长颈鹿)、诺托(骆驼)和小兔纸(小兔子)。"这个例子可以反映幼儿语言发音不够清晰的问题。这个问题具有普遍性。当然,即便幼儿年龄较小,没有经过科学的语音学习和训练,但其语音的发展水平随着年龄的增长一直在逐步提高。

　　第二,表达不够完整和连贯。幼儿的语言发展过程是从量变到质变的过程,幼儿最初习得的是单词,当他们掌握了大约200个单词以后,就有能力自动把词汇连接成一个完整的句子,彼此之间进行简单的沟通。0～3岁的幼儿尚处于积累和量变的阶段。3岁后,他们已经基本能掌握本地区、本民族的全部语音,此时幼儿的语言开始逐渐向质的方向进行发展。3岁左右的幼儿能听懂简单的日常词汇,已经拥有1 000个左右的词汇量,开始尝试运用简单句式表达自己的意思,但时常会出现语法结构错误、话语顺序颠倒等问题。4岁左右的幼儿能够理解单词在不同情境中的含义,能将词汇组织起来,较为准确地加以运用,但对于部分人称代词的转化还是没有完全掌握,因此经常出现答非所问的情况。5～6岁的幼儿发音器官趋于完善,词汇量已经很丰富,不但能听懂各类词汇、复杂句的表达,而且能实现更生动的表达,此时幼儿的总体表达已趋于完整、连贯。

　　第三,模仿和学习的能力较强。幼儿阶段是语言发展的敏感期和关键期,虽然此时他们头脑中储备的词汇量并不大,但这个年龄段的幼儿拥有较强的接受能力和学习能力,能迅速掌握新的词语,并运用在生活情境中。3～6岁的幼儿在日常学习和生活中出现了模仿现象,在口语表达方面,他们不仅模仿家人的语言还会在与周围语言环境的互动中主动模仿各种语言,如果得到家人肯定和鼓励的反馈,这些语言的模仿程度会更高。同时,这个年龄段孩子的个性化也日渐展现,在模仿过程中会有所选择,来凸显自己的个性。比如幼儿在看动画片时,听到了"就算"这个词,接下来会对这个词进行仿说,并在生活中不时地运用这个词,如摔倒后,自我安慰说:"就算跌倒了,我也不怕。"在使用的过程中还会举一反三,如:"就算天气不好,我也要去游乐场玩儿。"

　　总之,幼儿成长过程中语言能力的发展是逐步提高并走向完善的,育儿者应多为幼儿创造良好的语言环境,促使他们的语言在实践中获得提升。

　　根据教育部《3~6岁儿童学习与发展指南》在语言领域的描述,幼儿的语言学习可以划分为三个年龄段:3~4岁、4~5岁、5~6岁。在倾听与表达方面,每个年龄段都有各自的特点,家庭语言教育可以参考这些特征:

3~4岁幼儿在语言的倾听与表达方面的特点

1. 认真听并能听懂常用语言	2. 愿意讲话并能清楚地表达	3. 具有文明的语言习惯
1) 别人对自己说话时能注意听并做出回应。	1) 愿意在熟悉的人面前说话,能大方地与人打招呼。	1) 与别人讲话时知道眼睛要看着对方。
2) 能听懂日常会话。	2) 基本会说本民族语言或本地区方言。	2) 说话自然,声音大小适中。
	3) 愿意表达自己的需要和想法,必要时能配以手势动作。	3) 能在成人的提醒下使用恰当的礼貌用语。
	4) 能口齿清楚地唱儿歌、童谣或复述简短的故事。	

　　在语言的倾听方面:3~4岁的幼儿在别人对自己说话时能注意听并做出回应,同时还能听懂日常会话。幼儿的注意力和理解力一直在持续发展,2岁幼儿听到声音时,只是回头看看,然后继续做自己手中的事,仿佛周围的事情与他无关。3岁幼儿听到声音后,已经会寻找声音的来源,好奇地询问是什么发出的声音,甚至在什么情况下会发出这样的声音。他们对声音更为敏感,并投入一定的关注。幼儿注意力的持续时间是随着年龄的增长而增长的,这个年龄段的幼儿不太会控制自己的注意力,很容易受各种无关的刺激影响分散注意。一般来说,在没有成人监督的情况下,3岁幼儿能够自我保持注意力的时间仅为5~10分钟,如果有成人监督或引导,注意力的时间会相对延长。通常2~3岁幼儿只能听到家人在说话,并根据简单的内容做出回应,而3~4岁幼儿已经能够注意到家人的目光与声音,能根据家人的话语内容来寻找自己感兴趣的信息、判断家人的情绪等。由于理解能力的增强,幼儿也能基本听懂日常的会话,并参与其中。在这个阶段,家长应鼓励幼儿在别人说话时注意倾听,养成良好的倾听习惯,同时多为幼儿创设交流与表达的机会,促使幼儿更多地接触日常会话,提高倾听的能力。

　　在语言的表达方面,3~4岁是幼儿语音发展最为迅速的飞跃期,发音不标准的现象会越来越少。由于3~4岁幼儿的语言表达进入了完整句子的时期,他们已经可以用句子来表达自己的想法,此时能使用的句子更长,结构和语义也逐渐复杂,例如会使用"因为……所以""如果……就……"等句式,并且在必要的时候能配以手势和动作来帮助表达。在这个阶段,叠字和毫无意义的罗列性发音已经消失,幼儿的语言和思维基本实现了同步,因此他们更乐意表达自己的需求和想法,大方地与他人进行交流和沟通。

　　这个阶段成人应该为幼儿创设自由、宽松的语言环境,鼓励幼儿与家人或同伴多交流,让幼儿想说、敢说、喜欢说并能得到积极回应。这个年龄段的幼儿基本能口齿清楚地唱儿歌、童谣或复述简短的故事,育儿者可以基于这个特点,将图示与提问相结合,多使用图片、绘本等材料来讲故事、提问或请幼儿复述,有利于调动感官和激发思维,不要只问"是不是""对不对"之类的简单问题,要多用开放性语言,如:"你是怎么知道的?""为什么会发生这样的事呢?"让孩子感觉有话说。要鼓励幼儿使用完整的句子,在肯定的前提下对其发音或语法表达错误进行纠正,培养语言的流畅性。还要注意不要过于频繁地提问或强制幼儿回答问题,这样会因为压力导致幼儿出现回避心理,从而拒绝表达,要尊重幼儿的意愿,耐心倾听并及时予以表扬,使其乐意与大人交流。

在文明用语方面,3~4岁幼儿已经能比较自如地和别人交流,但因为怕生、羞怯等心理,目光不一定能始终注视着对方,这时需要成人适度引导,让幼儿知道目光接触很重要,这样别人才知道你在跟他说话,才会回应你,培养幼儿落落大方地看着别人说话的好习惯。同时,说话的声音太小,别人会听不到或者听错,声音太大又会影响周围的环境。说话时声音大小适中,不是一朝一夕能养成的,需要家长不断引导,养成良好的习惯。此外,成人也要做出表率,注意语言文明,比如与人交谈时认真倾听对方;使用礼貌用语,在公共场合不大声说话;幼儿表达意见时,成人可以蹲下来,眼睛平视他们,耐心地听其把话说完等,帮助幼儿从小养成良好的语言行为习惯。

4~5 岁幼儿在语言的倾听与表达方面的特点

1. 认真听并能听懂常用语言	2. 愿意讲话并能清楚地表达	3. 具有文明的语言习惯
1)在群体中能有意识地听与自己有关的信息。	1)愿意与他人交谈,喜欢谈论自己感兴趣的话题。	1)别人对自己讲话时能回应。
2)能结合情境感受到不同语气、语调所表达的不同意思。	2)会说本民族语言或本地区方言,基本会说普通话。少数民族聚居地区幼儿会用普通话进行日常会话。	2)能根据场合调节自己说话声音的大小。
3)方言地区和少数民族幼儿能基本听懂普通话。	3)能基本完整地讲述自己的所见所闻和经历的事情。	3)能主动使用礼貌用语,不说脏话、粗话。
	4)讲述比较连贯。	

在语言的倾听方面,随着4~5岁幼儿注意范围的不断扩大,他们的选择性注意力也在发展。当幼儿身处吵闹的环境中时,他们应该能够从众多声音中分辨出跟自己说话者的声音,且基本不受他人的声音、行为的干扰,将注意力集中在倾听说话人要表达的意思。如果幼儿容易被周围的声音干扰,育儿者可以有意识地带他们去比较嘈杂的公共场所,多跟他们说话,练习选择性注意力,也可以在进行绘本阅读的活动时,特意去小区花园里练习孩子抗干扰的能力。

4~5岁的幼儿对说话人的语气、语调也更为敏感,能根据情景感受到不同的意思。比起3~4岁幼儿,此时成人对他们可以不必有话直说了,通过不同的语气和语调,来表达不同的情感色彩,比如说:"你怎么能不吃饭呢?",幼儿很自然地理解了"自己必须要吃饭"的意思;而在3~4岁时,"你必须吃饭"这样直接的表达方式更容易被理解。

在语言的表达方面,随着4~5岁幼儿语言理解能力的提高,他们更愿意与他人交谈,并且非常喜欢谈论自己感兴趣的话题。此时的幼儿初步形成了自我意识以及与他人交往的意愿,常常会拉着别人喋喋不休地说个不停,在3~4岁时可能只是自顾自地说自己感兴趣的话题,但随着自控力的提升,4~5岁的幼儿开始能坚持把自己不怎么感兴趣的话题听完,因此与同伴的交往技能也在逐步提升,发展出更多社交的策略,同时增进与同伴间的友谊。这个阶段家长可以鼓励幼儿多交朋友,多与同伴互动交流,多与同伴进行户外游戏,体会到语言交流的乐趣,增强其社会适应力。

4~5岁幼儿的表达能力逐渐增强,多数幼儿已经可以流利地跟别人沟通叙事,他们能说的句子越来越丰富,语法表达也逐渐复杂起来。比如幼儿对被动句也有了更好的理解。"小飞被小翔骂了",年纪较小的幼儿常常会以为是小飞骂了小翔,因为此时幼儿会根据词语出现的次序来理解句子的意思,但4~5岁的幼儿已经能分辨清楚是小翔骂了小飞,对这样的被动句理解起来也更轻松了。

此外,这个阶段的幼儿能够完整而连贯地讲述自己的所见所闻和经历。研究表明,3~6岁期间幼儿的自传式记忆力有了飞速的发展,也就是说,幼儿能记得发生在自己身上的事情。而随着语言表达能力的增强,他们可以主动用丰富的语言详细描述更多细节,甚至讨论这些事情带来的感受。此时,成人应该花时间和精力,不带评判地耐心倾听孩子的描述,并与之共情,鼓励他们清晰、连贯、自由地表达自己的想法。

在文明用语方面,由于4~5岁幼儿心智的发展以及自我意识的形成,他们具备了一定的自尊,能够在成人的引导下,不再以自我为中心,能够意识到行为的后果,并根据后果给出自我评价,并作出自我调节。幼儿知道别人在跟自己讲话时要有回应,要根据场合调节自己说话的声音,比如在电影院和图书馆要保持安静,但白天在家里可以用正常的音量说话,对有点耳背的长辈要大声地说话,家里有人休息时说话要轻一点儿。幼儿能理解并意识到,做到这些会使他人给予自己较高的评价。家长自己也要以身作则,帮助幼儿养成良好的语言行为习惯。

5~6岁幼儿在语言的倾听与表达方面的特点

1. 认真听并能听懂常用语言	2. 愿意讲话并能清楚地表达	3. 具有文明的语言习惯
1) 在集体中能注意听老师或其他人讲话。	1) 愿意与他人讨论问题,敢在众人面前说话。	1) 别人讲话时能积极主动地回应。
2) 听不懂或有疑问时能主动提问。	2) 会说本民族或本地区的语言(方言)和普通话,发音正确清晰。少数民族聚居地区幼儿基本会说普通话。	2) 能根据谈话对象和需要,调整说话的语气。
3) 能结合情境理解一些表示因果、假设等相对复杂的句子。	3) 能有序、连贯、清楚地讲述一件事情。	3) 懂得按次序轮流讲话,不随意打断别人。
	4) 讲述时能使用常见的形容词、同义词等,语言比较生动。	4) 能依据所处情境使用恰当的语言。如在别人难过时会用恰当的语言表示安慰。

在语言的倾听方面,由于5～6岁幼儿的选择性注意力进一步发展,在这个阶段,他们可以根据自己的需要选择想听的事情,且不受过多的干扰。即使身处比较嘈杂的环境中,也能将注意力转移到说话人身上,专注于说话人表达的内容,而不太受群体中其他事情的干扰。此时幼儿的头脑对于所接受的信息可以自行加工和处理,当说话人表达的内容比较模糊,或者超出了他们的理解范围时,他们可以意识到并有能力要求对方解释说明。这个年龄段的幼儿可能比过去更多地提问,家长要试着耐心倾听并解答,不要打断;对于一些重复的提问,不要不耐烦,试着关注重复的原因,尽量详细地解答;对于答不上来的问题,也不要回避或者敷衍,可以帮助孩子一起寻找答案。

5～6岁的幼儿已经能更多地使用复杂的词汇和句子。随着接触的词汇越来越多,同音词出现的频率也会增多,比如"星星"和"猩猩","鸡肉"和"肌肉",在生活中可以有意识地多积累这些有趣的词,并帮助孩子分辨,增强亲子交流的趣味性。此外,这个年龄段的幼儿能够结合情境理解更多的复句。3～4岁幼儿最先理解的是并列复句和选择复句,比如:"我一边看绘本,一边听音乐","你喜欢红的还是绿的?"但到了4～5岁的阶段,逻辑思维能力增强了,可以理解并表达因果、假设、转折关系等比较复杂的句子,比如:"如果宝宝不乖,奶奶就不带他去公园了。""虽然我累了,但我还想再玩一会儿。"对于被动句的理解,5～6岁的幼儿已经不再出现过多的错误,他们能结合情境理解并做出合理的判断,同时自己还能使用"被"字句、"把"字句表达想法,比如:"小飞被小翔打了,因为小飞抢了小翔的玩具,小翔把他打了。"在这个阶段,育儿者要时刻鼓励和引导幼儿多说复杂的句子。在和幼儿交流时,自己也少用叠词和简单句,尝试更多的复句类型,便于幼儿理解和模仿。

在语言的表达方面,研究显示,语音的习得是一个循序渐进的过程,2～3岁时语音的问题最多,3～4岁时进步最明显,4～5岁时进入平稳发展的状态,而直到6岁,有些幼儿仍有发音不准确的情况。[①] 总体来看,5～6岁幼儿的语音发展除去个别方言的影响导致发音不准外,语音已经基本完善,会说本民族或本地区的语言和普通话,发音正确清晰。

在这个阶段,幼儿已经能够有序、连贯、清楚地讲述一件事情,敢于在众人面前说话,在成人的引导下能当众发表自己的意见。而他们的心智发展也进一步成熟,亲社会行为发展到较高的程度,知道不再以自己为中心,可以站在他人的角度思考问题,既能讨论自己熟悉的话题,也能讨论对方感兴趣的话题。沟通技巧也有一定的提升,讲述时能使用常见的形容词、同义词等,语言比较生动。比如关于玩具小汽车坏了的描述,3～4岁的幼儿仅会简单描述:"哎,这个车摔坏了!"并露出沮丧的神情;4～5岁的幼儿可以不费力地说出:"我摔了一下,这个车被摔坏了呢!"并流露出遗憾的神情;而5～6岁的幼儿会说:"哎,真倒霉! 我不小心摔了一下,这辆小汽车被摔坏了。不过没关系,我可以把它修好,这样我就不会难过了!"虽然面部不一定有表情,但通过充分的语言表达,可以很清楚地了解幼儿此时的情绪。

在文明用语方面,5～6岁的幼儿已经学会了情绪抑制,他们能够隐藏自己的情绪,分清楚"我想做的事"和"我应该做的事",从而遵守大部分的规则。比如在课堂上,老师说"请大家看黑板",3～5岁的幼儿也能听明白老师的意思,看向黑板,但如果黑板上的内容不能吸引他们的注意力,很快他们就会把注意力转向其他地方,而5～6岁的幼儿会持续关注黑板,因为他们知道这是此刻应该做的事情。这种规则意识在与人交谈中也有体现,比如幼儿懂得按次序轮流讲话,不随意打断别人,这样不礼貌,在同伴中也会不受欢迎。

---

① 张云秋,《汉语儿童早期语言的发展》第15—16页,商务印书馆,2014年。

伴随着幼儿心智的发展,他们的同理心增强,能理解和体会他人的情绪。在对话中,能根据谈话对象,调整自己说话的语气,比如对长辈说话和对同伴说话时,语气是不同的,也分得清亲疏远近,用符合情境的语气说话。同时,在说话过程中会观察对方的情绪反应,当对方开心时,自己也会跟着一起兴奋,当对方难过时,自己也会用恰当的语言表示安慰,或者流露出悲伤的神情。

第二节 幼儿语言教育途径与方法

 一 幼儿语音发展的途径与方法

1.幼儿语音的发展阶段

儿童语言发展是一个从量变到质变的过程,这在语音的发展中也有所呈现。从婴儿呱呱坠地到说出第一批真正的词汇,这个过程是连续、有顺序、有规律的,大致可以分为以下五个阶段①:

(1)非自控音阶段。这个阶段一般从出生到 20 天左右。新生儿离开母亲的第一声啼哭,是第一次发音,这表明他们的发音器官已经为语音的发生做好了最基本的准备。这个阶段的发音基本以哭声为主,表达饥饿、生气、疼痛等意思,有一些是咳嗽声或吃奶时发出的声音,这些声音都是新生儿自己无法控制的。细心的养育者可以根据不同类型的声音,来辨别新生儿大致想表达的意思。

(2)咕咕声阶段。这个阶段从出生 21 天到 5 个月左右。此时的婴儿对声音的听辨能力和发音能力都有了一定的发展,他们能对养育者的声音和不熟悉的声音做出明显不同的反应。不同人说话声音的主要差别体现在音高、音量和音色等方面,婴儿通常较早就能辨别出这种不同。这个阶段的婴儿有大量发音的尝试,听起来好像在制造和玩弄各种声音,其实是婴儿在愉快地自言自语。通常韵母的发音出现得较早,比如"a—a—a",而此阶段声母还较少出现,或者听起来有点奇怪,因为婴儿的舌头在口腔中占据了大部分空间,发声时舌头会触碰到口腔的上壁形成各种声音,又由于婴儿大部分时候都是平躺着,所以舌头总会触碰到喉咙的后部而发出奇怪的声音。这些非自控性发音似鸽鸣鸠语,又似成人在咕咕低语,有时还能与成人咿呀"对话"长达数分钟,这个阶段开始婴儿有了最初的语音模仿和"对话"的意识。

(3)牙牙学语阶段。这个阶段从婴儿 6 个月到 1 岁左右。6 个月以后,婴儿的发音有了明显的变化,他们逐渐学会控制自己的舌头。随着头部的发育,舌头在口腔中占据的空间相对减少,这样就可以更自如地活动。此时婴儿的发音增加了很多重复的、连续的音节,比如"ba—ba""da—da""ma—ma"等;也会变得更多样,如"ba—da—ba""ma—ga—ga";有的音节开始具有某种意义,比如"ba—ba—baba(爸爸)"。这是婴儿从表示愉快舒适的单音发声向表示具体意义的词语发声的过渡。有时婴儿还会用舌头以外的部位发出声音,如用嘴唇发出"pu—pu""pi—pi"的颤音,因为在这期间,婴儿的辅食中开始陆续添加固体食物,吃了满嘴食物之后发出这样的声音会让他们感觉非常有趣。而此前很少出现的辅音,比如汉语声母的 x、j、q、s、z、c 在这个阶段开始出现。此外,这个时期婴儿的声调也开

---

① 张明红,《幼儿语言教育与活动指导》第 10—12 页,华东师范大学出版社,2020 年。

始明显多样化,他们的发声形式更加接近汉语口语的表达,努力模仿成人的发音,在互动情境下便出现了声调,似乎在对大人说某个句子。这个阶段父母以为孩子会说话了,与他们的语言交流开始增多,并反复要求婴儿说出曾经模仿成功的词语,于是真正的家庭语言教育便开始了,母语的影响在这个时期逐渐增大。

(4)积极言语发展阶段。这个阶段从1岁半开始,一直到6岁半左右。幼儿集中的无意义发音现象已经逐渐消失,此时已经从单词句、双词句发展到完整句的阶段,幼儿能较流利地用句子表达自己的想法,此时的发音已经与词和句子整合在一起。但由于发音器官尚不成熟,儿童具有一个和母语相似而又不完全相同的音位系统,还是会存在一些发音的问题,但这也同样是他们的特殊发音策略。

省略音:省略部分音节,一般是词首或者词尾的音节,造成音节的不完整。比如将"妈咪"说成"阿姨",省略了"m";把"牛肉"说成"油又",省略了"n、r"。

替代音:用一个音去替代另一个音,幼儿往往用容易发的音来替代不会发的或不易发的音,比如将"哥哥"说成"得得",将"兔子跑了"说成"肚子饱了",将"飞机"说成"灰机"。

重叠音:这是幼儿早期语言发展中较常见的一种现象,比如把"玩具汽车"说成"车车","喝牛奶"说成"喝奶奶"等。

2.幼儿语音教育的途径与方法

(1)做个唠叨的大人,借助生活化场景从小培养幼儿听音的能力。幼儿总是会对周围的声音抱有浓厚的兴趣,因此父母要抓住一切时机来训练孩子的听力,要善于抓住生活中的各种机会来训练,从很小的时候起就可以开始了。比如在给孩子穿衣服、喂食东西的时候,面带微笑地看着他们,用温柔的语调表达:"要给宝宝换衣服了,来伸一伸小胳膊,活动一下。"在爸爸出门上班时,可以抱着孩子站在门口目送爸爸:"宝宝你看,爸爸要上班去了,我们跟爸爸说再见。"育儿者与幼儿的每一次互动,都可以是训练的最佳时机,同时也与孩子沟通了情感。

在语言发展的早期,幼儿常常模仿别人说话,但对语句的所有音节不能完全清楚地感知。提高幼儿对语音的感受力,就需要让他们时常处于语言环绕的环境中。在婴儿时期,他们的听觉十分敏感,对单独的某一种声音的捕捉会更细腻。如果在和婴儿说话时添加一些适当的表情,就能让他们借助表情来感受发音和说话的内容。比如抱着婴儿对他说:"妈妈在对宝宝笑,宝宝也对妈妈笑笑,好吗?"通过母亲脸上的笑容,婴儿逐步听懂"笑"的意思。

到3岁左右,仍有较多的幼儿不能准确分辨近似音,在发音时会有各种替代的现象,这主要是因为幼儿听觉水平较低造成的。听力具有特殊的重要性,它与讲话发音的感觉器官有着密切的联系,所以要让孩子多去倾听周围各种类型的声音,同时去辨别那些近似的声音。能分辨语音的细微差别是发音正确的前提,幼儿尤其要能辨析某些近似的音,如:zh、ch、sh、z、c、s,为幼儿正确发音打好基础。提高幼儿对声音的辨别能力,可以从生活中的简单内容开始,比如数数时多重复"四(s)"和"十(sh)",吃饭时教"不吃(ch)鱼刺(c)",学习时多问:"你知(zh)道这(zh)个字(z)母吗?"在辨音的同时,也拓展了孩子对不同事物的认知。养育者在和孩子说话时,不管是多小的婴儿,应注意自身发音的准确性,即使用很小的声音说话,也要留意发音的准确性,力求清楚到位,避免错误引导。

听的目的最终还是为了发音做准备,当孩子掌握了一些基本词汇时,家长可以通过"听指令做动作"这类小游戏来锻炼孩子的听音能力,同时加深孩子的记忆。比如准备一首儿歌:"宝宝妈妈做游戏,摸摸这儿,摸摸那儿,摸完回到妈妈这儿。"妈妈唱完儿歌后问:"宝宝,凳子在哪儿呀？去摸摸凳子,然后回到妈妈这儿来。"重复几次儿歌,并替换其中的物品。做游戏时要注意空间的开阔性,避免在过小的房间里活动或可以指认的物品太少等问题,同时也要注意孩子的安全,不要选择那些危险的物品让孩子触摸。类似的游戏可以锻炼较小的孩子对声音的理解能力,同时让听觉、视觉、触觉都得到很好的锻炼。

为了从婴儿期开始就不间断地培养孩子倾听和理解语言的能力,在生活中育儿者要尽量做一个唠叨的大人,当孩子还不会说话时,就多创造机会和他们交流,把他们当作一个能听自己絮絮叨叨的亲密伙伴,无论在给孩子喂奶、换尿布、洗澡,还是别的日常生活情境,都可以用清晰的语言告诉孩子自己在做什么:"妈妈在给宝宝喂奶哦!""瞧,咱们该换尿布了。"随着孩子的成长和理解能力的增强,大人"唠叨"的句子可以适当加长,并在陈述中加入一些问题,如:"阿姨现在要去洗衣服了,宝宝自己玩五分钟可以吗?""这个苹果是红色的,爸爸说得对吗?"提问促进孩子思考和判断,使他们知道家长在跟自己说话,既锻炼了听音能力,也增强了理解和沟通能力。此外,家长还可以每天给宝宝念一两首儿歌,每首儿歌重复3～4遍,尽量选择短小、朗朗上口的儿歌,并配以形象的动作,如:"小娃娃,嘴巴甜;喊爸爸,喊妈妈;喊得奶奶笑掉牙。"

(2)在日常生活中练习发音,善于利用"儿语"的时机。为了使幼儿掌握普通话的标准音和语调,一些托幼机构的集体学习是必要的,但大量的练习还是需要在日常生活中自然地进行。生活是语言的源泉,日常生活是幼儿学习语言的基本环境。大自然是一本活的教材,养育者可以充分利用自然和社区的资源,创造生动的环境,来培养幼儿的语言能力。比如周末或假期可以带孩子们去游乐场、水族馆、公园等,利用幼儿感兴趣的景物,鼓励他们开口说话。如果孩子还小,可以和小动物打招呼,和小草说说话,用这种简单的方式来练习发音,同时也能了解孩子内心的想法。家长可以有计划地带领幼儿多看、多听、多说,多观察和接触外部的事物,积累感性经验,不仅看图片绘本,也看真实多彩的世界,看多了幼儿自然会有表达的欲望。多听录音故事、听成人讲故事,也可以听乐器的声音、自然界风雨雷电的声音、动物的叫声、生活中的声音(水壶烧开的声音、汽车鸣笛、炒菜声等),让大脑多收集声音的素材,增强幼儿对声音的敏感度和耐受度,并鼓励幼儿根据声音进行模仿和想象。

在日常生活中,与幼儿朝夕相处的育儿者最容易发现他们表达中的问题,如发音不准、用词不当、口吃或语病等,发现以上问题后,不要着急,但要引起重视,通过示范及时纠正,等养成不良的发音习惯再纠正,就会增加难度。比如幼儿容易把"哥哥"说成"得得"、"吃饭"说成"七饭"、"爸爸"说成"大大"等,有些父母觉得好玩,就跟着孩子学说"大大和得得七饭",这么做容易传递一个错误的信息:我这么说不仅是正确的,还是好玩的,可以逗乐大家。于是幼儿会更加积极地模仿这种表达,结果反而阻碍了语言的发展。因此,当孩子发音不准的时候,家长既不要故意模仿,也不要批评和指责,只要立刻教正确的发音,并多鼓励从而给孩子正强化。许多成年人喜欢用"儿语"和孩子说话,比如"吃饭饭""洗澡澡""睡觉觉"等,伴随着夸张的声调,有研究发现,这种声调高的表达、清楚的发音、语言片段间的停顿和词汇的重复,从出生开始,婴儿就很喜欢听,超过其他类型的成人言语。婴儿出生2个月后,成人使用"儿语",的确更能引起他们的注意,有利于婴儿模仿发音、理解语义,对婴儿尽早掌握语言有很大帮助。有些婴儿学会后,还能用"儿语"和同龄的婴儿愉快地交谈,虽然这些话大部分时候对成人来说都比较难懂,但并不妨碍婴儿之间的互动。但是,在幼儿一岁半后,育儿者要尽量少用或不用"儿语",不然以后要花费更多的时间来纠正这种说法,而且不规范的语言会影响孩子与他人的交流——可能这种"儿语"只是家庭内部的默契,当孩子与他人交流时,别

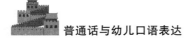

人不容易明白意思,这样不利于彼此之间的正常交流,长此以往,语言水平会停留在幼稚的低水平阶段,容易影响幼儿语言和个性的发展。

(3)游戏活动小示范。为了帮助幼儿发展听觉和发音,平时在日常生活中成人就可以根据幼儿的特点来玩听说的游戏,提高幼儿的辨音能力,培养他们正确的发音能力。但要注意游戏的结构尽量简单,不要把所有难发的音集中在一个活动中,这样容易引起幼儿的挫败感,降低积极性。

游戏一:猜猜这是什么动物

游戏目的:使幼儿能准确区分家人的声音和一些动物的叫声。

游戏规则:要求孩子闭上眼睛,家里其他人随机选一种小动物的声音,如:青蛙、公鸡、小猫、小狗等,让孩子听完猜一猜,刚才是谁在学什么动物叫。

注意事项:家中如果不止一名幼儿,可以指定其中一名幼儿发声,让其他人猜声音,然后轮流进行。

游戏二:老虎老虎跳

游戏目的:锻炼儿童的听音反应速度,了解同类词语。

游戏规则:

A. 家长和幼儿共同决定一项主题,比如"动物",随后找五个词语,如"老虎、大象、狮子、河马、犀牛"。

B. 将每一个词语分配给每一根手指头,如老虎拇指、大象食指、狮子中指……

C. 开始游戏,一人说口诀。例如说"老虎老虎跳"大家要一起跷起大拇指,"大象大象跑",大家一起移动食指。跷错了手指,或者做错了动作就输了。

D. 游戏进行约3~4回合后即可换下一个主题,主题可以请幼儿来选择决定。

注意事项:游戏中的主题以名词为主,并且以符合幼儿生活经验的词为佳,如交通工具、食物、玩具等。

游戏三:我吃米饭,你吃沙发

游戏目的:通过词语之间的搭配组合运用的游戏,练习幼儿辨别语音和词义的能力,通过搭配组合中产生"趣味错误",激发幼儿学习语言的兴趣。

游戏规则:

A. 两个人(甲和乙)进行游戏,甲说"我吃"或"你吃",乙任意说出一种东西,可以是食物,也可以不是。

B. 数"一二三"后,同时说出自己的答案。

C. 谁吃到可以吃的东西,谁就是赢家,比如甲说"我吃",乙说"米饭",那甲就是赢家;谁吃到不能吃的东西,谁就是输家,比如甲说"我吃",乙说"沙发",那甲就是输家。

注意事项:

A. 幼儿在游戏的过程中,可能因一直成为输家而感到不悦,家长可以"技术性"地让其赢几次,避免造成过多挫败感。

B. 在几轮游戏后,可以修改游戏,如将"我吃""你吃"改成"甜的""咸的"。

游戏四:各种各样的绕口令

绕口令是一种特殊的语言表达艺术,字音相近极易混淆的绕口令,能提高幼儿听音辨析的能力和发音的准确性,让思维变得更加敏捷、灵活,也能增强幼儿的记忆力和反应能力。绕口令说得好,是思维敏捷、记忆良好和口齿伶俐的体现。除本书前文提供的绕口令以外,这里再列举一些供练习。

A. 区辨 zh、ch、sh 的绕口令,如《石、斯、施、史四老师》:

石、斯、施、史四老师,

天天和我在一起。

石老师教我不自私,

斯老师给我讲故事,

施老师教我从小立志,

史老师送我知识钥匙。

B. 区辨 z、c、s 的绕口令,如《小刺猬学字母》:

四只小刺猬,

一起学字母,

老师领着念,

学生跟着读。

注意事项:

A. 为幼儿准备的绕口令材料,最好是通俗易懂的,可以是印有图文的绕口令卡片。

B. 绕口令对幼儿来说,是一项非常有趣的游戏,但是对刚刚练习的幼儿来说,难度很大,家长可以提前读给孩子们听,并且将注音写在上面,鼓励孩子先慢后快,保证吐字清晰和发音准确。

C. 当幼儿适应了绕口令的形式,学会两三个绕口令后,就可以和家长一起玩绕口令比赛的游戏,例如让孩子选择一个最拿手的绕口令,在规定时间里比赛,谁说的次数多且发音准确就胜出。

二　幼儿词汇发展的途径与方法

1. 幼儿词汇发展的特点

词汇是语言的基石,幼儿想开口说话和交流,必须要打好词汇的基础。会说的词越多,能表达的意思就越清晰,和育儿者的交流也能更深入。词汇发展是幼儿语言发展的显著标志。幼儿的语言学习是从理解词和说出词开始的,一般先掌握口语词汇。幼儿词汇的积累和发展是一个循序渐进的过程,随着年龄的增长主要有以下这些特点:

(1)词汇数量与日俱增。词汇量是幼儿语言发展的重要标志,词汇量的多少,直接决定了他们语言表达能力的发展程度。幼儿各年龄段的词汇量发展可以描述为:1 岁时词汇量在 10 个词以内;1 岁~1 岁半时为 50~100 个词;1 岁半~2 岁时为 300 个词左右;2 岁~2岁半时为 600 个词左右;2 岁半~3 岁时为 1 100 个词;3 岁~4 岁时为 1 600 个词左右;4岁~5 岁时为 2 300 个词左右;5 岁~6 岁时为 3 500 个词左右。

婴儿在 1 岁左右说出最早的词,这是真正的语言的开始。从 1 岁左右到 1 岁半是"单词句阶段",这个阶段的孩子往往用一个单词来表示一个句子,比如"妈妈"可以表示"这是妈妈""妈妈抱我"或者"我肚子饿了","车车"可以表示"我要玩具车""帮我捡玩具车"或者"这是我家的轿车"。单词句阶段词所表达的意思是不精确的、比较宽泛的,家长需要结合孩子说话时的表情、手势、体态等作为参考,来确定孩子说话的意思。幼儿在最初会说 50 个词以内的阶段,总是说得极其缓慢,一字一顿,但是一旦词汇量达到了 50 个左右,新的词汇就会不断爆发出来。在 1 岁半到 2 岁这个阶段,幼儿似乎突然开口,说话的积极性很高,词汇量迅速递增,出现了"词语爆炸现象",这使他们具备了进一步发展口语的能力,并进入"双词句阶段"。所谓双词句,就是由两个单词组成的句子,听起来像是发电报时采用的省略句,如"妈妈抱抱""爸爸饭饭""玩车车"。在幼儿掌握了双词句之后,他们就开始学习语言的句法。2 岁以后一直到入学以前,都是学前幼儿掌握口语的基本阶段,他们在词汇表达能力方面有了明显的进步。3～6 岁是人的一生中词汇量的高速发展时期。随着掌握的词汇量的与日俱增,幼儿开始逐渐用语言来表达自己的需要和情感,用语言来调节自己的动作和行为,语言成为这一阶段幼儿社会交往和思维的一种工具。

(2) 词类的范围不断扩大。从 1 岁左右会说单词开始,幼儿可能说出一个或更多的动物名称,可能是"狗"或"猫",很多孩子在公园里喂过鸭子,或洗澡时玩过玩具鸭子,所以也可能会说"鸭"。幼儿还可能说出家人的称呼,像是"妈妈"和"爸爸",或者叫自己"宝宝"。他们也说一些玩具的名称,"球球""车车"等。词汇量是从数量方面来说明幼儿词汇的发展水平,而词类的范围在一定程度上可以说明幼儿词汇的质量。

不同的词类其抽象概括程度不同,学习的难度也不同。实词就是意义比较具体的词,包括名词、动词、形容词、数量词、代词、副词等,而虚词是指意义比较抽象的词,一般不能单独成为句子成分,包括介词、连词、助词、叹词等。在幼儿的词汇中,他们大量使用实词,而虚词的量是很小的。但从质量方面看,掌握虚词说明幼儿智力发展达到相对较高的水平。相关研究表明,幼儿是先掌握实词,后掌握虚词的,其中实词中最先掌握的是名词,名词在幼儿词汇中所占比例最大,其次是动词,再次是形容词。3 岁左右的幼儿开始会用代词,最常见的是人称代词"我"和物主代词"我的",因为这个年龄段的孩子比较以自我为中心。幼儿对其他实词和虚词掌握较晚,因此这些词的占比也相对较小。

(3) 对词义的理解不断深化。在词汇量不断增加、词类范围不断扩大的同时,幼儿对词的含义的理解也逐渐深化。1 岁左右的婴儿对词的理解是很笼统的,容易以音代物,例如把"狗"叫作"汪汪",把"猫"叫作"喵喵",或者用某种声音来代表活动,如用"嘘嘘"代表上厕所等,声音一般具有比较鲜明的特征,容易被记住。但有时幼儿在"命名"物体和使用新词时,会出现词义泛化,也就是常常用一个词代表多种对象,如把所有四只脚的动物都叫作"狗狗",把所有的成年男性都叫作"爸爸",用"毛毛"代表所有带皮毛的动物或皮毛制品等,这是由于幼儿对词的语义特征掌握过少。很多词的意义丰富,但由于缺乏生活经验,以及思维具体形象性的特点,幼儿往往只能理解比较笼统或某个语境下的具体意义。随着对词义理解的加深,他们能掌握词的多种意义,不仅理解表面的意义,还能掌握词的引申义、象征义,甚至是成人说的反话。

2. 幼儿词汇教育的途径与方法

(1) 帮助丰富和拓展幼儿的词汇量。希望幼儿提高语言能力,丰富词汇量是首要的任务。这就要求在家庭养育中,不断为幼儿提供大量的新词,让他们去理解、记忆和使用。考虑到幼儿的词汇学习规律,成人可以为幼儿提供大量的新的实词,根据幼儿词汇量的发展情况,名词、动词、形容词等实词占据幼儿常用词汇的比例较大,虚词占比相对较少,说明对幼儿来说,掌握实词比掌握虚词更简单、更容易。因此家长不需要在家里说很多"高深"的虚词,和孩子交流时,尽量多用各种各样的实词,可以让幼儿说出各种玩具、日用品、交通工具、动植物等的名称,为他们描述各种物品的颜色、质地、大小、形状、用途以及动植物的习性等,同时还可以让幼儿了解一种事物的不同说法,幼儿在增长见识的同时,词汇量也在不知不觉地拓展。动词的词汇量可以靠发指令等互动游戏让幼儿完成来提升,比如根据家长的手势来猜动作,或者把主动权交给幼儿,让他们来发指令,家长来表演,如"哭""笑""跳""踢腿""弯腰""拍拍手"等,都是很好的游戏素材。让幼儿发指令可以提升他们的掌控感,收到积极正向的反馈后进一步提升语言表达的自信心。在游戏过程中,还能逐渐分清楚各种人称代词"你""我""他"的指称对象。

(2)帮助幼儿正确理解词义。由于缺乏生活经验,以及思维的具体形象性的特点,幼儿往往会根据具体的语境来理解抽象意义的词,导致出现词义理解的偏差。比如把"勇敢"理解为"打针时不哭",把"陌生人"与"做坏事的人"等同。有时,幼儿也无法理解词语的象征意义、引申义或者成人说的反话。比如幼儿在吃饭时不小心把饭撒了,妈妈有点生气地说:"看你干的好事!"第二天幼儿喝汤时不小心又把汤打翻了,她兴奋地叫:"妈妈,我又干了一件好事!"那么在家庭生活中,父母如何帮助孩子更好地理解词义呢?

首先,要为幼儿创设丰富的语言环境,结合实物与他们交流互动。为了让孩子开口说话,父母应该经常和他们进行日常互动,同时尽力让交流中使用的词和其代表的事物同时出现,这是帮助幼儿迅速理解词义的重要途径。例如带幼儿去公园赏花时,成人可以指着一朵红花说:"你看,这是一朵花,一朵红色的花。"这样重复多说几次之后,幼儿自然就知道,这些植物虽然颜色不同,但都叫花。同样的,通过成人交谈时提到这种颜色,比如"红色的汽车""红苹果""小红帽",幼儿结合他们看见的红色事物,就能把"红"从具体的事物中提取出来,从而理解"红"是一种颜色。对于一些不太常见或者不太好理解的词语,成人在说的时候,能结合相关的情景,或者指向词语所代表的事物给孩子看,可以帮助他们较快地理解词语的含义。研究表明,10～18个月的幼儿已经能够理解成人在说什么了,所以育儿者只要多创造环境和他们说话,多带他们进行户外活动,感受大自然和周围的环境,并且结合实物帮助他们理解,幼儿一定能够很快掌握词语的意思,并想办法回应成人。

其次可以借助身边的材料来丰富幼儿的词汇。幼儿从1岁左右就可以开始阅读绘本,借助对绘本的指认,可以学到很多词。绘本上有很多颜色鲜艳、形象生动的图片,以及丰富的词汇和有趣的故事,给幼儿讲述故事时,他们的注意力会更容易集中,也能接触到平时生活中没机会接触的词汇。除了绘本,好的音频、视频素材也可以成为语言学习的媒介,平时开车的时候放一段儿歌"磨磨"耳朵,睡前听个枕边故事再入睡,借助这些内容,幼儿的词汇量得以迅速扩展。在看绘本或听故事时,遇到不会的词,家长先不用急着解释,可以引导孩子联系上下文来猜测词义,或者根据他们已有的经验来推断词语的含义。

最后,在给幼儿解释词义的时候,要深入浅出,方便幼儿理解。例如在解释"松树"的时候,可以尽量形象一些,鼓励幼儿用感官去感知,比如去公园摸一摸松树,启发孩子看看树干是什么样的,树叶是什么样的,也可以在一些圣诞主题的绘本中,告诉孩子松树的种类和装饰作用。有了这些印象以后,孩子就能理解并牢牢记住"松树"这个词的词义了。而有些词幼儿如果实在无法理解,比如"文化""道德"等,可以告诉他们不用着急,长大了就会懂了。如果孩子追问,可以尽量用举例子的方式回答:道德是大家都应该遵守的规则,比如在公共场所给老人让座,注意垃圾要分类;在公共场所随地吐痰、不尊重老人都是没有道德的表现。

(3)帮助幼儿正确地运用词汇。在进入幼儿园之前,幼儿们通常已经能够说出1 000多个词,但在实际运用时,通常会出现一些错用或者误用的情况。如在听大人说了"吃过饭""看过书"以后,幼儿有时会说出"我已经再过见了"或"我不看过这本书"这样的错误表述,主要原因是他们积累的词汇太少,在积极尝试构词规则时,不小心出现了规则泛化的情况。还有一种是对词义理解的不准确,如上文出现过的"陌生人""勇敢"的例子。

要帮助幼儿更好地运用词汇,首先要为他们提供正确用词的环境。从孩子一出生,我们跟孩子讲话就尽量准确规范,包括量词、副词、动词等的运用。比如"一枚钱币"不要说"一个钱钱","三辆小汽车"不要说成"三个车车"。很多成人以为孩子小只有说儿语他们才能听懂,于是从婴儿时期开始就把"牛奶"叫"奶奶",把"猫"叫作"咪咪","小便"叫"嘘嘘",不论小汽车还是公共汽车统称为"车车"。幼儿的模仿和学习能力是非常强的,成人说规范准确的词,他们就能学会规范准确的表达。每样东西都有确切的名称,每种行为、表情、动作等也有不同的词汇来表达。引导幼儿观察周围的事物和人时,成人应配以相应的语言说明,使幼儿了解这些事物、人和现象的名称,是什么就教什么,切忌用另外的词来代替,或者都概括为一个词,概念模糊会影响幼儿的理解和表达。

其次要对幼儿的错误及时给予反馈,但要注意技巧。当孩子不能顺畅表达时,有的父母会心急地说:"说话吞吞吐吐的,快点说这是什么事?""你到底想说什么,我一点儿都听不懂。"不少家长会这样随口指责孩子,也有些父母不知道如何和孩子交流,只知道关心他们在幼儿园得了多少小星星、小红花。这样的家庭氛围,不利于幼儿的身心健康发展,可能导致他们误以为父母不欣赏自己,也失去了用正确的语言来表达自己感受的机会。当幼儿说的词汇有错误时,家长不要批评、指责或反问,而应立刻重复正确的发音,给他们正向的强化。比如家长要孩子和长辈说再见,孩子回答:"我已经再过见了呀!"这时大人可以马上引导:"哦,你是说你已经和奶奶说过再见了。"既指出了幼儿的错误表述,又暗示、提醒了这句话的正确表达方式,这样幼儿比较容易接受。和幼儿沟通时,成人自身的语言要清楚、简洁,当幼儿急于表达而说不清,或者结结巴巴、颠三倒四地说错时,成人不要马上打断他们,否则不仅影响口语表达,也会伤害孩子的自尊心,削弱他们说话的欲望和积极性。要提醒孩子不要着急,鼓励他们慢慢说,同时要耐心倾听,给予必要的补充和重复,在更正时注意技巧,帮助他们理清思路并清晰地表达出来。

最后,也可以为幼儿创造适宜的环境,鼓励他们大胆自由地表达。幼儿已经在日常生活中积累了一定量的词汇,但由于他们的活动空间比较狭小,能充分运用所有词汇的机会不多,有些学过的词语在生活中无处可用,就作为消极的词语留存下来。如果家长能有意识地为幼儿创造积极丰富的语言环境,调动已经学过的词汇来表达自己的所见所想,这不仅可以帮助幼儿充分表达自己的想法,也能将消极词汇转化成积极词汇,避免造成词汇贫乏。此外,家长也可以多带幼儿参加户外活动,比如野营或户外运动,让他们感受大自然和周围的环境。幼儿们通常会对大自然的动植物很感兴趣,家长要留心观察他们的兴趣点,抓住学习新词汇的好时机,多鼓励他们把看到的东西说出来,并适当地加一些文学性的修辞,如"春暖花开的季节""一只活泼可爱的白兔子""天空忽然下起了瓢泼大雨"等。为了多给幼儿创造表达空间,让他们参与到各种事情的讨论中是一个不错的选择,比如可以让幼儿参与到家庭会议中来,小到明天买什么菜,大到暑假如何安排,无论想法和观点对错,都不用评判,主要为了让幼儿有表达的机会,提高自信心,也许他们无法给出真正的意见,但这有利于他们练习使用各种词汇和句子,同时获得很强的认同感,锻炼了责任心。

(4)多进行游戏活动。关于词汇类的游戏有很多,家庭可以选择适合自己孩子程度的游戏,在家中也能轻松学习词汇。

游戏一　羊群中找出狼

游戏目的:通过区别词义特征,让儿童明白词语的含义,激发幼儿对词语分辨学习的能力。

游戏规则：

A. 先讲述披着羊皮的狼这一故事，引起幼儿"找出羊群中的狼"的想法，形成游戏的动机。

B. 家长准备好不同类型的词语文字卡片或者图画卡片，选取其中的三张为一组，展示给幼儿，如：苹果、西瓜、汽车。让幼儿找一找"羊群中的狼"，也就是找出词义特征不同的词，本例中就是"汽车"。

C. 幼儿找出词语后，引导其说出找出该词语的原因，如"汽车不是水果"，锻炼他们的表达能力。

注意事项：

A. 鼓励幼儿的创造性思维，告知答案并非唯一，只要给出的原因合理，就要对答案表示肯定。例如：西瓜、乒乓球、香蕉。如果幼儿找出的词语是"乒乓球"，原因为"乒乓球不是食物"，这个答案是正确的；如果找出的词语是"香蕉"，解释为"香蕉不是球形的"，这个答案也是合理的。

B. 当幼儿的能力逐渐增加后，每一组词可以增加到五个，或者改用词义特征比较接近的词语为一组，提升难度。

游戏二 神秘宝箱

游戏目的：通过触觉游戏，使幼儿理解和运用不同特征的形容词。

游戏规则：

A. 准备一个约50厘米×30厘米×30厘米的纸箱，顶面挖一个约10厘米×10厘米的小洞。

B. 家长在准备好的箱子内，事先放入形状与表面材质不同的东西，如：铅笔、石头、抹布、积木、毛绒玩具、手帕、戒指……

C. 请幼儿伸手进去摸（注意不能偷看），选定一样东西后，说出三种摸到的感觉，比如：圆环形、表面光滑、凉凉的。

D. 根据幼儿的描述，家长猜猜摸到的是什么，本例的谜底就是戒指。

E. 最后要求幼儿说出句子。例如："圆形的戒指，摸起来滑滑的、凉凉的。"

注意事项：

A. 家里如果有不止一个孩子，也可以分成不同的小组来比赛。或者互相配合，一个幼儿说，另一个猜。

B. 为了减少幼儿的恐惧感，不要在箱子中放置让幼儿感到害怕的东西。

游戏三 警察一大早在超市唱歌

游戏目的：通过语义错用而造成的趣味性，使幼儿明白错误的语义所造成的不当结果，激发语言学习的兴趣。

游戏规则：

A. 准备好按照"人物""时间""地点""事情"分类的词语卡。跟小朋友一起头脑风暴，比如"人物"有：医生、老师、警察、售货员等，"时间"可以是：一大早、晚上、周末、暑假等。

B. 把词语卡整理按照不同的类型摆放整齐，有字的一面朝下。

C. 依序抽签：请幼儿按照人、时、地、事的顺序，依序从各类卡片中抽出一张词语卡，然后把这个句子读出来，如"警察一大早在超市唱歌"。

D. 家长将有趣但错误的句子加以修正，如"警察一大早在街道巡逻""警察在马路上指

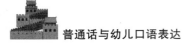

挥交通"等。

注意事项：

幼儿越玩越熟后，为了提高游戏难度，关于"事"的卡片，可以用动词和名词组合，如把"打"的卡片和"篮球"的卡片组合起来，增加难度和趣味性。

游戏四　接龙到终点

游戏目的：使幼儿了解相同的语音会有不同的字，了解语音和语义的结合，发展创造性思维能力，在游戏中增加词汇量。

游戏规则：

A. 先告知同音词的意思。家长说出一个音，如：ji，让幼儿说出三到五个同音的字，如"机、鸡、积"等。

B. 家长公布接龙的起点和终点，例如：

手机→（　）→（　）→高手

C. 家长解释接龙的规则：前一个词语的最后一个字，是下一个词语的第一个字，一直接回到起点词语的第一个字；接龙的时候只要音相同即可。

D. 幼儿和家长轮流接龙，直到终点，可参考如下答案：

手机→（鸡蛋）→（蛋糕）→高手

游戏五　彩虹拼拼句

游戏目的：充实丰富幼儿的形容词词汇，培养幼儿生活中的观察习惯。

游戏规则：

A. 制作道具彩虹骰子，将骰子的六面分别涂成红、黄、绿、蓝、黑、白六种颜色。

B. 家长请幼儿掷彩虹骰子两次，抽取两种颜色，如"红色"和"绿色"。

C. 根据颜色说句子。使用抽取到的这两种颜色，描述一个景象或情境，如："绿油油"的草地上，开着许多"红彤彤"的小花。

D. 幼儿与家长交换角色，轮流扔骰子、说句子。

注意事项：

A. 为了更好地游戏，家长可以提前教授幼儿一些颜色词，比如"黑漆漆""黄澄澄""雪白""鲜红"等。

B. 根据幼儿的游戏情况和能力，将说句子时需要的颜色增加至3～4种。

游戏六　数量词绘本

游戏目的：使幼儿了解不同的量词，学习名词与量词的正确搭配。

游戏规则：

A. 准备一张图画纸，家长在图画纸中间，写出一个数量词，例如"一只"，并正确读出来。

B. 请幼儿在同一张图画纸的4个角落，画出这个对应数量词的4个事物，如：一只小猫、一只小鸟……

C. 重复前述的顺序5～6次，将有绘画作品的图画纸装订起来，再加上适当的封面，就成了"我的数量词绘本"。

三　幼儿语法发展的途径与方法

1. 幼儿语法的发展特点

通常我们说一个人掌握了一门语言，很大程度上就是指掌握了这种语言的语法系统。

语法是由一些语法单位和语法规则组成的，它是语言最抽象的基础，也是幼儿语言能力的基本体现。在学习语言的过程中，幼儿不但需要掌握一定的词汇，还需要掌握语法结构形式，才能完整自如地表达想法。如同幼儿掌握语音、词汇那样，幼儿学习语法也是有其自身特点和规律的。

幼儿从1岁半到2岁，就会把两个词连贯起来使用了。当然，有些幼儿1岁左右就可以把好几个词连起来了，有些可能要到2岁的时候才会，这在语言发展的过程中都是正常的。一旦幼儿能连续说两个词，也可以说他们会说"句子"了。幼儿最初的句子结构是不完整的，主要都是单词句和双词句。2岁之后逐渐出现完整的句子，完整句的数量随着年龄的增长而增加。一直到6岁左右，幼儿基本都能使用完整句。完整句可以分为简单句和复合句、陈述句和非陈述句、无修饰句和修饰句。

（1）从简单句到复合句。简单句是指句法结构完整的单句。从2岁以后，幼儿使用的简单句逐渐增加，而幼儿的发展趋势是简单句使用的占比逐渐减少，复合句使用占比逐渐增加。但总的来说，幼儿使用简单句的比例依然较大。研究显示幼儿简单句使用占90%左右，复合句占10%左右。幼儿常说简单句的主要类型有：主谓结构句，如"宝宝吃""妈妈看"；谓宾结构句，如"找爸爸""玩车车"；主谓宾结构句，如"宝宝喝牛奶""阿姨洗衣服"；主谓双宾结构句，如"奶奶给宝宝糖果""妈妈给宝宝讲故事"等。

在会说简单句以后，幼儿逐渐开始尝试说复合句，这时使用的复合句大多是不完整的复句，是省略连词和简单句的组合，结构非常松散，如"爸爸上班，我上幼儿园。"复合句包括联合复句和偏正复句两大类。3岁以后，在幼儿使用的句子中，经常出现的复合句占总数的1/3以上，其中联合复句在2岁半到3岁阶段占绝对优势，占60%～90%，例如："苹果有的大，有的小""宝宝一边洗澡，一边唱歌"。偏正复句占10%～40%。联合复句中的并列复句（有……还有……）占第一位，但随着年龄的增长使用率逐渐下降。其次是连贯复句（先……再……），递进复句（不但……而且……）和选择复句（或者……或者……）。总的来说，幼儿对联合复句的理解要强于偏正复句，因为偏正复句反映比较复杂的逻辑关系，幼儿较难掌握。在偏正复句中，常见的是因果复句（因为……所以……）、条件复句（要是……就……）和转折复句（虽然……但是……），其中转折复句主要出现在4岁以后。

（2）从陈述句到非陈述句：幼儿最初掌握的是陈述句。在整个学前阶段，简单的陈述句都是最基本的句型。幼儿常用的非陈述句有疑问句、祈使句、感叹句等。2岁左右是幼儿疑问句的主要产生期，2岁4个月到3岁时是幼儿疑问句的快速发展期。2岁出现反复问句（吗、呢、吧、什么）：Who（谁，2岁出现），How（如何、怎么，2岁2个月出现），Where（什么地点，2岁3个月出现），What（什么，2岁3个月出现），When（什么时候，2岁4个月出现），Why（为什么，2岁4个月出现）。这6个W是幼儿疑问句的主要表现形式[1]。提问是幼儿与社会进行信息交换的途径，通过提问的内容和方式，成人能基本了解幼儿的认知和语言发展到了什么程度，所以疑问句在幼儿的社会化过程中有十分重要的意义。除了疑问句，祈使句和感叹句也在2岁后陆续出现，幼儿经过不断试错和实践，学会在不同场景下使用不同的句子。4～5岁的幼儿已经能够基本理解大多数句型，5岁时幼儿已经基本掌握了各种句型。随着年龄的增长，幼儿对各种类型句子的理解力也随之增强，这为他们的社会化学习打下了必要的基础。

---

① 杭梅，《幼儿语言教育与活动指导》第24页，北京师范大学出版社，2012年。

（3）从无修饰句到修饰句。幼儿最初说的句子是没有修饰语的，比如"宝宝看书""阿姨走了"，而2～3岁幼儿的语言不时会出现一些修饰语，比如"小白羊""大灰狼"，实际上这个阶段的幼儿把修饰词和被修饰词当作一个单位来使用，他们觉得"大灰狼"就是"狼"，不论大小和颜色，例如刚出生的狼宝宝，幼儿也会称其为"大灰狼"。

幼儿最初说的句子是由几个词组成的压缩句，形式非常简单。2岁半左右的幼儿能加上简单修饰语，如"三只鸭子去游泳"。3岁左右开始出现复杂的修饰语，如"我看见的鸭子都下水了"。2岁幼儿运用修饰语的仅占20%，3岁到3岁半是复杂修饰语句数量增长最快的时期，到了4岁左右有修饰的语句开始占优势了，幼儿能灵活运用简单和复杂的修饰语，并和语句中的各种成分组合使用。幼儿的句法结构发展在4岁到4岁半之间较为明显，5岁幼儿语句结构逐渐丰富和完善，6岁时的水平显著提高。

（4）句子的含词量不断增加。最初，幼儿会在一段时间内只说一个字的词，而且每一个字之间都会停顿，但渐渐地，他们能说一两个词，比如在1岁半到2岁半期间，开始乐于和成人互动，当成人问"吃了没有"，他们会回答"没有"，其实刚吃完；成人问"跟妈妈出去玩，好不好"，明明准备要出门的样子，他们嘴上说的却是"不好"，这些词本身没错，但与情境不合，这是由于幼儿一次无法使用多个词语，只抓住句末的词语回答而造成的。下一个阶段幼儿开始学会使用两个词、三个词，然后发展出简单句、复合句。由此可见，随着年龄的增长，幼儿说话所用的句子有延长的趋势，这就意味着句子的含词量逐渐在增加。幼儿在2岁后开始使用三词句，3岁幼儿的平均话语长度在3～4个词，如"我吃饭""我玩娃娃"等；4～5岁幼儿的平均话语长度在4.5～7个词；5～6岁时幼儿的平均话语长度为6～8个词。

2.幼儿语法教育的途径与方法

幼儿掌握了词汇以后进入了说句子的阶段，此时教会他们说句子完整、意思连贯的话非常重要，家长可以在家庭日常生活中多引导孩子进行完整的表述。

（1）在日常生活中培养幼儿清楚完整的表述能力。幼儿由于其年龄和心理发展的规律，说话时常常语不成句、层次混乱，不能按照一定的语法结构完整、清晰地叙述。要求幼儿连贯地表达自己，需要循序渐进地训练。例如年纪较小的幼儿想吃饼干，可能会说"阿姨，饼干"。成人虽然能迅速理解孩子的意思，但此时不需要过分地"善解人意"，这样会剥夺孩子锻炼说完整句子的机会，使得他们懒得说话了。成人要做的是不要太快满足孩子，可以故意装作还没太理解孩子的意思，促使幼儿说出完整句"阿姨，我要吃饼干"，并让孩子重复一两遍，让他们明白，想要得到什么，必须把话说完整。研究表明，父母受教育程度对幼儿语法能力发展有影响，受教育程度高的父母与子女交流中使用更丰富的词汇和更复杂的句子，为幼儿创造了有利的语言环境。溺爱、没有提供刺激说话的环境、过多地使用儿语、轻易地对幼儿的言语持否定态度，会导致幼儿语言能力的缺陷和发展的落后。

（2）多用造句的形式培养幼儿说完整句。幼儿尚不会书面表达，但可以引导他们多练习口头造句。口头造句就是培养幼儿把话说完整的简单形式。比如让幼儿用"喜欢"造句，"宝宝喜欢吃苹果""爸爸喜欢上班"等，要纠正幼儿说"喜欢吃苹果""喜欢上班"等不完整的话，经过反复练习和修正，幼儿逐渐明白说怎么样的话才算是一个完整的句子。幼儿可能对口头造句排斥，觉得有点枯燥，此时可以设计翻图造句的游戏，比如将幼儿3岁以前使用的图片整理出来，一部分是物品和动作，另一部分是人物，两组图片正面向下放好，让幼儿先在人物组翻开一张图片，说出是谁，比如"爷爷"，然后再翻开一张物品或者动作图片，如"打扫"，成人可以启发幼儿发散思维，用这两个翻到的词语造句，如"爷爷在打扫房间"。这样的翻图造句,也许会带来一些不合常理但令人发笑的句子,激发幼儿的好奇心,增强练习的乐趣。

(3)多进行游戏活动。在幼儿已经能把一句话说完整的基础上,可以进一步利用一些有趣的游戏来提高他们说完整句的积极性。

游戏一　我们周末划船在公园

游戏目的:通过语序的错误所造成的趣味性,使幼儿明白语法的重要性,并学习正确的语序。

游戏规则:

A. 将 A4 纸切割成 6 至 8 张词语卡,总共需要 20 至 28 张词语卡。

B. 一次发给幼儿 4 张词语卡,然后请幼儿把一个完整的句子按照"人""事""时""地"等要素说出来,由家长分别写在词语卡上,如:我们今天下午在幼儿园玩球。

C. 把幼儿的词语卡收集好,按照不同种类分别叠放整齐,有字的一面朝下。

D. 请幼儿从"人""事""时""地"的卡片中,分别抽出一张词语卡,随意打乱顺序后翻开卡片,把这个句子读出来,如:"我们周末划船在公园。"

E. 家长听完句子后加以修正,本例中为:"我们周末在公园划船。"

游戏二　词语餐厅自由配

游戏目的:通过语言和数学的结合游戏,练习从词语延伸到完整句子的表达。

游戏规则:

A. 简单介绍背景:告诉幼儿现在要去餐厅点餐,但是这个餐厅有点特别,里边都是词语套餐。

B. 和幼儿一起抽一本读过的绘本,选取绘本中的词语,制作成餐厅的菜单,将这些词语按照难易程度分成三种价格:10 元、5 元和 2 元。

C. 幼儿有 30 元的本钱,根据菜单,说出一个能同时包含两个词语的完整句子,可以完成就能得到奖金(按照价格计算),如果无法完成就要按照所点的菜的价格来支付费用。

D. 5 个回合后,家长可以根据幼儿的点菜单,和幼儿一起计算获得的奖金。

注意事项:

A. 绘本尽量选择词语比较丰富的,更容易选词制作菜单。

B. 如果家中有几个小朋友,可以组队比赛。

游戏三　边画边说

游戏目的:以绘画为媒介,幼儿练习从单句到复句的表达,并体会句子之间的因果关系和并列关系。

游戏规则:

A. 基本图案:家长可以在图画纸或者家里的小白板上画出一个线条简单的基本图案,如一座山,让幼儿联想并说出自己的想法:"今天我们全家去爬山。"

B. 图案接龙:幼儿继续在基本图案上,加上自己的线条或图案,如"一个太阳和一只鸟",然后根据之前的内容进行接龙:"今天天气晴朗,我们全家去爬山,天空有一只小鸟飞过。"

C. 完成图案:接着家长可以接续添加其他图案,比如一棵树:"今天天气晴朗,我们全家去爬山,天空有一只小鸟飞过。山顶有一棵树,我们在树下野餐。"

注意事项:

A. 对于不喜欢画画的宝宝,可以改变创意形式,把家里的报纸用剪刀剪出各种各样的

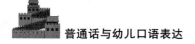

形状,然后接龙剪报,说句子。

　　B. 当幼儿越来越熟悉这个游戏时,画图和接龙可以增加到4～5次,句子越长越好。

游戏四　词语变形记

　　游戏目的:锻炼幼儿将不同的词语组合成单句,以及将单句按照逻辑组合成复句的能力,培养幼儿口头表达的流畅性和创造性。

　　游戏规则:

　　A. 词语连一连:家长先起头,随意说一个词语,如:蛋糕。然后让幼儿词语接龙,如:高兴。

　　B. 词语加和变:幼儿根据这两个词语的顺序来说句子,如:"昨天我吃的蛋糕是彩虹色的,我非常高兴!"

　　C. 幼儿和家长轮流造句。

　　注意事项:

　　A. 接龙时,考虑到幼儿的词汇量,为了让游戏更顺畅,只要音相同即可。

　　B. 造出来的句子可以简短,但要有意义。

游戏五　自圆其说

　　游戏目的:通过词汇搭配和语法的错用造成的趣味性,激发幼儿学习语言的兴趣,培养创意思考的能力。

　　游戏规则:

　　A. 家长按照人、时、地、物、事的类别,分别准备不同的词语卡片,可以请幼儿一起帮忙列举词语。

　　B. 卡片写完后,按照不同类别字朝下摆放,然后请幼儿在每一叠卡片中抽取一张,组合成一个随机的句子,如:"邻居叔叔大清早在屋顶拿着电脑骑自行车。"由家长记录下来。

　　C. 进行若干回合后,家长可以针对其中一个句子问幼儿:"为什么会发生这样的事情呢?"幼儿需要自圆其说,努力编一个故事使这个句子合理化。

　　注意事项:

　　A. 句子较长较多时家长可以将其记录下来,方便幼儿说故事。

　　B. 若抽出来的句子不太文雅,可以不用记录,选其他的句子自圆其说即可。

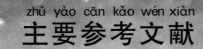

zhǔ yào cān kǎo wén xiàn
主要参考文献

北京大学中国语言文学系语言学教研室,《汉语方言词汇》,语文出版社,1995 年。

曹志耘,《汉语方言地图集》,商务印书馆,2008 年。

陈帼眉、冯晓霞、庞丽娟,《学前儿童发展心理学》,北京师范大学出版社,2013 年。

陈章太、李行健,《普通话基础方言基本词汇集》,语文出版社,1996 年。

符淮青,《现代汉语词汇》,北京大学出版社,2020 年。

葛本仪,《现代汉语词汇学》,商务印书馆,2014 年。

国家语委普通话培训测试中心,《普通话水平测试实施纲要》,商务印书馆,2004 年。

国家语委普通话与文字应用培训测试中心,《普通话水平测试实施纲要（2021 年版）》,语文
    出版社,2022 年。

杭梅,《幼儿语言教育与活动指导》,北京师范大学出版社,2012 年。

李婷、卢清,《角色游戏：提升幼儿社会性发展价值的重要途径》,《教育导刊》,2013 年第
    9 期。

李荣,《现代汉语方言大词典》,江苏教育出版社,2002 年。

李秀然,《普通话口语训练教程》,中国传媒大学出版社,2017 年。

卢甲文,《郑州方言志》,语文出版社,1992 年。

罗秋英,《学前儿童心理学》,复旦大学出版社,2017 年。

吕叔湘,《书太多了》,东方出版中心,2009 年。

黄伯荣、廖序东,《现代汉语》,高等教育出版社,2017 年。

姜岚,《普通话与教师口语艺术》,商务印书馆,2018 年。

齐沪扬,《现代汉语》,商务印书馆,2007 年。

钱乃荣,《上海话大词典》,上海辞书出版社,2018。

田佳,《3～6 岁儿童学习与发展指南（家长读本）》第二章"语言",旅游教育出版社/首都师范
    大学出版社,2012 年。

王晖,《普通话水平测试阐要》,商务印书馆,2013 年。

王派仁,《语言可以这样玩》,山东人民出版社,2012 年。

王嵩、李甦,《幼儿复述能力的发展及其与言语工作记忆的关系》,《心理与行为研究》,2020
    年第 5 期。

吴宗济,《现代汉语语音概要》,华语教学出版社,1992 年。

徐宝华、汤珍珠,《上海方言词汇》,上海教育出版社,1991 年。

余珍有,《试论幼儿的言语交际能力》,《学前教育研究》,1996 年第 2 期。

张明红,《幼儿语言教育与活动指导》,华东师范大学出版社,2020 年。

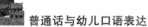
张欣,《利用故事结构促进幼儿语言能力的发展》,《学前教育研究》,2015 年第 2 期。

张云秋,《汉语儿童早期语言的发展》,商务印书馆,2014 年。

〔新西兰〕玛格丽特·麦克莱根、〔新西兰〕安妮·巴克利,《0—6 岁,抓住孩子的语言关键期》,逯洁译,九州出版社,2018 年。

〔美〕琼·伯科·格利森、〔美〕娜恩·伯恩斯坦·拉特纳,《语言的发展》,夏梦颖译,人民邮电出版社,2021 年。

图书在版编目（CIP）数据

普通话与幼儿口语表达 / 陈昌来，李文浩主编.
上海：学林出版社，2024. -- ISBN 978-7-5486-2056-3

Ⅰ. H102；H193.2

中国国家版本馆 CIP 数据核字第 20242F3V05 号

责任编辑　李晓梅　刘　媛　王思媛
封面设计　严克勤

普通话与幼儿口语表达

陈昌来　李文浩　主　编

出　　版　学林出版社
　　　　　（201101　上海市闵行区号景路 159 弄 C 座）
发　　行　上海人民出版社发行中心
　　　　　（201101　上海市闵行区号景路 159 弄 C 座）
印　　刷　上海颛辉印刷厂有限公司
开　　本　787×1092　1/16
印　　张　13
字　　数　34 万
版　　次　2024 年 12 月第 1 版
印　　次　2024 年 12 月第 1 次印刷
ISBN 978 - 7 - 5486 - 2056 - 3/G · 789
定　　价　98.00 元